新概念朗诵系列培训教材

古典文献诵读

翦凝刚　编著

南方传媒
广东经济出版社
·广州·

图书在版编目（CIP）数据

古典文献诵读 / 蒯凝刚编著. — 广州：广东经济出版社，2024.8
ISBN 978-7-5454-9233-0

Ⅰ.①古… Ⅱ.①蒯… Ⅲ.①古典诗歌—朗诵—中国 ②古典散文—朗诵—中国 Ⅳ.①H119

中国国家版本馆CIP数据核字（2024）第076846号

责任编辑：张晓兰　黄玥妍　许　璐
责任校对：黄思健
责任技编：陆俊帆

古典文献诵读
GUDIAN WENXIAN SONGDU
出版发行：广东经济出版社（广州市水荫路11号11～12楼）
印　　刷：恒美印务（广州）有限公司
（广州市南沙区环市大道南334号）
开　　本：787mm×1092mm 1/16　**印　　张**：26
版　　次：2024年8月第1版　**印　　次**：2024年8月第1次
书　　号：ISBN 978-7-5454-9233-0　**字　　数**：343千字
定　　价：99.00元

发行电话：（020）87393830　编辑邮箱：gdjjcbstg@163.com
广东经济出版社常年法律顾问：胡志海律师　法务电话：（020）37603025
如发现印装质量问题，请与本社联系，本社负责调换

编著者简介

翦凝刚，男，生于20世纪60年代。维吾尔族，祖籍新疆哈密。毕业于桃源师范学校（现湖南幼儿师范高等专科学校），湖南师范大学汉语言文学专业本科（自考）学历。高级工艺美术师，曾担任湖南省工艺美术系列高级职称评委，中国常德诗墙建设功臣，北京市语言学会朗诵研究会会员，中国诗歌春晚签约朗诵家；曾获中央人民广播电台《宏村·阿菊》第三届“夏青杯”朗诵大赛湖南赛区金奖。曾受教于曹灿、张家声、虹云、李慧敏等老师。从事朗诵艺术研究二十余年。多次参加全国各层次的朗诵活动，长期从事朗诵普及教学公益活动。

前　言

古典文献，通常指五四运动之前以雕刻、印刷和手抄的形式对古代文化资料进行的记录，包括文书、卷册、碑铭、拓本等。内容包括政治、哲学、文学、历史、艺术、宗教、科技、农学、医学、民俗等。也就是说，古典文献诵读不局限于古诗文诵读，也包括其他古典典籍诵读，比如《医古文》等的诵读。

古典文献诵读是古诗文诵读的扩展，既是诵读内容的扩展，也是诵读方式的扩展。

人们对古典文献注评的多，用有声语言表达的少；朗诵古诗文的多，朗诵其他古典文献的少。这就存在两个问题：一是大量的古典文献没有人诵读，大量优秀的古典文献资料没有好的诵读音频。二是能诵读古典文献的人极少。一般人认为只要是优秀播音员就能诵读古典文献，这并不正确。原中央人民广播电台著名播音员陆洋老师说："播音主持和诵读绝不是照本宣科，它需要丰厚的文化积淀和知识储备。一个优秀的播音员、主持人或者诵读者的知识和业务结构中，圆润集中通畅的声音和规范标准的普通话只占5%，这只是工具而已；后面的35%是对文字的理解能力、对事物的感受能力、对声音语言的设计能力、声音语言的表达能力；最后的60%是深厚的文化底蕴和广博的知识，这部分是最重要的。"所以，要想诵读好古典文献，要解决三个认知问题：

一是诵读古典文献的范围。诵读古文不能只是诵读古诗文，诵读的内容应该涵盖政治、哲学、文学、历史、艺术、宗教、科技、农学、医学、民俗等有价值的古典文献。古典文献很深奥，单单阅读文字容易枯燥乏味，如果配以高水平的诵读音频，对中华民族古代文化的推广普及将是莫大的贡献。

二是诵读古典文献的知识储备。诵读古典文献不是普通话好就能得心应手。普通话和诵读技巧只是基础。古典文献博大精深，诵读者必须有精深的学养。诵读古代典籍，要钻研古汉语的正音、句读、训诂、语法、修辞、格律、文论等知识，对吟诵、念白、评书等也要涉猎。要想诵读好古典文献，必须坐几年冷板凳，下一番苦功夫。

三是诵读古典文献的方法。现在流行的朗诵方式是播音腔混合话剧腔。播音腔是以政治宣讲为主、新闻叙事为辅的腔调；话剧有政治话剧和艺术话剧之分，政治话剧的语言特点是慷慨激昂、催人泪下，艺术话剧的语言特点是市井气很重，缺乏优雅的元素。用这两种腔调诵读古典文献缺乏风雅，这是几十年的朗诵实践已经证明了的。所以，要从全新的角度审视古典文献诵读。诵读者诵读的角度有三：一是俯视，即官诵，高高在上，拉开架势，讲究的是“威”；二是仰视，即恭诵，谦卑顺从，仰头看天，讲究的是“敬”；三是平视，即韵诵，清音幽韵，心平气和，讲究的是“雅”。古典文献中颐指气使、吮痈舐痔的东西都被淘汰，能够流传下来的都具有较高的价值，而清幽雅致是古典文献诵读的基调。

目前，可以看到一些有关古诗文的朗诵理论书籍。笔者认为涉及的内容面窄意浅，都是从播音主持理论和话剧表演的角度分析解读古诗文。古诗文的诵读总是选取《将进酒·君不见》《满江红·写怀》《木兰辞》那几篇，以为穿上了古装就进入了古诗文诵读“情景”。

总而言之，古典文献的诵读还处于比较浅的阶段，还有很大的探索空间。本书有一些新的提法：古典文献诵读的“顿”比“停”更重要；不讲“重音”讲“着意”；不讲“弱化”讲“带过”；区别“节拍”“节奏”和“节律”，“顿停”“挫停”和“宕停”，“短叹”“长叹”和“顿叹”，“对象”“对手”和“对抗”，“语气”“口气”和“文气”，“语境”“心境”和“意境”，等等。

本书和《新概念朗诵学》一样，内容涉及逻辑、语法和修辞。讲逻辑是讲对不对，讲语法是讲通不通，讲修辞是讲好不好。如果诵读者只在内部技巧和外部技巧上下功夫，诵读就只会停留在炫技的层面。很多学习语言艺术的孩子过分注重形象思维的训练，而忽略了逻辑思维的训练，这不仅是舍本逐末，也容易导致数学等理科学科的学习难度增大。

本人已经出版的《新概念朗诵学》和这本《古典文献诵读》，以及后续将要出版的《朗诵配乐教程》《讲演艺术教程》《朗诵视频制作》《朗诵作品谱释》《朗诵赛会手册》《朗诵艺术辞典》《朗诵者的修养》《少儿风雅朗诵》等作品，基本上涵盖了朗诵艺术的各个方面，希望能对中国朗诵艺术的学科建设起到一点促进作用。更多关于朗诵的资料参考，请扫描下方二维码。

翦凝刚

2023年12月

目　录

上　篇　古诗文诵读的诀窍和方式

下　篇　作品解析和诵读

第十七章　文学作品

第十八章　传世经典

第十九章 科技文献

上　篇

古诗文诵读的诀窍和方式

古今之成大事业、大学问者，罔不经过三种之境界："昨夜西风凋碧树。独上高楼，望尽天涯路。"此第一境界也。"衣带渐宽终不悔，为伊消得人憔悴。"此第二境界也。"众里寻他千百度，蓦然回首，那人却在，灯火阑珊处。"此第三境界也。

——王国维

我们先人怎么朗诵来着？把酒临风，应答唱和，感怀赠别，生死无限。

——北岛

古典文献诵读主要包括古诗文诵读，古诗文诵读的问题解决了，其他文体的诵读就容易了。

诵读古诗文有其独特的方式方法。一个人有较好的语音知识，普通话水平达到了一乙、一甲，朗诵比赛拿过奖，播音、话剧表演有很好的基础，都只能说明其在诵读方面赢在了起跑线，不能代表他具备了诵读古诗文的能力。

古诗文诵读迥异于播音主持和话剧表演，有其特殊的规律。这里总结了古诗文诵读的诀窍——"古诗文诵读二十一字诀"："三节""三停""三着""三叹""三气""三对""三境"，为古诗文诵读找寻了一条新的路径。

第一章　古诗文诵读的“三节”

语言的尽头是音乐。

——贝多芬

学习诵读必须了解音乐常识，宇宙中一切事物的运行都有节拍、节奏、节律，有声语言更是如此。

第一节　节拍

节拍（Meter），是一个衡量节奏的单位，在音乐中，有一定强弱分别的一系列拍子每隔一定时间会重复出现，如2/4拍、4/4拍、3/4拍等。节拍是乐曲中表示固定单位时值和强弱规律的组织形式，又称拍子，手势是一下一上为一拍。

基本音符与节拍

名称	音符	休止符	时值	打拍拆解
全音符	5–––	0000	4拍	
二分音符	5–	00	2拍	
四分音符	5	0	1拍	
八分音符	$\underline{5}$	$\underline{0}$	$\frac{1}{2}$拍	
十六分音符	$\underline{\underline{5}}$	$\underline{\underline{0}}$	$\frac{1}{4}$拍	
附点四分音符	5.	0.	$\frac{3}{2}$拍	
附点八分音符	$\underline{5}$.	$\underline{0}$.	$\frac{3}{4}$拍	

大约她们的风琴被砸坏了，她就用手打着节拍，用自己的歌声轻轻伴奏。

——魏巍《东方》

节拍是音乐的基础。但朗诵不能机械地打拍子，形成“字化现象”①，这不是朗诵诗文，而是一个字、两个字或三个字断句。例如，很多人读律诗就是这样：

左迁至蓝关示侄孙湘

韩愈

一封/朝奏/九重天，夕贬/潮州/路八千。
欲为/圣明/除弊事，肯将/衰朽/惜残年！
云横/秦岭/家何在？雪拥/蓝关/马不前。
知汝/远来/应有意，好收/吾骨/瘴江/边。

① 字化现象是普通话使用者在运用普通话的时候，过分注重每个音节的发音标准，在语流中以单音节为发音表义的唯一单位，即将句子处理成标准单音节的机械相加，从而严重影响语句自然流畅程度的现象。

用这种打拍子的方法诵读古诗文，就显得机械呆板，听起来枯燥无味。从幼儿园到小学、中学的教学，甚至很多朗诵培训，都是用这种方法诵读古诗词，多数人也习惯了。也许有人意识到了这样诵读不对，但是不知道怎样去改进。

第二节 节奏

节奏是指音乐中长短不一的音符的组合。朗诵的节奏要设计。锣鼓谱是节奏，不是节拍。

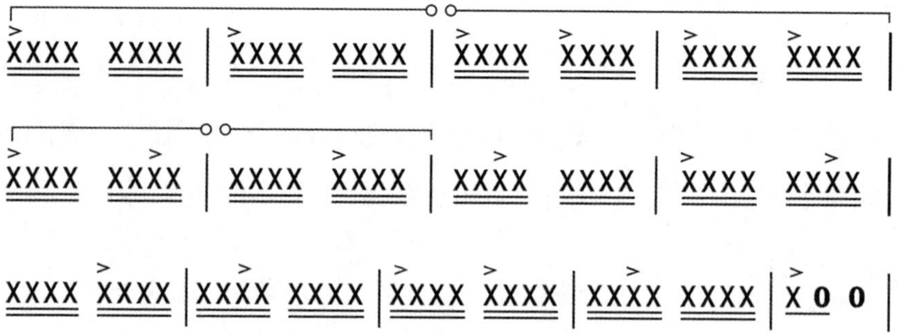

锣鼓节奏

裴多菲的自由诗《我愿意是急流》，五个小节的开头第一句，朗诵时节奏都有变化，听起来很有节奏感。

我/愿意/是急流（第1节）

我愿意/是荒林（第2节）

我愿意是/废墟（第3节）

我愿意是草屋（第4节）

我/愿意/是/云朵（第5节）

请这样设计诵读的节奏后，诵读这首诗歌。

我愿意是急流

裴多菲

我/愿意/是急流，
是山里的小河，
在崎岖的路上、
岩石上经过……
只要我的爱人
是一条小鱼，
在我的浪花中
快乐地游来游去。

我愿意/是荒林，
在河流的两岸，
对一阵阵的狂风，
勇敢地作战……
只要我的爱人
是一只小鸟，
在我的稠密的
树枝间做窠，鸣叫。

我愿意是/废墟，
在峻峭的山岩上，
这静默的毁灭
并不使我懊丧……
只要我的爱人
是青青的常春藤，
沿着我荒凉的额，
亲密地攀援上升。

我愿意是草屋，
在深深的山谷底，
草屋的顶上
饱受风雨的打击……
只要我的爱人
是可爱的火焰，
在我的炉子里，
愉快地缓缓闪现。

我/愿意/是/云朵，
是灰色的破旗，
在广漠的空中，
懒懒地飘来荡去，
只要我的爱人
是珊瑚似的夕阳，
傍着我苍白的脸，

显出鲜艳的辉煌。

古诗文的节奏形式也要多样。比如苏轼的《题西林壁》，这样处理，才有诵读的节奏感。

横看成岭/侧成峰，
远/近/高/低/各不同。
不识庐山真面目，
只缘身在/此/山/中。

比较一下，如果一般的诵读者按照下面这样读，不管什么作品都这样处理，便味如嚼蜡。

横看/成岭/侧成峰，
远近/高低/各不同。
不识/庐山/真面目，
只缘/身在/此山中。

要想古诗文的诵读韵味十足，不能局限于上述简单的节奏变化，还要认真学习音乐知识，掌握更丰富的节奏形式，并在诵读中灵活运用。

更多的诵读节奏形式请参见笔者编著的《新概念朗诵学》第三章第三节的第一点。

节奏型与节拍

节奏型	名称	打拍拆解
X XX	前八后十六（一拍）	
XX X	前十六后八（一拍）	
X· X	二拍附点（大附点）	
X X·	二拍后附点（大附点）	
X· X	一拍附点（小附点）	
X X·	一拍后附点（小附点）	
X X X	二拍切分（大切分）	
X X X	一拍切分（小切分）	
3 X X X	一拍三连音（小三连音）	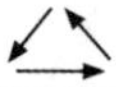

第三节 节律

一般来说，节律是指季节时令或某些物体运动的节奏和规律。古诗文诵读中，节律是指节奏和旋律、韵律的有机结合。

节律的表现只可意会不可言传，可反复听方明老师朗诵的《岳阳楼记》，认真体会，仔细揣摩。

岳 阳 楼 记

范仲淹

庆历/四年/春，滕子京//谪守/巴陵郡。越明年，政通人和，百废具兴，乃重修岳阳楼，增其旧制，刻/唐贤今人诗赋/于其上，属予/作文/以记之。

予观夫/巴陵胜状，在洞庭一湖。/衔远山，吞长江，浩浩汤汤，横无际涯，朝晖夕阴，气象万千，此则/岳阳楼之大观也，前人之述备矣。然则/北通巫峡，南极潇湘，迁客骚人，多会于此，览物/之情，//得无/异乎？

若夫/霪雨霏霏，连月不开，阴风怒号，浊浪排空，日星隐曜，山岳潜形，商旅不行，樯倾楫摧，薄暮冥冥，虎啸猿啼。//登斯楼也，则有/去国怀乡，忧谗畏讥，满目萧然，感极//而悲者矣。

至若/春和景明，波澜不惊，上下天光，一碧万顷，沙鸥翔集，锦鳞游泳，岸芷汀兰，郁郁青青。而或/长烟一空，皓月千里，浮光跃金，静影沉璧，渔歌互答，此乐/何极！登斯楼也，则有心旷神怡，宠辱皆忘，把酒临风，其/喜洋洋者矣。

嗟夫！予/尝求古仁人之心，或异二者之为，何哉？不以物喜，不以己悲，居庙堂之高/则忧其民，处江湖之远/则忧其君。是进亦忧，退亦忧。然则/何时而乐耶？其必曰/“先天下/之忧/而忧，后天下/之乐/而乐”乎！噫！微斯人，吾谁与归？

时六年/九月/十五日。

节奏的划分和节律的形成要以“意群”为准，不能机械地处理。

意群就是指句子中按意思和结构划分出的各个成分，每一个成分即称为一个意群。同一意群中的词与词关系紧密，不能随意拆分，否则就会引起误解。意群可以使我们更容易理解句子。比如，你掉了一大滴墨水在书上，有一两个字看不清了，但这不妨碍你对阅读内容的理解。一句话出现错字、漏字或适当省略等，也不妨碍我们交流。这就是意群在补足或修正相应的部分。现在盛行的朗诵过分注重字词的读音正确与否，而忽略了句子的表意，这种现象要大力纠正过来。

第二章　古诗文诵读的“三停”

在适度的停顿中寻找平衡和力量。

——佚名

古诗文诵读有“三停”，包括顿停、挫停和宕停。播新闻、说相声、演话剧只有顿停，没有挫停和宕停，只用这几种有声语言形式诵读古诗文是没有韵律美感的。

第一节　顿停

顿停就是指一般性的停和顿，通常是按标点符号停顿。例如：

褒禅山亦谓之华山。唐浮图慧褒始舍于其址，而卒葬之，以故其后名之曰“褒禅”。今所谓慧空禅院者，褒之庐冢也。距其院东五里，所谓华山洞者，以其乃华山之阳名之也。距洞百余步，有碑仆道，其文漫灭，独其为文犹可识，曰“花山”。今言“华”如“华实”之“华”者，盖音谬也。

——王安石《游褒禅山记》

这种记叙性的文字，就按标点符号停顿。逗号是顿，时长短一些；句号是停，时长长一些。像《孙子兵法》这些实用性的文字，一般只用顿停。

孙子兵法·计篇

孙武

孙子曰：兵者，国之大事，死生之地，存亡之道，不可不察也。

故经之以五事，校之以计，而索其情。一曰道，二曰天，三曰地，四曰将，五曰法。道者，令民与上同意也，故可以与之死，可以与之生，而不畏危也。天者，阴阳、寒暑、时制也。地者，远近、险易、广狭、死生也。将者，智、信、仁、勇、严也。法者，曲制、官道、主用也。凡此五者，将莫不闻，知之者胜，不知者不胜。故校之以计，而索其情，曰：主孰有道？将孰有能？天地孰得？法令孰行？兵众孰强？士卒孰练？赏罚孰明？吾以此知胜负矣。

将听吾计，用之必胜，留之；将不听吾计，用之必败，去之。计利以听，乃为之势，以佐其外。势者，因利而制权也。

兵者，诡道也。故能而示之不能，用而示之不用，近而示之远，远而示之近。利而诱之，乱而取之，实而备之，强而避之，怒而挠之，卑而骄之，佚而劳之，亲而离之。攻其无备，出其不意。此兵家之胜，不可先传也。

夫未战而庙算胜者，得算多也；未战而庙算不胜者，得算少也。多算胜，少算不胜，而况于无算乎？吾以此观之，胜负见矣。

第二节 挫停

挫停，就是停顿的时值可长可短，似停非停，是为了营造一种节奏感，符号为“~”。

前赤壁赋

苏轼

壬戌之秋，七月既望，苏子与客~泛舟游于~赤壁之下。清风徐来，水波不兴。举酒属客，诵~明月之诗，歌~窈窕之章。少焉，月出于~东山之上，徘徊于~斗牛之间。白露横江，水光接天。纵一苇~之所如，凌万顷~之茫然。浩浩乎~如冯虚御风，而不知~其所止；飘飘乎~如遗世独立，羽化~而登仙~~。

于是~饮酒乐甚，扣舷而歌之。歌曰：“桂棹兮~兰桨，击空明兮~溯流光。渺渺兮~予怀，望美人兮~天一方。”客有吹洞箫者，倚歌而和之。其声~呜呜然，如怨~如慕，如泣~如诉，余音袅袅，不绝如缕。舞幽壑之潜蛟，泣孤舟之嫠妇。

苏子愀然，正襟危坐而问客曰：“何为其然也？”客曰：“‘月明星稀，乌鹊南飞’，此非~曹孟德之诗乎？西望夏口，东望武昌，山川相缪，郁乎苍苍，此非~孟德之困于周郎者乎？方其破荆州，下江陵，顺流而东也，舳舻千里，旌旗蔽空，酾酒临江，横槊赋诗，固一世之雄也~，而今安在哉？况吾与子~渔樵于江渚之上，侣鱼虾~而友麋鹿，驾一叶之扁舟，举匏樽以相属。寄蜉蝣于天地，渺沧海之一粟。哀吾生之须臾~，羡长江之无穷。挟飞仙以遨游~，抱明月而长终。知不可乎~骤得，托遗响~于悲风。”

苏子曰：“客亦知夫~水与月乎？逝者如斯，而未尝往也；盈虚者如彼，而卒莫消长也。盖将自其变者而观之，则天地曾不能以一瞬；自其不变者而观之，则物与我~皆无尽也，而又何羡乎！且夫天地之间，物各有主，苟非吾之所有，虽一毫而莫取。惟江上之清风~，与山间之明月，耳得之而为声，目遇之而成色，取之无禁，用之不竭，是造物者~之无尽藏也，而吾与子之所共适。”

客喜而笑，洗盏更酌。肴核既尽，杯盘狼籍。相与枕藉乎~舟中，不知~东方之既白。

悯　农

李绅

锄禾~日当午，汗滴禾下土。
谁知~盘中餐，粒~粒~皆辛苦。

“~”号隔开的地方，不是一般的“顿”和“停”，“气”还是贯通的，只是语气“挫”一下，形成一种古诗文诵读的独特韵味。

第三节 宕停

宕停是指停顿后，纸短情长、言不尽意、余音袅袅、韵味绵延的感觉，就像钟声和水波的荡漾。古诗文中，句末带有语气词“也”“矣”之类的句子在诵读时一般会运用到宕停，符号为“~~”。

北冥有鱼，其名为鲲。鲲之大，不知其几千里也~~；化而为鸟，其名为鹏。鹏之背，不知其几千里也~~。

——《庄子·逍遥游》

天下已定，始皇之心，自以为关中之固，金城千里，子孙帝王万世之业也~~。

——贾谊《过秦论》

古人云：“以地事秦，犹抱薪救火，薪不尽，火不灭。”此言得之~~。

苟以天下之大，下而从六国破亡之故事，是又在六国下矣~~。

——苏洵《六国论》

故人西辞黄鹤楼，烟花三月下扬州。孤帆远影碧空尽，唯见长江天际流~~。

——李白《黄鹤楼送孟浩然之广陵》

应该宕停的地方如果收得太急，古诗文诵读的韵味就会荡然无存。诵读实用型的文字，比如科技方面的书籍时，则不用宕停。

第三章 古诗文诵读的“三着”

> 用平静的心，感受一切大千世界的动静，从为平常眼睛所疏忽处看出动静的美，用略见矜持的情感去接近这一切。
>
> ——沈从文

任何文章都有重点和非重点，诵读时表现为声音的强弱和语势的起伏。语势张扬的地方，声音强度大，这就是着力。为了更深层次地表情、达意，就要着力表达情感和彰显语意，这就是着情和着意。

我国古人读书没有“重音”一说，这源于汉语是旋律型和声调型的语言。而西方语言是节奏型（有“音步”之说）和重音型语言。现代朗诵中，“重音”“轻重格式”等概念来自西方的语法和话剧理论。

古诗文诵读如果只注重重音，容易流于外在形式，不能融汇于心、发乎于情、着眼于意，因此还需要着情和着意。

第一节 着力

通俗地说，着力就是使劲儿，是指把字音读响。但着力不能随意，是为了表达的需要，同时也是为了使诵读有美感。

纸上得来终觉浅，绝知此事要躬行。

——陆游《冬夜读书示子聿》

在“纸上”和“躬行”着力，“知”和“行”关系说明白了。

道可道，非常道；名可名，非常名。无名，天地之始；有名万物之母。故常无欲，以观其妙；常有欲，以观其徼。此两者，同出而异名，同谓之玄，玄之又玄，众妙之门。

——老子《道德经》

该着力的地方，点到位了，表意清楚、层次分明。

重音和着力的相同之处是：都是“强调”。两者的不同之处是：重音的范围相对狭窄，是指字词的强调，有词语重音和语句重音（详见笔者的《新概念朗诵学》第七章朗诵的技巧部分）；着力的范围相对宽泛，是指词语、词组的强调，有句子成分的强调，甚至有整个句子的强调。例如：

操虽托名汉相，其实汉贼也。

——司马光《赤壁之战》

我爱我的祖国。

这个句子爱的对象是“我的祖国”，需要强调。而“我的祖国”是个偏正词组，也是这个句子的宾语。单独分析“我的”和“祖国”两个词语，轻重格式是“重轻”和“重中”，属于重音范畴。这也说明着力包含重音。

天生一只又一只，三四五六七八只。
凤凰何少鸟何多，啄尽人间千万石。

——伦文叙题诗《百鸟归巢图》

诗中的凤凰是指有真才实学的人，鸟是指没有学识但却居于高位的人。这首诗的前三句是铺垫，最后一句才是重点，辛辣讽刺了尸位素餐的人，整句需要强调，也就是需要着力。

很多诵读者，只注重把某个词语或某个字音读响，至于表达什么情感和意思却没有顾及。着力是着情和着意的生理基础，但诵读不能只停留在着力的阶段，否则只是见字发声，甚至是低级的心理宣泄。

现代汉语有声语言的重音是朗诵者的外部技巧，分类很细，本来是为了表意、表情，但很多朗诵者不是从思维上去表达，而是脱离文意，成了“炫技”。还有些朗诵者声音着力还不够，甚至加上各种夸张的动作、表情及声音很大且激烈的配乐，使朗诵显得很嘈杂，我们应极力避免用这种方式朗诵。

第二节 着情

着情就是将古诗文中的各种情感表现得细致入微又显露无遗，也就是各种形式的感情抒发。爱、恨、悲、喜、惊、惧、迟、疑、褒、贬、欲、怒，都要认真体会，精确解读。具体用什么气息和语调，则要充分调动生活经验。

一、爱

爱，有敬爱、热爱、厚爱、怜爱等，是一种亲密、肯定的情感。

敬爱，指尊敬和爱戴。例如：

先帝创业未半而中道崩殂，今天下三分，益州疲弊，此诚危急存亡之秋也。然侍卫之臣不懈于内，忠志之士忘身于外者，盖追先帝之殊遇，欲报之于陛下也。诚宜开张圣听，以光先帝遗德，恢弘志士之气；不宜妄自菲薄，引喻失义，以塞忠谏之路也。

——诸葛亮《出师表》

亲爱，指关系密切的、感情深厚的爱。例如：

君子之爱人也以德，细人之爱人也以姑息。

——戴圣《礼记》

其他例如：

美人卷珠帘，深坐颦蛾眉。但见泪痕湿，不知心恨谁。

——李白《怨情》（怜爱）

海上生明月，天涯共此时。情人怨遥夜，竟夕起相思。灭烛怜光满，披衣觉露滋。不堪盈手赠，还寝梦佳期。

——张九龄《望月怀远》（情爱）

二、恨

恨，《说文解字》曰：“恨，怨也。从心艮声。”指不满意，遗憾；怨恨，仇恨。“恨”是否定的情感。例如：

臣子恨，何时灭。驾长车踏破，贺兰山缺。壮志饥餐胡虏肉，笑谈渴饮匈奴血。

——岳飞《满江红》（仇恨）

役夫敢申恨？

——杜甫《兵车行》（怨恨）

故死者不抱恨而入地，生者不衔怨而受罪。

——班固《汉书·王嘉传》（遗憾）

三、悲

悲，指哀婉、伤心、悲痛、悲愤的情感。例如：

国破山河在，城春草木深。感时花溅泪，恨别鸟惊心。

——杜甫《春望》（痛心）

春花秋月何时了，往事知多少。小楼昨夜又东风，故国不堪回首月明中。雕栏玉砌应犹在，只是朱颜改。问君能有几多愁？恰似一江春水向东流。

—— 李煜《虞美人》（哀婉）

死去元知万事空，但悲不见九州同。王师北定中原日，家祭无忘告乃翁。

——陆游《示儿》（悲慨）

四、喜

喜，指欣喜、高兴、快乐的情感。例如：

朝辞白帝彩云间，千里江陵一日还。

——李白《早发白帝城》（欢喜）

老僧拍手笑相夸，且喜青山依旧住。

——辛弃疾《玉楼春》（欣喜）

府君得闻之，心中大欢喜。

——佚名《孔雀东南飞》（高兴）

五、惊

惊，指惊讶、吃惊、震惊、惊心动魄的情感。例如：

见渔人，乃大惊，问所从来。

——陶渊明《桃花源记》（惊讶）

蜀道之难，难于上青天，使人听此凋朱颜！连峰去天不盈尺，枯松倒挂倚绝壁。飞湍瀑流争喧豗，砯崖转石万壑雷。

——李白《蜀道难》（惊心）

残灯无焰影幢幢，此夕闻君谪九江。垂死病中惊坐起，暗风吹雨入寒窗。

——元稹《闻乐天授江州司马》（震惊）

六、惧

惧，指紧张、害怕、恐惧、惊惧、疑惧的情感。例如：

楚兵惧，自秦归。

——司马迁《史记·屈原列传》（害怕）

是以举天下之人，皆恐惧振动惕栗，不敢为淫暴。

——《墨子·尚同中》（恐惧）

吴王惧然易容。

——班固《汉书·东方朔传》（惊惧）

夫大国，难测也，惧有伏焉。

——左丘明《曹刿论战》（疑惧）

七、迟

迟，指犹豫、彷徨、摇摆，心神不定、进退失据的情感。例如：

寻寻觅觅，冷冷清清，凄凄惨惨戚戚。乍暖还寒时候，最难将息。三杯两盏淡酒，怎敌他、晚来风急！雁过也，正伤心，却是旧时相识。

——李清照《声声慢》（心神不定）

花自飘零水自流。一种相思，两处闲愁。此情无计可消除，才下眉头，却上心头。

——李清照《一剪梅》（彷徨）

八、疑

疑，指疑问、质疑、猜疑、否定的情感。例如：

绿蚁新醅酒，红泥小火炉。晚来天欲雪，能饮一杯无？

——白居易《问刘十九》（疑问）

刘繇、王朗各据州郡，论安言计，动引圣人，群疑满腹，众难塞胸。

—— 诸葛亮《后出师表》（猜疑）

且壮士不死即已，死即举大名耳，王侯将相宁有种乎！

——司马迁《史记·陈涉世家》（质疑）

九、褒

褒，指称赞、赞许、颂扬、表扬、肯定的情感。例如：

山不在高，有仙则名。水不在深，有龙则灵。斯是陋室，惟吾德馨。苔痕上阶绿，草色入帘青。谈笑有鸿儒，往来无白丁。可以调素琴，阅金经。无丝竹之乱耳，无案牍之劳形。南阳诸葛庐，西蜀子云亭。孔子云：“何陋之有？”

——刘禹锡《陋室铭》（称赞）

一道残阳铺水中，半江瑟瑟半江红。可怜九月初三夜，露似真珠月似弓。

——白居易《暮江吟》（赞美）

桃花潭水深千尺，不及汪伦送我情。

——李白《赠汪伦》（赞扬）

东临碣石，以观沧海。水何澹澹，山岛竦峙。树木丛生，百草丰茂。秋风萧瑟，洪波涌起。日月之行，若出其中。星汉灿烂，若出其里。幸甚至哉，歌以咏志。

——曹操《观沧海》（赞颂）

十、贬

贬，指否定、指责、批评的情感，语气为斥责、贬损，多降调。例如：

安能摧眉折腰事权贵，使我不得开心颜？

——李白《梦游天姥吟留别》（蔑视）

父耕原上田，子劚山下荒。六月禾未秀，官家已修仓。

——聂夷中《田家》（讽刺、批评）

硕鼠硕鼠，无食我黍！三岁贯女，莫我肯顾。

逝将去女，适彼乐土。乐土乐土，爰得我所。
硕鼠硕鼠，无食我麦！三岁贯女，莫我肯德。
逝将去女，适彼乐国。乐国乐国，爰得我直。
硕鼠硕鼠，无食我苗！三岁贯女，莫我肯劳。
逝将去女，适彼乐郊。乐郊乐郊，谁之永号？

——佚名《诗经·魏风·硕鼠》（斥责）

十一、欲

欲，指需求、思念、追求、期待的情感。例如：

路漫漫其修远兮，吾将上下而求索。

——屈原《离骚》（愿望）

饮食男女，人之大欲存焉；死亡贫苦，人之大恶存焉。

——戴圣《礼记》（需求）

我住长江头，君住长江尾。
日日思君不见君，共饮长江水。
此水几时休，此恨何时已。
只愿君心似我心，定不负相思意。

——李之仪《卜算子·我住长江头》（思念）

十二、怒

怒，指生气、气愤、愤怒的情感。例如：

怒发冲冠，凭栏处，潇潇雨歇。

——岳飞《满江红》（愤怒）

相如曰：“五步之内，相如请得以颈血溅大王矣！”左右欲刃相如，相如张目叱之，左右皆靡。

——司马迁《史记·廉颇蔺相如列传》（发怒）

第三节　着意

着意是指在诵读中要准确无误、清楚明了地表达诗文所要表达的内容，而不是刻意地抒情。例如：

后出师表

诸葛亮

先帝虑汉、贼不两立，王业不偏安，故托臣以讨贼也。以先帝之明，量臣之才，固知臣伐贼，才弱敌强也。然不伐贼，王业亦亡。惟坐待亡，孰与伐之？是故托臣而弗疑也。

臣受命之日，寝不安席，食不甘味，思惟北征，宜先入南，故五月渡泸，深入不毛，并日而食。臣非不自惜也，顾王业不得偏全于蜀都，故冒危难，以奉先帝之遗意也，而议者谓为非计。今贼适疲于西，又务于东，兵法乘劳，此进趋之时也。谨陈其事如左：

高帝明并日月，谋臣渊深，然涉险被创，危然后安。今陛下未及高帝，谋臣不如良、平，而欲以长计取胜，坐定天下，此臣之未解一也。

刘繇、王朗各据州郡，论安言计，动引圣人，群疑满腹，众难塞胸，今岁不战，明年不征，使孙策坐大，遂并江东，此臣之未解二也。

曹操智计，殊绝于人，其用兵也，仿佛孙、吴，然困于南阳，险于乌巢，危于祁连，逼于黎阳，几败北山，殆死潼关，然后伪定一时耳，况臣才弱，而欲以不危而定之，此臣之未解三也。

曹操五攻昌霸不下，四越巢湖不成，任用李服而李服图之，委任夏侯而夏侯败亡，先帝每称操为能，犹有此失，况臣驽下，何能必胜？此臣之未解四也。

自臣到汉中，中间期年耳，然丧赵云、阳群、马玉、阎芝、丁立、白寿、刘郃、邓铜等及曲长、屯将七十余人，突将、无前、賨叟、青羌散骑、武骑一千余人，此皆数十年之内所纠合四方之精锐，非一州之所有；若复数年，则损三分之二也，当何以图敌？此臣之未解五也。

今民穷兵疲，而事不可息；事不可息，则住与行劳费正等。而不及今图之，欲以一州之地与贼持久，此臣之未解六也。

夫难平者，事也。昔先帝败军于楚，当此时，曹操拊手，谓天下已定。然后先帝东连吴、越，西取巴、蜀，举兵北征，夏侯授首，此操之失计，而汉事将成也。然后吴更违盟，关羽毁败，秭归蹉跌，曹丕称帝。凡事如是，难可逆见。臣鞠躬尽力死而后已。至于成败利钝，非臣之明所能逆睹也。

这篇文章立论于汉、贼不两立和敌强我弱的严峻现实，向蜀汉后主刘禅阐明，北伐不仅是为实现先帝的遗愿，也关系到蜀汉的生死存亡，不能因“议者”的不同看法而有所动摇。这样的文字，表意是第一位的，切忌弄成表演。

古典文献中的实用型文字都是表意，这就要从逻辑上捋清句子之间的关联，分清文章层次，把握整篇文章的脉络，把文章的意思条分缕析地表达出来。

第四章　古诗文诵读的“三叹”

长太息以掩涕兮，哀民生之多艰。

——屈原《离骚》

有种说法，一唱三叹。古时唱和诵很难分家，因此有“一诵三叹”的现象。古诗文用“叹”委婉地表达细腻深沉的情感。现代朗诵起源于话剧，多直抒胸臆。

第一节　短叹

短叹就是微微地叹息，诵读古诗文时，这种短叹既是表达人生的感悟，又体现了中国古典文学诵读特有的韵律感，符号是“▼”。

开头的短叹以句首发语词“夫”最为典型。例如：

夫▼专诸之刺王僚也，彗星袭月。

——《战国策·魏策》

夫▼环而攻之，必有得天时者矣；然而不胜者，是天时不如地利也。

——《孟子·公孙丑下》

且夫▼天地之间，物各有主，苟非吾之所有，虽一毫而莫取。

——苏轼《前赤壁赋》

结尾的短叹如下：

帝高阳之苗裔兮，朕皇考曰伯庸▼。
摄提贞于孟陬兮，惟庚寅吾以降▼。
皇览揆余初度兮，肇锡余以嘉名▼。
名余曰正则兮，字余曰灵均▼。

——屈原《离骚》

第二节　长叹

长叹有一声长长的叹息，也有几声短叹合成长叹，符号是“～”。古汉语有复合语气词，如“也乎哉”“也与哉”“已矣哉”“噫吁嚱”等。

诵读古诗文，很多地方都有长长的叹息。例如：

乱曰：已矣哉～！国无人莫我知兮，又何怀乎故都！

——屈原《离骚》

嘻吁嚱～，危乎高哉！蜀道之难，难于上青天！

——李白《蜀道难》

还有形式为“介词+代词+语气词”的“于是乎”。例如：

夫民之大事在农，上帝之粢盛于是乎～出，民之蕃庶于是乎～生，事之共给于是乎～在，和协辑睦于是乎～兴，财用蕃殖于是乎～始，敦庞纯固于是乎～成，是故稷为大官。

——左丘明《国语·周语上》

第三节 顿叹

顿叹始于《楚辞》“兮”字的语法功能，使《楚辞》有歌唱的韵律感。诵读时“兮”字唱“啊”，符号是“▽”。

魂兮▽归来！

——屈原《招魂》

王孙兮▽归来！

——淮南小山《招隐士》

君不行兮▽夷犹，蹇谁留兮▽中洲？

——屈原《九歌·湘君》

名余曰正则兮▽，字余曰灵均。

——屈原《离骚》

高余冠之岌岌兮▽，长余佩之陆离。

——屈原《离骚》

《楚辞》的顿叹功能对后世的古诗文诵读有很大的潜在影响，虽然诗文中没有“兮”字，但顿叹的形式仍然保留。

庆历▽四年春，滕子京▽谪守巴陵郡。越明年，政通人和▽，百废具兴，乃重修岳阳楼▽，增其旧制，刻唐贤今人诗赋▽于其上，属予▽于其上，属予▽作文▽以记之。

——范仲淹《岳阳楼记》

甚至在现代人的讲话中也有顿叹的痕迹。例如：

同志们（啊）！今天（啊）我们开个会……

这种顿叹适度的话不显啰唆，而显舒缓、亲切。

第五章　古诗文诵读的“三气”

同声相应，同气相求。

——《周易·乾》

第一节　语气

语气是指在一定的思想感情支配下具体语句的声音形式。

语气的“神”，即感情色彩和分量。受具体的思想感情支配的语句才是有生命的、可感的。语气的感情色彩，是指它透露出来的喜、怒、哀、乐、欲、恶、惧等各种人类情感的丰富繁杂的色彩，因而要求语言表达的丰富性。语气的分量，指在把握语气感情色彩的基础上，区别是非爱憎中不同的分寸尺度，强调表达的分寸感。

一、语气的类型

语气是多种多样的，有陈述、祈使、疑问、感叹、提顿、臆测等。古代汉语有句尾语气词，还有句首语气词和句中语气词。尽管古代汉语语气词的数量有限，但语气词在句中所起到的作用不可忽视。

（一）陈述语气

例如：

夫将者，国之辅也。

——孙武《孙子兵法·谋攻篇》

生，亦我所欲也；义，亦我所欲也。二者不可得兼，舍生而取义者也！

——孟子《孟子·告子上》

道之不行，已知之矣。

——《论语·微子篇》

吾将仕矣。

——《论语·阳货篇》

（二）疑问语气

例如：

项王曰：“壮士！能复饮乎？”

——司马迁《史记·项羽本纪》

六国互丧，率赂秦耶？

——苏洵《六国论》

赵王岂以一璧之故欺秦邪？

——司马迁《史记·廉颇蔺相如列传》

德何如则可以王矣？

——孟子《孟子·梁惠王上》

（三）祈使语气

例如：

先生休矣！

——《战国策·冯谖客孟尝君》

（四）感叹语气

例如：

逝者如斯夫！不舍昼夜。

——《论语·子罕篇》

楚国若有大事，子其危哉！

——左丘明《左传》

（五）提顿语气

例如：

夫积贮者，天下之大命也。

——贾谊《论积贮疏》

二、古代汉语语气词的功能

古代汉语语气词在句中主要有三种功能：加强语气、消减语气、完句功能。

古代汉语语气词是一个相对封闭的词类系统。常用的有“也”“矣”“已”“焉”“耳”“乎”“欤”“邪”“哉”“夫”“兮”等。

按照在句中的位置，语气词可以分为句中语气词和句末语气词，其中既能用在句首或句中，又能用在句末的语气词，为句中语气词。只能用在句末的语气词为句末语气词。句末语气词是古代汉语中语气词的主体，最常用的有“也”“矣”“乎”“哉”“已”“耳”“焉”“欤”“夫”“邪”等。

（一）加强语气

1. 加强肯定的语气

这一类语气词主要有“也”“耳”“乎”“哉”。

（1）也。

例如：

> 军中自是服其勇也。
>
> ——司马迁《史记·李将军列传》
>
> 昔者汤伐桀而封其后于杞者，度能制桀之死命也。
>
> ——司马迁《史记·留侯世家》
>
> 故言有招祸也，行有招辱也。
>
> ——荀子《荀子·劝学》

“也”用在这三个句子中均是加强了肯定的语气，分别对第一句中所叙述的情况、第二句中的原因和第三句中的结果进行进一步的肯定。

（2）耳。

“耳”是“而已”合音所产生的一个语气词，用在陈述句中，给句子加强肯定的语气。例如：

历阳侯范增曰：“汉易与耳，今释弗取，后必悔之。”

——司马迁《史记·项羽本纪》

诸将易得耳，至如信者，国士无双。

——司马迁《史记·淮阴侯列传》

（3）乎。

例如：

子曰：“何伤乎？亦各言其志也。”

——《论语·先进篇》

日夜望将军至，岂敢反乎？

——司马迁《史记·项羽本纪》

学而时习之，不亦说乎？

——《论语·学而篇》

而彭祖乃今以久特闻，众人匹之，不亦悲乎？

——《庄子·逍遥游》

这四个句子都是反问句，反问的语气主要是由前面的“何”“岂”“不亦”来承担，“乎”则加强了说话人对自己意见极为肯定的语气。

（4）哉。

与“乎”一样。用在反问句中，“哉”本身并不是反问语气的主要承担者，主要任务是加强肯定的语气。例如：

岂人主之子孙则必不善哉？

——《战国策·赵策四》

若夫乘天地之正，而御六气之辩，以游无穷者，彼且恶乎待哉？

——《庄子·逍遥游》

乃引“天亡我，非用兵之罪也”，岂不谬哉？

——司马迁《史记·项羽本纪》

2. 加强委婉、商量的语气

这一类语气词主要有“也”“乎”两个，当它们用在祈使句末尾时，即使去掉，句意也是完整的，但语气较生硬。用了它们，句子就加强了委婉、商榷的语气。例如：

不及黄泉，无相见也！

——左丘明《左传》

攻之不克，围之不继，吾其还也。

——左丘明《左传》

子犯曰：“战也。战而捷，必得诸侯。”

——左丘明《左传》

长铗归来乎！出无车。

——《战国策·齐策四》

愿君顾先王之宗庙，姑反国统万人乎！

——《战国策·齐策四》

3. 加强提醒的语气

这一类语气词主要有“矣”“尔”“焉”。例如：

哙曰：“此迫矣！臣请入，与之同命！”

——司马迁《史记·项羽本纪》

上下交征利而国危矣。

——孟子《孟子·梁惠王上》

盆成括仕于齐，孟子曰："死矣盆成括！"

——孟子《孟子·尽心下》

"矣"用在上述句子中，主要作用就是以引人注意的语气把已出现的或必将出现的情况告诉别人，提醒别人注意。

与此用法相同的还有"尔""焉"。例如：

其在宗庙朝廷，便便言，唯谨尔。

——《论语·乡党篇》

庄王围宋，军有七日之粮尔。

——《公羊传·宣公十五年》

制，岩邑也，虢叔死焉，佗邑唯命。

——左丘明《左传》

4. 加强显然的语气

这一类语气词主要有"已"，用在句子末尾，表示事情显然就是这样的，毋庸置疑。例如：

汤之问棘也是已。

——《庄子·逍遥游》

吾生也有涯，而知也无涯。以有涯随无涯，殆已。

——《庄子·养生主》

夫神农以前，吾不知已。

——《史记·货殖列传》

5. 加强猜测的语气

语气词“乎”用在句子末尾时，表示说话人对所说的情况有所推测，希望得到对方证实。例如：

吾闻姬姓，唐叔之后，其后衰者也，其将由晋公子乎？

——左丘明《左传》

日食饮得无衰乎？

——《战国策·赵策四》

今君王既栖于会稽之上，然后乃求谋臣，无乃后乎？

——《国语·越语上》

与此有相同作用的还有“与”“邪”。例如：

曰：“是鲁孔丘与？”

——《论语·微子篇》

其是吾弟与？

——司马迁《史记·刺客列传》

津人操舟若神，吾问焉，曰：“操舟可学邪？”曰：“可。”

——《庄子·达生》

管仲曰：“子邪，言伐莒？”

——《论衡·知实》

这四个句子都是疑问句，但是疑问语气不太强烈，说话人对所问的事情有了一定的猜测，提出来请对方证实。

（二）消减语气

“耳”“尔”等语气词用在句子末尾时，具有消减句子严肃语气的作用，同时限制了陈述的范围。例如：

从此道至吾军，不过二十里耳。

——司马迁《史记·项羽本纪》

狡兔有三窟，仅得免其死耳。

——《战国策·冯谖客孟尝君》

龙之所以为名者，乃以白马之论尔。

——公孙龙《公孙龙子·迹府》

叶公子高入据楚，诛白公，定楚国，如反手尔。

——荀子《荀子·非相》

以上句子中，如果不用“耳”“尔”，句子语气就会显得认真、重视、严肃，用了之后则会显得比较随意，有“把事情往小里说”的意味。

（三）完句功能

汉语的句段有独立句段和非独立句段之分，句段独立与否往往取决于它们是否具备句子必需的结构成分，这类成分被命名为“完句成分”。句末语气词便是诸多完句成分之一，一个短语若没有语气词往往难以独立成句。完句功能的语气词感情色彩不需要太浓。

以“矣”为例：

余病矣。

——左丘明《左传》

大叔完聚，缮甲兵，具卒乘，将袭郑。夫人将启之。公闻其期，曰：“可矣！”

——左丘明《左传》

孔子曰：“诺，吾将仕矣。”

——《论语·阳货篇》

以上例子中，如果没有语气词“矣”，句子都是非自足的，只是一个非独立句段。这种句段在语义上是完整的，但在结构上是不完整的，只有加上语气词后，才能构成一个独立的句子。

再看语气词“焉”。例如：

积土成山，风雨兴焉；积水成渊，蛟龙生焉。

——荀子《荀子·劝学》

智者作法，愚者制焉；贤者更礼，不肖者拘焉。

——司马迁《史记·商君列传》

“焉”用在动词性成分之后，起到了煞尾的作用，使一个动词性短语成了一个完整的句子。

语气与气息有直接的关系：

气徐　声柔　温和的感觉　爱的感情

气促　声硬　挤压的感觉　憎的感情
气小　声缓　迟滞的感觉　悲的感情
气满　声大　跳跃的感觉　喜的感情
气提　声凝　紧缩的感觉　惧的感情
气急　声促　紧迫的感觉　急的感情
气粗　声躁　嗔怒的感觉　怒的感情
气细　声微　踌躇的感觉　疑的感情
气少　声平　沉着的感觉　稳的感情
气多　声撇　烦躁的感觉　焦的感情

第二节　口气

口气是指说话的语气、措辞或格调，或者指说话时所体现的气势、气派。古诗文中的“主人公”不同，身份地位不同，表述的口气就不同。古代汉语中有丰富的谦辞、敬辞。谦辞是谦称自己，如“不才”“小人”等；敬辞是敬称他人，如“令尊”“足下”等。诵读时要注意诗文中的谦辞和敬语，用适当的口气来表达。例如：

大风起兮云飞扬，
威加海内兮归故乡。
安得猛士兮守四方！

——刘邦《大风歌》

这首诗是帝王的口气，全诗充满着王霸之气。前两句直抒胸臆，雄豪自放；最后一句抒发了作者内心对国家尚不安定的深深担心和惆怅。

臣密言：臣以险衅，夙遭闵凶。生孩六月，慈父见背；行年四岁，舅夺母志。祖母刘愍臣孤弱，躬亲抚养。臣少多疾病，九岁不行，零丁孤苦，至于成立。既无伯叔，终鲜兄弟，门衰祚薄，晚有儿息。外无期功强近之亲，内无应门五尺之僮，茕茕孑立，形影相吊。而刘夙婴疾病，常在床蓐，臣侍汤药，未曾废离。

逮奉圣朝，沐浴清化。前太守臣逵察臣孝廉，后刺史臣荣举臣秀才。臣以供养无主，辞不赴命。诏书特下，拜臣郎中，寻蒙国恩，除臣洗马。猥以微贱，当侍东宫，非臣陨首所能上报。臣具以表闻，辞不就职。诏书切峻，责臣逋慢；郡县逼迫，催臣上道；州司临门，急于星火。臣欲奉诏奔驰，则刘病日笃；欲苟顺私情，则告诉不许；臣之进退，实为狼狈。

伏惟圣朝以孝治天下，凡在故老，犹蒙矜育，况臣孤苦，特为尤甚。且臣少仕伪朝，历职郎署，本图宦达，不矜名节。今臣亡国贱俘，至微至陋，过蒙拔擢，宠命优渥，岂敢盘桓，有所希冀。但以刘日薄西山，气息奄奄，人命危浅，朝不虑夕。臣无祖母，无以至今日；祖母无臣，无以终余年。母、孙二人，更相为命，是以区区不能废远。

臣密今年四十有四，祖母今年九十有六，是臣尽节于陛下之日长，报养刘之日短也。乌鸟私情，愿乞终养。臣之辛苦，非独蜀之人士及二州牧伯所见明知，皇天后土，实所共鉴。愿陛下矜悯愚诚，听臣微志，庶刘侥幸，保卒余年。臣生当陨首，死当结草。臣不胜犬马怖惧之情，谨拜表以闻。

——李密《陈情表》

《陈情表》是西晋文学家李密上奏给晋武帝的表文。口气是进退两难、战战兢兢。

第三节 文气

文气，中国古代文论术语，指文章所体现的作者的精神气质。古诗文诵读和一般性的说话不同，不能只体现有声语言的语气和口气，还要提升到表现诗文所蕴含的精神境界方面。曹丕在《典论·论文》中说："文以气为主，气之清浊有体，不可力强而致。譬诸音乐，曲度虽均，节奏同检，至于引气不齐，巧拙有素，虽在父兄，不能以移子弟。"他所说的"气"就是文气，具体指作家的天赋个性和才能，所以是独特的，不可强求，也无法传授。他以这样的"文气"为文章的特征，用为写作和评判的准则。他评论"徐幹时有齐气""孔融体气高妙"，在《与吴质书》中说刘桢"有逸气，但未遒耳"，都是指他们个性才能所形成的精神气质在各自文章的体现，这是"气"的概念最早用于文章写作和批评。我们诵读古诗文，不能仅停留于读一部作品，而要全面了解一个作者的人生经历、作品风格。

陶渊明不言教化、不事雕琢，注重情感的自由抒发，注重诗文的自然天成，这是一种非常高的境界。无论是提倡艺术真实，还是推崇文学自然，都是为了酣畅淋漓地表现人生。诗人恬淡旷远的襟怀、孤傲高洁的品格赋予其作品平淡质朴、诗意盎然的特点。例如：

归园田居五首（其一）

少无适俗韵，性本爱丘山。
误落尘网中，一去三十年。
羁鸟恋旧林，池鱼思故渊。
开荒南野际，守拙归园田。
方宅十余亩，草屋八九间。
榆柳荫后檐，桃李罗堂前。
暧暧远人村，依依墟里烟，
狗吠深巷中，鸡鸣桑树颠。
户庭无尘杂，虚室有余闲。
久在樊笼里，复得返自然。

归园田居五首（其二）

野外罕人事，穷巷寡轮鞅。
白日掩荆扉，虚室绝尘想。
时复墟曲中，披草共来往。
相见无杂言，但道桑麻长。
桑麻日已长，我土日已广。
常恐霜霰至，零落同草莽。

归园田居五首（其三）

种豆南山下，草盛豆苗稀。
晨兴理荒秽，带月荷锄归。
道狭草木长，夕露沾我衣。
衣沾不足惜，但使愿无违。

这几首诗反映了陶渊明恬淡的精神气质。

杜甫对中国古典诗歌的影响非常深远，被后人称为“诗圣”，他的诗被称为“诗史”。后世称其为杜拾遗、杜工部，也称他杜少陵、杜草堂。杜甫创作了《春望》《北征》《三吏》《三别》等名作。公元759年，杜甫弃官入川，虽然躲避了战乱，生活相对安定，但仍然心系苍生，胸怀国事。杜甫的诗歌风格是沉郁顿挫，从《登高》等作品中就能看出。

登　高

杜甫

风急天高猿啸哀，渚清沙白鸟飞回。
无边落木萧萧下，不尽长江滚滚来。
万里悲秋常作客，百年多病独登台。
艰难苦恨繁霜鬓，潦倒新停浊酒杯。

这首诗前四句写景，述登高见闻，紧扣秋天的季节特色，描绘了江边空旷寂寥的景致。首联为局部近景，颔联为整体远景。后四句抒情，写登高所感，围绕作者的身世遭遇，抒发了穷困潦倒、年老多病、流落他乡的悲哀之情。颈联自伤身世，将前四句写景所蕴含的比兴、象征、暗示之意揭出；尾联再作申述，以哀愁病苦的自我形象收束。此诗语言精练，通篇对偶，一二句尚有句中对，充分显示了杜甫晚年对诗歌语言声律的把握运用已达圆通之境。

诵读古诗文要有深厚的文学积淀，要熟悉中国历代著名文学家的作品风格。例如：

“三曹”诗风的苍凉雄健，张九龄的委婉蕴藉，孟浩然的语淡而味浓、恬静浑健，王维的恬淡生动，王昌龄的雄健浑厚，李白的飘逸洒脱，杜甫的沉郁顿挫，高适、岑参的雄浑奇拔，韦应物的清新典雅，韩愈的气势磅礴、奇特新颖，贾岛的萧瑟悲愁，李贺的忧郁激愤，元稹的艳丽浅近，白居易的平白清新，刘禹锡的清峻明朗，李商隐的清丽俊逸，杜牧的含蓄绰约。

李煜词风的伤感细腻，欧阳修的清丽明媚，范仲淹的苍凉悲壮，晏殊的明朗疏淡，苏轼的旷达豪迈，柳永的缠绵悱恻，黄庭坚的自然流畅，秦观的情真意切，李清照的婉约凄切，杨万里的新鲜活泼，陆游的雄浑奔放、明朗流畅，辛弃疾的气势雄壮，姜夔的精心刻意、清妙秀远等。

一个作家的作品风格不是绝对的，如陶渊明诗歌风格特点包括但不限于：

（1）平淡自然、情真味永。陶渊明的诗歌平淡自然，无论是叙事、写物还是描景，都是质朴无华的。诗歌的内容贴近生活，感情浓厚真切。陶渊明的诗歌题材以田园生活为主，描写的都是生活中的寻常小事，虽平平淡淡，读起来却有滋有味。

（2）浑融完整，意境深远。陶渊明的诗中，有许多描写景物的句子。这些句子用白描和写意的手法，把生活中的点点滴滴写得诗意盎然，丰富了读者的想象，似是在读者面前展示了一幅生动有趣、意境深远的画面。

（3）语言质朴，生动精妙。崇尚自然是陶渊明的核心思想，其诗歌当然也不例外。他的语言质朴实在，不矫揉不造作，就如同本人，在仕途上始终保持着高洁的品德节操。因人格的坚定与生活体验高度合一，陶渊明创作出来的诗句很有感染力。

（4）题材广泛，特点多样。陶渊明的诗歌可以分为五大类，有田园诗、咏怀诗、咏史诗、行役诗和赠答诗。田园诗和咏史诗是陶渊明的主要诗作，也是体现他艺术成就的代表作。田园诗表现的是陶渊明向往追求的田园生活，抒发了悠然自在、知足淡泊的思想情感，体现了陶渊明追求真的人生哲理；咏史诗则继承了古典诗歌的传统，在咏史的同时抒发情怀，表现了大气豪迈的特点。

第六章　古诗文诵读的“三对”

古诗文诵读的“三对”是指对象、对手、对决，涉及的是诵读者与受众或是诵读者之间的交流问题。

第一节　对象

这里的对象是指语言艺术的对象感。

对象感是播音主持理论的重要内容。对象感就是播音员必须设想和感觉到对象的存在和对象的反应，从感觉上意识到听众的心理、要求、愿望、情绪等，并由此而调动自己的思想感情，使之处于运动状态。这种情况，并不是播音员与听众之间的互动交流，充其量只是思想感情的单向流动。作为客观存在，播音员播，听众听，观众看，一般情况下这是不可否认的。但是，播音员设想和感觉到的听众的情况，只是主观表象、意象，与客观事实不能等同。播音员设想的听众，感觉到的反应，事实上也许并不真正存在，而是属于播音员自己思想感情单向流动中的一个组成因素。

对象感正是被播音员用来使思想感情处于运动状态的一种手段、一种途径，属于某种联想、想象中的东西。在播音或主持中，应时时处处感觉到受众的存在、反应，这些反应如喜悦、悲痛、欢乐等。受众的各种反应又引发传者更饱满的感情，传与受之间便形成了互相激励、彼此鼓舞的“默契”，只有具体的对象感才会对播音员发挥积极的作用。

朗诵的对象感与播音的对象感不能完全等同，理解朗诵的对象感不能照搬播音的对象感理论。两者区别在：

（1）播音输出的是单一的信息流，表现在技术形态上是一束电波、一束声波、一束光波，对象感连续、稳定。朗诵表现的是全方位的生活，有叙事、描摹、抒情、说理、说明等，不需要始终和受众交流，对象感更虚幻、更模糊、更变化多端。

（2）播音的对象感空间小，局限于信息流动的单一渠道。播音员受职业习惯影响，语言表现的空间受到限制。播音腔语势平淡的原因之一是胸中缺少“九天揽月、五洋捉鳖”的气场，播音员朗诵时为了扩大这种对象空间，经常采用在舞台上“游走”的方式来扩大空间；而朗诵对象感的空间可以很小，也可以很大，生活的空间就是朗诵要表现的空间。

总之，播音是信息的传递，若没有对象，信息传递就毫无意义。而朗诵更多的是朗诵者“体味”作品。鲁迅先生的《从百草园到三味书屋》有一段文字：

先生自己也念书。后来，我们的声音便低下去，静下去了，只有他还大声朗读着：“铁如意，指挥倜傥，一座皆惊呢；金叵罗，颠倒淋漓噫，千杯未醉嗬……”

试想这样的诵读需要明确的对象吗？大多数朗诵作品没有很明确的对象感，朗诵者人为地给作品强加强烈的对象感，往往就成了朗诵者强化自身的“朗诵者形象”，甚至是讨好听众、观众。所以说，朗诵的对象感和播音的对象感相比，要“弱化、变化、虚化”。现在流传下来的大多数古诗文不是写给观众、听众的，而是作者心迹的表露，更接近话剧的独白（比独白更具韵律感）。古诗文诵读一般是和自己的心灵交流，和心中的目标（想象物）交流，和寄托物交流。

现代诗文朗诵（特别是表演型的朗诵）的对象感比古典诗文诵读的对象感要强烈、鲜明。其对象感有真实对象感（现场感）和虚拟对象感，整体性对象感、特定性对象感和弥漫性对象感。

用三个例子比较一下新闻播读、现代诗文朗诵和古诗文诵读的对象感：

（1）新闻播读的对象感很明显、很直接。

（新华社长江前线22日22时电）人民解放军百万大军，从一千余华里的战线上，冲破敌阵，横渡长江。西起九江（不含），东至江阴，均是人民解放军的渡江区域。二十日夜起，长江北岸人民解放军中路军首先突破安庆、芜湖线，渡至繁昌、铜陵、青阳、荻港、鲁港地区，二十四小时内即已渡过三十万人。二十一日下午五时起，我西路军开始渡江，地点在九江、安庆段。至发电时止，该路三十五万人民解放军已渡过三分之二，余部二十三日可渡完。这一路现已占领贵池、殷家汇、东流、至德、彭泽之线的广大南岸阵地，正向南扩展中。和中路军所遇敌情一样，我西路军当面之敌亦纷纷溃退，毫无斗志，我军所遇之抵抗，甚为微弱。此种情况，一方面由于人民解放军英勇善战，锐不可当；另一方面，这和国民党反动派拒绝签订和平协定，有很大关系。国民党的广大官兵一致希望和平，不想再打了，听见南京拒绝和平，都很泄气。战犯汤恩伯二十一日到芜湖督战，不起丝毫作用。汤恩伯认为南京、江阴段防线是很巩固的，弱点只存在于南京、九江一线。不料正是汤恩伯到芜湖的那一天，东面防线又被我军突破了。我东路三十五万大军与西路同日同时发起渡江作战。所有预定计划，都已实现。至发电时止，我东路各军已大部渡过南岸，余部二十三日可以渡完。此处敌军抵抗较为顽强，然在二十一日下午至二十二日下午的整天激战中，我已歼灭及击溃一切抵抗之敌，占领扬中、镇江、江阴诸县的广大地区，并控制江阴要塞，封锁长江。我军前锋，业已切断镇江、无锡段铁路线。

——《人民解放军百万大军横渡长江》

（人民教育出版社语文八年级上册）

播读新闻是直接针对所有听众或观众，把声波加载在电波中传递信息，对象感十分鲜明。习惯于这种表达方式的播音员如果不做相应的调整，朗诵文学作品就像在“宣传思想、教育群众”；如果调整得不好，会一味迎合受众、讨好受众，失去文学艺术的美学特征。

（2）现代诗文朗诵的对象感变化多端。例如：

面朝大海，春暖花开

海子

从明天起，做一个幸福的人
喂马，劈柴，周游世界
从明天起，关心粮食和蔬菜
我有一所房子，面朝大海，春暖花开

从明天起，和每一个亲人通信
告诉他们我的幸福
那幸福的闪电告诉我的
我将告诉每一个人
给每一条河每一座山取一个温暖的名字
陌生人，我也为你祝福
愿你有一个灿烂的前程
愿你有情人终成眷属
愿你在尘世获得幸福
我只愿面朝大海，春暖花开

现代诗文朗诵的对象感很灵动，一般根据朗诵的场景确定对象感，当众朗诵的对象是观众，录音朗诵就更灵活。一句“从明天起，做一个幸福的人”的对象可以是一群人，可以是一两个人，也可以是自己；“那幸福的闪电告诉我的/我将告诉每一个人/给每一条河每一座山取一个温暖的名字”，可以对人说，也可以对天地说；“陌生人，我也为你祝福”可以近指，也可以远指，可以实指，也可以虚指。

（3）古诗文诵读的对象感很虚幻。例如：

南乡子·登京口北固亭有怀

辛弃疾

何处望神州？满眼风光北固楼。千古兴亡多少事？悠悠。不尽长江滚滚流！

年少万兜鍪，坐断东南战未休。天下英雄谁敌手？曹刘。生子当如孙仲谋！

这首词讽刺了朝廷，委婉地暗示了作者对朝廷的不满，同时也表达了自己的一腔爱国豪情。继承的是“诗言志”的传统，表达的是自己的思绪，而不是现代的当众表演，因此对象感模糊。

现在朗诵最多的古诗文是耳熟能详的《将进酒》《满江红》《木兰诗》等，大都是按照现代诗文甚至话剧台词的表现方法朗诵，严格来说已经不属于古诗文诵读的范畴了。

第二节 对手

这里的对手是指演对手戏。对手戏指戏剧或影视片中两个演员相互配合表演的情节、内容，多指两个人之间的戏份，或者指两个人之间的对话台词。对手戏是两个或更多的人物发生冲突、争斗或对抗的场面，矛盾聚焦，冲突激烈，激动人心，表现力强。

现代朗诵本来起源于话剧表演，演对手戏历来是朗诵的一种重要表现形式。演对手戏容易入门，并且避免了一个人在舞台上空荡荡地压不住台的情况。朗诵中的对诵、群诵，对朗诵者的实力要求比独诵低，观赏性也更好，很多朗诵者首选对诵或者群诵。

适合演对手戏的古典诗文要有情节，篇幅也要比较长。演对手戏也要锤炼独诵的本领，不能什么作品都分解为对手戏。最成功的古诗文对诵是乔榛、丁建华老师朗诵的《长恨歌》：

长恨歌

白居易

（女）汉皇重色思倾国，御宇多年求不得。
杨家有女初长成，养在深闺人未识。
天生丽质难自弃，一朝选在君王侧。
回眸一笑百媚生，六宫粉黛无颜色。
春寒赐浴华清池，温泉水滑洗凝脂。
侍儿扶起娇无力，始是新承恩泽时。
云鬓花颜金步摇，芙蓉帐暖度春宵。
春宵苦短日高起，从此君王不早朝。
承欢侍宴无闲暇，春从春游夜专夜。
后宫佳丽三千人，三千宠爱在一身。
金屋妆成娇侍夜，玉楼宴罢醉和春。
姊妹弟兄皆列土，可怜光彩生门户。
遂令天下父母心，不重生男重生女。
（男）骊宫高处入青云，仙乐风飘处处闻。
缓歌慢舞凝丝竹，尽日君王看不足。
渔阳鼙鼓动地来，惊破霓裳羽衣曲。
九重城阙烟尘生，千乘万骑西南行。
（女）翠华摇摇行复止，西出都门百余里。
六军不发无奈何，宛转蛾眉马前死。
花钿委地无人收，翠翘金雀玉搔头。
君王掩面救不得，回看血泪相和流。
（男）黄埃散漫风萧索，云栈萦纡登剑阁。
峨嵋山下少人行，旌旗无光日色薄。

蜀江水碧蜀山青，圣主朝朝暮暮情。
行宫见月伤心色，夜雨闻铃肠断声。
天旋日转回龙驭，到此踌躇不能去。
马嵬坡下泥土中，不见玉颜空死处。
君臣相顾尽沾衣，东望都门信马归。
归来池苑皆依旧，太液芙蓉未央柳。
芙蓉如面柳如眉，对此如何不泪垂？
春风桃李花开夜，秋雨梧桐叶落时。
西宫南苑多秋草，落叶满阶红不扫。
梨园弟子白发新，椒房阿监青娥老。
夕殿萤飞思悄然，孤灯挑尽未成眠。
迟迟钟鼓初长夜，耿耿星河欲曙天。
鸳鸯瓦冷霜华重，翡翠衾寒谁与共？
悠悠生死别经年，魂魄不曾来入梦。
临邛道士鸿都客，能以精诚致魂魄。
为感君王展转思，遂教方士殷勤觅。
排空驭气奔如电，升天入地求之遍。
上穷碧落下黄泉，两处茫茫皆不见。
忽闻海上有仙山，山在虚无缥渺间。
楼阁玲珑五云起，其中绰约多仙子。
中有一人字太真，雪肤花貌参差是。
金阙西厢叩玉扃，转教小玉报双成。
（女）闻道汉家天子使，九华帐里梦魂惊。
揽衣推枕起徘徊，珠箔银屏迤逦开。
云鬓半偏新睡觉，花冠不整下堂来。

风吹仙袂飘飖举，犹似霓裳羽衣舞。
玉容寂寞泪阑干，梨花一枝春带雨。
含情凝睇谢君王，一别音容两渺茫。
昭阳殿里恩爱绝，蓬莱宫中日月长。
回头下望人寰处，不见长安见尘雾。
惟将旧物表深情，钿合金钗寄将去。
钗留一股合一扇，钗擘黄金合分钿。
但令心似金钿坚，天上人间会相见。
临别殷勤重寄词，词中有誓两心知。
七月七日长生殿，夜半无人私语时：
（男）在天愿作比翼鸟，在地愿为连理枝。
（女）天长地久有时尽，此恨绵绵无绝期。
（合）在天愿作比翼鸟，在地愿为连理枝。
天长地久有时尽，此恨绵绵无绝期。

第三节　对决

对决本来是指彼此进行决定胜负的比赛或对抗。朗诵的对决感是指朗诵时以比拼甚至战斗的状态朗诵。朗诵的对决感可以从三个方面阐述：

（1）大多数朗诵者最开始参与朗诵活动不是从系统学习朗诵知识起步，而是从参加朗诵比赛开始。朗诵比赛的规则都是要有“舞台感”，要充满激情。要想比赛获得好成绩，就必须服从比赛规则。很多朗诵爱好者都有朗诵比赛的获奖证书，从事朗诵艺术若干年，始终摆脱不了“朗诵选手”的形象，其朗诵不是追求美感、追求意境，而是追求奥林匹克“更快、更高、更强、更团结”的原则。这导致许多朗诵者陷入追求对决感的模式。

（2）当代朗诵脱胎于从国外传入中国的话剧。话剧遵循的是西方戏剧理论的“三一律”。“三一律”规定剧本创作必须遵守时间、地点和行动的一致，即只允许有一条故事线索，发生的时间不能超过一天即24小时，而且事件只能发生在某一个地点。法国古典主义戏剧理论家布瓦洛把它解释为“要用一地、一天内完成的一个故事从开头直到末尾维持着舞台充实”。其优点是剧情集中、紧凑；缺点是人物类型化，千篇一律，千人一面。很多朗诵就是话剧表演的简化版，朗诵者把诗歌、散文、小说都处理成话剧台词，火力集中，制造一个又一个高潮，加之很多夸张的动作、表情和语言态势，营造“慷慨激昂、催人泪下”的氛围，有很强的对决感。还有人把这种朗诵称为“演诵”。这种朗诵是一种程式化的东西，容易模仿，只要嗓子好，气息足，学几个回合，倒也像模像样；缺点是只能对付某一类型的作品。

（3）在当今社会，斗争思想、斗争哲学对语言表达的影响非常明显。有些朗诵理论书籍明确表达：朗诵是斗争的工具，是刺向对方的投枪、匕首。而且很多朗诵作品充满血与火，需要用对抗、对决的形式来表现。

适当的对决感可以增强朗诵的气势、增强朗诵的感染力，所以不能一概否定。像《满江红》《水调歌头》之类的作品要有对决感。哪怕是温婉的作品中出现表达激愤的句子，朗诵时也要有适当的对决感。但有的朗诵者把“京口瓜洲一水间，钟山只隔数重山。春风又绿江南岸，明月何时照我还”表演出明显的对决感就不合适了。

破阵子·为陈同甫赋壮词以寄之

辛弃疾

醉里挑灯看剑，
梦回吹角连营。
八百里分麾下炙，
五十弦翻塞外声。
沙场秋点兵。
马作的卢飞快，
弓如霹雳弦惊。
了却君王天下事，
赢得生前身后名。
可怜白发生！

朗诵“五十弦翻塞外声。沙场秋点兵。马作的卢飞快，弓如霹雳弦惊”时应有对决感，而其他的句子不能有。

黄鹤楼送孟浩然之广陵

李白

故人西辞黄鹤楼，烟花三月下扬州。
孤帆远影碧空尽，唯见长江天际流。

这是一首送别诗，有叙事，有景色描绘，但没有矛盾冲突，所以朗诵时不能有对决感。

第七章　古诗文诵读的“三境”

第一节　语境

到什么山上唱什么歌，见什么人说什么话。

——俗语

语境即言语环境，或者说是语言使用环境。它包括语言因素，也包括非语言因素。上下文、时间、空间、情景、对象、话语前提等与语词使用有关的都是语境因素。

语境分为情景语境和文化语境。

情景语境是指与语言交际活动直接相关的客观环境，包括交际的时间、地点、人物、事件等。

文化语境是指语言交际活动参与者所处的整个文化背景，包括历史、宗教信仰、风俗习惯、道德观念等。现代和古代的文化语境有很大的差别。

湖心亭看雪

张岱

崇祯五年十二月，余住西湖。大雪三日，湖中人鸟声俱绝。是日更定矣，余拏一小舟，拥毳衣炉火，独往湖心亭看雪。雾凇沆砀，天与云与山与水，上下一白。湖上影子，惟长堤一痕、湖心亭一点、与余舟一芥，舟中人两三粒而已。

到亭上，有两人铺毡对坐，一童子烧酒炉正沸。见余，大喜曰：“湖中焉得更有此人！”拉余同饮。余强饮三大白而别。问其姓氏，是金陵人，客此。及下船，舟子喃喃曰：“莫说相公痴，更有痴似相公者！”

这篇作品的情景语境好理解，时间是寒冬，地点是西湖，人物是张岱、舟子和两个金陵人，事件是冒着严寒去湖心亭看雪。

诵读这篇作品时，若能理解当时的文化语境，才不容易出戏。从前的人就像木心先生所写的“从前的日色变得慢，车、马、邮件都慢，一生只够爱一个人”，人们的心境普遍很恬淡宁静；现在的人普遍较浮躁张扬，大多数诵读者都是“舞台腔”，开口就拉开架势。今天和过去的文化语境有很大的差别，诵读这样的作品，诵读者要“穿越”回去，回到过去的文化语境。

文化语境是一个容易被人忽略的问题。不同的历史时期、不同的社会有不同的文化语境，先秦有先秦的文化，汉代有汉代的文化，两晋、唐朝、宋朝、元朝、明朝、清朝、民国都有自己不同的文化。不同阶层也有不同的文化，“三曹”有“三曹”的文化语境，“竹林七贤”有“竹林七贤”的文化语境。这些特有的文化语境，不能用现代的政治宣传文化语境取而代之，也不能用西方表演体系的文化语境去大开大合地“展演”。像《满江红·写怀》这样的忠君报国、任侠使气的文化语境，如果用阶级斗争的文化语境去表达，就丧失了中国传统文化的底蕴。而用京剧演唱的《将进酒·君不见》展现的就是中国传统的文化语境，听起来韵味十足。

当然，随着时代的变迁、文化的交流融合，文化语境也有变化，但这也是植根于传统文化语境的创新发展。

第二节 心境

情随事迁，感慨系之。

——王羲之

感心动耳，荡气回肠。

——曹丕

心境是一种比较微弱而持久的、使人所有的情感体验都感染上某种色彩的情绪状态。

心境、热情和激情的区别如下：心境是指强度较小但持续时间较长的情感，是一种微弱、平静而持久的情感，如绵绵柔情、闷闷不乐、耿耿于怀等；热情是指强度较大但持续时间较短的情感，是一种强有力、稳定而深厚的情感，如兴高采烈、欢欣鼓舞、孜孜不倦等；激情是指强度很大但持续时间很短的情感，是一种猛烈、迅速爆发、短暂的情感，如狂喜、愤怒、恐惧、绝望等。

朗诵的心境分朗诵者自身的心境和受朗诵作品感染产生的心境。

朗诵者自身的心境，往往在较长一段时间内影响人的言行和情绪。古语中说人们对同一种事物，“忧者见之而忧，喜者见之而喜”，这是心境弥散性的表现。

朗诵者朗诵时，要努力暂时抛下自身的心境，去体会朗诵文本中人物的心境，并且不能用短暂的“热情”和“激情”取代持续的“心境”。比如张岱的《湖心亭看雪》，就是一种清净、恬淡的心境贯穿始终。再比如韩愈的《祭十二郎文》，表达的又是与之截然不同的心境。

祭十二郎文

韩愈

年、月、日，季父愈闻汝丧之七日，乃能衔哀致诚，使建中远具时羞之奠，告汝十二郎之灵：

呜呼！吾少孤，及长，不省所怙，惟兄嫂是依。中年，兄殁南方，吾与汝俱幼，从嫂归葬河阳。既又与汝就食江南，零丁孤苦，未尝一日相离也。吾上有三兄，皆不幸早世。承先人后者，在孙惟汝，在子惟吾，两世一身，形单影只。嫂尝抚汝指吾而言曰：“韩氏两世，惟此而已！”汝时尤小，当不复记忆。吾时虽能记忆，亦未知其言之悲也。

吾年十九，始来京城。其后四年，而归视汝。又四年，吾往河阳省坟墓，遇汝从嫂丧来葬。又二年，吾佐董丞相于汴州，汝来省吾，止一岁，请归取其孥。明年，丞相薨，吾去汴州，汝不果来。是年吾佐戎徐州，使取汝者始行，吾又罢去，汝又不果来。吾念汝从于东，东亦客也，不可以久。图久远者，莫如西归，将成家而致汝。呜呼！孰谓汝遽去吾而殁乎！吾与汝俱少年，以为虽暂相别，终当久相与处，故舍汝而旅食京师，以求斗斛之禄。诚知其如此，虽万乘之公相，吾不以一日辍汝而就也！

去年孟东野往，吾书与汝曰："吾年未四十，而视茫茫，而发苍苍，而齿牙动摇。念诸父与诸兄，皆康强而早世。如吾之衰者，其能久存乎？吾不可去，汝不肯来；恐旦暮死，而汝抱无涯之戚也。"孰谓少者殁而长者存，强者夭而病者全乎？呜呼！其信然邪？其梦邪？其传之非其真邪？信也，吾兄之盛德而夭其嗣乎？汝之纯明而不克蒙其泽乎？少者强者而夭殁，长者衰者而存全乎？未可以为信也。梦也，传之非其真也？东野之书，耿兰之报，何为而在吾侧也？呜呼！其信然矣！吾兄之盛德而夭其嗣矣！汝之纯明、宜业其家者，不克蒙其泽矣！所谓天者诚难测，而神者诚难明矣！所谓理者不可推，而寿者不可知矣！虽然，吾自今年来，苍苍者或化而为白矣，动摇者或脱而落矣，毛血日益衰，志气日益微，几何不从汝而死也！死而有知，其几何离；其无知，悲不几时，而不悲者无穷期矣。

汝之子始十岁，吾之子始五岁，少而强者不可保，如此孩提者，又可冀其成立邪？呜呼哀哉！呜呼哀哉！

汝去年书云："比得软脚病，往往而剧。"吾曰："是疾也，江南之人，常常有之。"未始以为忧也。呜呼！其竟以此而殒其生乎？抑别有疾而致斯乎？汝之书，六月十七日也。东野云：汝殁以六月二日；耿兰之报无月日。盖东野之使者，不知问家人以月日；如耿兰之报，不知当言月日；东野与吾书，乃问使者，使者妄称以应之耳。其然乎？其不然乎？

今吾使建中祭汝，吊汝之孤，与汝之乳母。彼有食可守，以待终丧，则待终丧而取以来；如不能守以终丧，则遂取以来。其余奴婢，并令守汝丧。吾力能改葬，终葬汝于先人之兆，然后惟其所愿。呜呼！汝病吾不知时，汝殁吾不知日，生不能相养以共居，殁不能抚汝以尽哀；敛不凭其棺，窆不临其穴。吾行负神明而使汝夭，不孝不慈，而不能与汝相养以生，相守以死。一在天之涯，一在地之角，生而影不与吾形相依，死而魂不与吾梦相接。吾实为之，其又何尤！彼苍者天，曷其有极！

自今以往，吾其无意于人世矣。当求数顷之田于伊颍之上，以待余年，教吾子与汝子，幸其成长，吾女与汝女，待其嫁，如此而已。呜呼！言有穷而情不可终，汝其知也邪？其不知也邪？呜呼哀哉！尚飨。

“衔哀”是这篇作品中韩愈的心境。韩愈“少孤”“上有三兄，皆不幸早世”，十二郎又不幸离世，凄恻的心境一直笼罩着作者。在《左迁至蓝关示侄孙湘》中，“云横秦岭家何在？雪拥蓝关马不前。知汝远来应有意，好收吾骨瘴江边”也是这种心境。

第三节 意境

文化之极峰没有什么，就是使人生达到水连天碧一切调和境地而已。

——林语堂

意境是一个汉语词汇，是指文艺作品中描绘的生活图景与所表现的思想情感融为一体而形成的艺术境界。特点是景中有情，情中有景，情景交融。凡能感动欣赏者（读者或观众）的艺术，总是在反映对象“境”的同时，相应表现作者的“意”，即作者能借形象表现心境，寓心境于形象之中。广义而言，意境包括作者和欣赏者两方面。前者由作者的审美观念、表现手法及水平决定，有真与假、有与无、大与小、深与浅之别，后者因欣赏者的感受能力和审美评价不同而有大小和深浅之分。

意境往往是只可意会不可言传，想深入理解朗诵作品的意境，就要多读书，仔细读，认真体会，而王国维的《人间词话》、俞陛云的《诗境浅说》和傅庚生的《中国文学欣赏举隅》必读无疑。

王国维对境界的内涵做了新的界说，把多种多样的艺术境界划分为三种基本形态：上焉者，意与境浑；其次，或以境胜，或以意胜。王国维比较科学地分析了“景”与“情”的关系和两者产生的各种现象，提出了“造境”与“写境”，“有我之境”与“无我之境”，“境界之大小”，“理想”与“写实”等问题，对中国文学批评产生了深远的影响。

《诗境浅说》收录了王勃、骆宾王、李白、杜甫、王维、孟浩然、白居易、卢纶、柳宗元、刘禹锡、李商隐等数百篇名诗，从声调、格律、意义、句法、字法入手，阐释其精微细妙之处。《人间词话》比较抽象，《诗境浅说》更具象。

《中国文学欣赏举隅》是20世纪以来中国文学批评与文学欣赏方面的名著，对中国古典文学评论进行分类搜集，将西洋文学批评理论运用于古典文学中。书虽“小”，但内容博大丰富：精研与达诂、真情与兴会、深情与至诚、悲喜与同情、痴情与彻悟、情景与主从、联想与比拟、脉注与绮交、纵收与曲折、穿插与烘托、警策与夸饰、辞意与隐秀、仙品与鬼才、势度与韵味、渊雅与峻切、自然与藻饰、真色与丹青、雅郑与淳漓、善美与高格、剪裁与含蓄、巧拙与刚柔、练字与度句、重言与音韵、对偶与用事、诗忌与谶语、摹拟与熔成。

其他的文论著作也要有所了解：

（1）《诗品》是古代第一部诗论著作，为南朝梁钟嵘所著。《隋书·经籍志》著录此书，书名为《诗评》，后被称为“百代诗话之祖”。

（2）《文心雕龙》是中国现存最早的一部文章学论著，由于书中所论多涉及文学创作，故现代学者又多视之为现存最早的一部用中文撰写的综合性的文学批评专著。作为一部体大思精之作，它既总结了先秦以来文学创作的经验，又继承和发扬了前人文学理论的丰富遗产，在文学的各个方面提出了自己精辟的见解，形成了完整的理论体系。它的产生在中国文艺理论史上具有重大的意义，对后世产生了巨大而深远的影响。《文心雕龙》共十卷，五十篇，分上下两编，各二十五篇，包括总论、文体论、创作论、批评论四个部分。

（3）《沧浪诗话》是南宋诗论家、诗人严羽所著关于诗的理论批评著作，由诗辩、诗体、诗法、诗评、考证五部分组成。《诗辩》提出了论诗的基本主张，是全书的核心；《诗体》论诗歌的体例；《诗法》谈写作方法；《诗评》评论了历代许多作家、作品；《考证》考订了一些诗篇文字、作者，表达了严羽的鉴赏观点。

意境就像严羽在《沧浪诗话》中的一段话：“盛唐诸公唯在兴趣，羚羊挂角，无迹可求。故其妙处，透彻玲珑，不可凑拍，如空中之音、相中之色、水中之影、镜中之象，言有尽而意无穷。”意境需静下心来细细体会。

第八章　古诗文诵读的内在语

内在语本来是播音主持学的一个概念，是指稿件文字语言所不便表露、不能表露或没有完全显露出来，或没有直接显露出来的语句关系、语句本质。现代诗文朗诵和古诗文诵读都有这一现象。

新闻稿件及专为朗诵创作的朗诵诗和古诗文相比，更加浅显直白。古诗文的文字现代人读来本身就有很大的难度，加上各种文学手法的运用，理解起来就难上加难。诵读古诗文时，要对含蓄、委婉、用典、隐晦等文学现象仔细体会，尽量用声音显示出所不便表露、不能表露或没有完全显露出来、没有直接显露出来的语句关系及本质。

第一节　含蓄

在我国古典诗歌中，含蓄是一种重要的艺术表现手法。含蓄是指在表达思想感情时，不直接说出，而是通过间接、暗示的方式表达，让读者在品味、想象中领悟到诗人所要表达的意思。这种手法可以增加诗歌的韵味和魅力，让读者产生更多的联想和感受。

在古典诗歌中，含蓄的表现方式有很多种。比如，诗人可以通过描绘自然景物来暗示人的情感和思想，如“采菊东篱下，悠然见南山”，通过描绘山水的美丽和自然风光，来表达诗人的闲适和自由。另外，诗人也可以通过运用比喻、象征等手法来含蓄地表达自己的思想感情，如“月上柳梢头，人约黄昏后”，通过比喻和象征的方式，表达了诗人对恋人的思念和期待。

含蓄的手法不仅可以让诗歌更加生动有趣，也可以让诗歌更加深刻和丰富。通过暗示和间接的方式表达思想感情，可以让诗歌更加具有张力和韵味，让读者在品味和想象中体验到更多的艺术魅力。

总之，含蓄是我国古典诗歌中重要的艺术表现手法，可以让诗歌更加生动、深刻、丰富和韵味十足。这种手法也让读者在阅读诗歌时能够体验到更多的艺术魅力和乐趣。以下是含蓄手法的作用。

（一）托物寄意

即借助于对某一事物的描绘抒发讽喻之情。宋人欧阳修的《画眉鸟》写道:“百啭千声随意移，山花红紫树高低。始知锁向金笼听，不及林间自在啼。”诗中写画眉在林间自由啼啭，与那锁在金笼中的鸟儿形成鲜明对照。如果仅感知到这个层面，则失之肤浅。其实，诗人朝中为官，正直敢言而受到守旧派的打击被贬滁州。朝中的险恶与放情于滁州山水的自由自在恰成强烈对照。诗人有感于山林中画眉鸟的鸣啭，触景生情，托物（画眉）寄意而作此诗，其寓意也就不言自明了。

（二）正话反说，反话正说

诗人的创作故意用否定（肯定）某事物来表达肯定（否定）某事物之意。即言非（是）而是（非）。李白《巴陵赠贾舍人》:“贾生西望忆京华，湘浦南迁莫怨嗟。圣主恩深汉文帝，怜君不遣到长沙。”贾舍人由于得罪朝廷而被贬到巴陵（今湖南岳阳）做司马。到任后遇到刚刚获赦的李白，诗人作此诗赠与贾舍人。诗中说，你贾舍人被贬谪湘水之滨也就不要埋怨了，咱们圣主恩深似海，是他怜悯你，才没有像当年的汉文帝把贾谊贬谪到长沙那样贬谪你，而只是把你贬到了巴陵，你应感谢皇上隆恩啊！实际上，巴陵和长沙同样遥远，贾舍人被贬之地并不比贾谊被贬之地好。整首诗似在劝慰贾舍人、歌颂唐肃宗的圣明，实则讽刺了唐肃宗像汉文帝一样昏庸寡情。反话（讽刺语）正说（赞颂辞），含蓄蕴藉。

（三）指桑骂槐

即借题发挥，指此讽彼。如杜牧的《泊秦淮》：“商女不知亡国恨，隔江犹唱后庭花。”表面上指斥商女（歌女），实则反映了官僚贵族以声色歌舞、纸醉金迷的生活来填补空虚而腐朽的灵魂的生活，是对晚唐衰败现实的侧面写照。

（四）自嘲嘲人

这种手法主要是通过嘲讽自己达到对讽刺对象嘲弄、讽刺的目的。如唐诗人罗隐的《感弄猴人赐朱绂》：“十二三年就试期，五湖烟月奈相违。何如买取胡孙弄，一笑君王便著绯。”诗的意思是，十二三年来我辛辛苦苦上京赶考，把美好的风光（五湖烟月）都丢弃了。还不如去学那个弄猴人，只要能博君王一笑，就能穿上大红的官袍。说猴子上朝，本就令人捧腹，而今弄猴人竟因能博龙颜大悦而官袍加身，更是荒唐。诗人嘲笑自己执迷不悟比不上弄猴人以技艺邀宠而轻易得官，自叹不如。表面上自嘲，实则讽刺了晚唐皇帝昏庸荒诞，深刻揭露了朝廷的黑暗腐朽，将怀才不遇之情渲染得酣畅淋漓，比直接讽喻要耐人寻味，也更深刻。

（五）写景寓意

即把抒情主人公的情感意绪寓于景物描写之中，情与景相互交融，耐人寻味。如李白《苏台览古》：“旧苑荒台杨柳新，菱歌清唱不胜春。只今惟有西江月，曾照吴王宫里人。”苏台，即姑苏台，是春秋时吴王夫差的游乐之地，故址在今江苏省苏州市。诗中所写的吴苑的残破、苏台的荒凉、杨柳新叶、船娘菱歌、西江明月，这一系列景物，古今对照，蕴含着诗人盛衰无常的无限感慨。

（六）对面落笔

诗人有情感要抒发，有相思要寄托，不直接写“我”如何，而是设想对方面对此情此景会怎样，从而收到婉转曲折的抒情效果。如杜甫《月夜》：“今夜鄜州月，闺中只独看。遥怜小儿女，未解忆长安。香雾云鬟湿，清辉玉臂寒。何时倚虚幌，双照泪痕干。”诗人没有直接从自己一面说自己怀念家中妻儿，而是设身处地，从对面落笔，由自己对月怀人，设想妻子儿女的心情，由自己的相思难眠，设想妻子深夜不寐，由眼前两地望月不得团聚之苦，设想将来共同看月的团聚之乐。想象丰富，情真意切，曲折婉转。李商隐的《夜雨寄北》也是这类写法。

（七）借古讽今

李清照的绝句：“生当作人杰，死亦为鬼雄。至今思项羽，不肯过江东。”秦末名将项羽曾威震四海，后与刘邦争夺天下兵败乌江，无颜见江东父老，于是自刎乌江，壮怀激烈。本诗赞美项羽不愿自己逃命，宁可与将士一道牺牲的精神，联系当时南宋统治者节节败退，最后逃过长江，偏安于一隅，苟且偷安的现实，诗人颂古讽今之意不难理解。

第二节 委婉

委婉就是不用直截了当的话而用拐弯抹角的话来表达意思。诵读委婉的词句，语气宜婉转，不可生硬、高声大气。

一旦山陵崩，长安君何以自托于赵？

——《战国策·赵策四》

“山陵”，比喻帝王或王后，这里指赵太后。

既薨，家人发箧视之，则《论语》二十篇也。

——《赵普》

“薨”，诸侯死亡的委婉说法。

生孩六月，慈父见背；行年四岁，舅夺母志。

——李密《陈情表》

“慈父见背”，婉指父亲去世。“舅夺母志”，婉指母亲改嫁。

愿及未填沟壑而托之。

——《战国策·赵策四》

“填沟壑”，是对自己死亡的委婉说法。

今治水军八十万众，方与将军会猎于吴。

——司马光《赤壁之战》

此处实际是曹操向孙权下的一封战书。文中采取委婉的说法，要和孙权共同狩猎，实际是要打一仗。

权起更衣，肃追于宇下。

——司马光《赤壁之战》

“更衣”，是“上厕所”的委婉说法。

故为之说，以俟夫观人风者得焉。

——柳宗元《捕蛇者说》

为避忌唐太宗李世民的名讳，将“民风”改为“人风”。

昔者有王命,有采薪之忧,不能造朝。

——《孟子·公孙丑下》

“采薪之忧”，字面意思是不能砍柴，其实是“生病”的婉辞。

且仆与足下俱楚人，使仆游扬足下名于天下，顾不美乎?

——班固《汉书·季布栾布田叔传》

仆是古代男子对自己的谦虚说法。

第三节 用典

用典是中华古诗词中常见的修辞手法，古人写作立论，多爱用典。精彩的典故，往往片言只语包含丰富深刻的思想内容。今天的时评、议论性文章中常用典故来表达观点。用典不仅可以使文字表达更加凝练、形象，而且能让文字含蓄典雅、别有意趣。“诗向会人吟”，理解用典，既是对诵读者的要求，也是对听众的知识文化水平的检验。用典有明用、暗用、正用和反用。

（一）明用典故

古典诗词在使用典故时，如果能使读者从字面一看便知使用了某个典故的就是明用典故。这种现象在古典诗词中是常见的，也好理解。

持节云中，何日遣冯唐？

——苏轼《江城子·密州出猎》

“持节云中，何日遣冯唐？”这是明用《史记·冯唐列传》中的故事，东坡居士在这里明用这个典故，意在以魏尚自况，希望有一个像冯唐那样识才敢谏之人，为自己在宋神宗面前保荐，派人将自己召回，委以重任。这是古人忧国忧民的忧患意识的反映。

千古奇冤，江南一叶。同室操戈，相煎何急？！

——周恩来

在皖南事变后，周恩来愤而疾书“同室操戈，相煎何急”，这里明显化用了曹植《七步诗》里的句子：“本是同根生，相煎何太急？”

（二）暗用典故

古典诗词在使用典故时，有时表面上看用典处似乎与上下文句融合为一，不细察则不知为用典，这就是暗用典故。

会挽雕弓如满月，西北望，射天狼。

——苏轼《江城子·密州出猎》

本诗表面看来好像是写“出猎”，描写猎人弯弓射狼的情况。其实这是暗用了《楚辞·东君》“举长矢兮射天狼”的典故。天狼，是星名，古代用以代表贪残掠夺，作者在此代指辽和西夏统治者；“射天狼”则表明自己御敌保国的决心。

（三）正用典故

蓬莱文章建安骨，中间小谢又清发。

——李白《宣州谢朓楼饯别校书叔云》

本句以典代人，既赞李云，也以自赞。“蓬莱”，海中神山名，传说仙府中难得的典籍均藏于此。《后汉书·窦章传》言：“是时学者称东观为老氏藏室，道家蓬莱山。”这首诗中的“蓬莱”，是借指校书郎李云。“建安骨”为“建安风骨”之简称。东汉末建安时期，以曹操父子和建安七子为代表的诗歌，风格清新刚健，被后人称为建安风骨。“小谢”，指谢朓；区别于“大谢”（谢灵运）。李白非常推崇谢朓，这里有自比的意思。这两句诗中，上句称赞李云文章得建安风骨，清新刚健；下句谓自己的诗歌应像谢朓那样清新隽永。

（四）反用典故

有的诗人取典故所述之人事而反其意用之。

> 蜀道登天，一杯送绣衣行客。还自叹中年多病，不堪离别。东北看惊诸葛表，西南更草相如檄。把功名收拾付君侯，如椽笔。 儿女泪，君休滴。荆楚路，吾能说。要新诗准备，庐山山色。赤壁矶头千古浪，铜鞮陌上三更月。正梅花万里雪深时，须相忆。
>
> ——辛弃疾《满江红·送李正之提刑入蜀》

辛弃疾极力鼓励李正之入蜀做一番事业，首句化用李白《蜀道难》中的“蜀道之难，难于上青天”，将其概括为“蜀道登天”。本来，李白在《蜀道难》中要突出的是蜀道的高危艰险，辛弃疾在《满江红·中秋寄远》中却强调通过艰苦的攀登可以上达青天，这就是典型的反用典故了。

以下列举几个古诗词中常见的典故：

（一）投笔

《后汉书》载，班超家境贫寒，靠为官府抄写文书来生活。他曾投笔感叹，要效法傅介子、张骞立功边境，取爵封侯。后来“投笔”就指弃文从武。如辛弃疾《水调歌头·落日古城角》：莫学班超投笔，纵得封侯万里，憔悴老边州。

（二）长城

《南史·檀道济传》载，檀道济是南朝宋的大将，权力很大，受到君臣猜忌。后来宋文帝借机杀他时，檀道济大怒道："乃坏汝万里长城!"后来就用"万里长城"指守边的将领。如陆游的《书愤》："塞上长城空自许，镜中衰鬓已先斑。"

（三）楼兰

《汉书》载，楼兰国王贪财，多次杀害前往西域的汉使。后来傅介子被派出使西域，计斩楼兰王，为国立功。以后诗人就常用"楼兰"代指边境之敌，用"破楼兰"指建功立业。如王昌龄《从军行》："青海长云暗雪山，孤城遥望玉门关。黄沙百战穿金甲，不破楼兰终不还。"李白的《塞下曲》："五月天山雪，无花只有寒。笛中闻折柳，春色未曾看，晓战随金鼓，宵眠抱玉鞍。愿将腰下剑，直为斩楼兰。"

（四）折腰

《宋书·隐逸传》载，陶渊明曾作彭泽县令，因不肯"为五斗米向乡里小儿折腰"而弃官归隐。"折腰"意为躬身拜揖，后来喻指屈身事人。如李白《梦游天姥吟留别》："安能摧眉折腰事权贵，使我不得开心颜?"

（五）鸿雁

《汉书·苏武传》载，匈奴单于欺骗汉使，说苏武已死，而汉使者故意说汉天子打猎时射下一只北方飞来的鸿雁，鸿雁脚上拴着帛书，是苏武写的。单于只好放了苏武。后来就用“红雁”“雁书”“雁足”“鱼雁”等指书信、音讯。如晏殊《清贫乐》：“红笺小字，说尽平生意。鸿雁在云鱼在水，惆怅此情难寄。”

（六）尺素

古乐府《饮马长城窟行》载，“客从远方来，遗我双鲤鱼，呼儿烹鲤鱼，中有尺素书”。后来“尺素”就用作书信的代称。如秦观《踏莎行》：“驿寄梅花，鱼传尺素，砌成此恨无重数。郴江幸自绕郴山，为谁流下潇湘去?”

第四节 隐晦

隐晦本来的意思是含糊、不易理解、不明朗或不清楚，指说的话、写的文章所表示的意思曲折不明显。古诗文的隐晦有两种：可意会可言传和只可意会不可言传。

（一）可意会可言传

这类作品虽然原文的意思很隐晦，但是可以有明确的解释。例如：

节妇吟·寄东平李司空师道

张籍

君知妾有夫，

赠妾双明珠。

感君缠绵意，

系在红罗襦。
妾家高楼连苑起，
良人执戟明光里。
知君用心如日月，
事夫誓拟同生死。
还君明珠双泪垂，
恨不相逢未嫁时。

这是唐代诗人张籍自创的乐府诗。李师道是当时藩镇之一的平卢淄青节度使，又冠以检校司空、同中书门下平章事的头衔，其势炙手可热。中唐以后，藩镇割据，用各种手段，勾结、拉拢文人和中央官吏。此诗具有双层面的内涵：在文字层面上，描写了一位忠于丈夫的妻子，经过思想斗争后终于拒绝了一位多情男子的追求，守住了妇道；在喻义层面上，表达了作者忠于朝廷、不被藩镇高官拉拢、收买的决心。全诗以比兴手法委婉地表明态度，表意很隐晦，一般的读者只会看到文字层面的意思，只有当事人才能一眼看明白寓意层面的意思。但是，经过解释后，人人都能看懂文字后面的意思。

（二）只可意会不可言传

有些诗歌作品，比如李商隐的多首《无题》诗，都写得婉转含蓄、曲折隐晦，具有一种迷离恍惚之美，因而历来注释分歧很大，未能有达诂者，也就是不可言传。只有摆脱汉代儒生注经的方法，而把李商隐的《无题》诗作为真正的艺术品来欣赏，才能从中获得无限的美感。

无　题

李商隐

相见时难别亦难，东风无力百花残。
春蚕到死丝方尽，蜡炬成灰泪始干。
晓镜但愁云鬓改，夜吟应觉月光寒。
蓬山此去无多路，青鸟殷勤为探看。

“相见时难别亦难”，这首诗写的是离别相思之情，这是没有疑问的。有人曾把这首诗归入政治诗的范畴，说是作者在诗中寄托政治上的失意情怀，这未免过于牵强。从全诗的感情脉络和意象结构来看，所表现的相思之情，是一种深沉而炽烈的爱情，是积淀于心灵深处而又不为人知的一种永远不会消逝的爱情。作者并没有把诗的内容落实到某人某事，但诗中所表现的感情却更具有普遍意义和巨大的感染张力。艺术不能太较真，隐晦的话语，虽然看似难以捉摸，但只要细心品味，就会发现其中蕴含的深情厚谊和真挚动人的情感。

第九章　古典文献的诵读方式

古典文献内容丰富，单一的诵读方式不足以完整表现。古典文献的诵读方式大体上有朗诵、朗读、讲读、吟诵等。

第一节　朗诵

朗诵是一种有声语言的综合艺术表演形式。它是用明亮及根据艺术处理所需的可控制音量，用清晰正确的读音，配合眼神、表情、手势等体态语言，用真挚的感情，把作者的书面文字作品变成具有声音美感、视觉美感和情感意境的生动有声语言的再创造艺术活动。

朗诵的主要对象是诗、词、赋和抒情散文等。

九月九日忆山东兄弟

王维

独在异乡为异客，每逢佳节倍思亲。

遥知兄弟登高处，遍插茱萸少一人。

渔家傲·塞下秋来风景异

范仲淹

塞下秋来风景异，衡阳雁去无留意。四面边声连角起，千嶂里，长烟落日孤城闭。

浊酒一杯家万里，燕然未勒归无计。羌管悠悠霜满地，人不寐，将军白发征夫泪。

别　　赋

江淹

黯然销魂者，唯别而已矣。况秦吴兮绝国，复燕宋兮千里。或春苔兮始生，乍秋风兮暂起。是以行子肠断，百感凄恻。风萧萧而异响，云漫漫而奇色。舟凝滞于水滨，车逶迟于山侧。棹容与而讵前，马寒鸣而不息。掩金觞而谁御，横玉柱而沾轼。居人愁卧，怳若有亡。日下壁而沉彩，月上轩而飞光。见红兰之受露，望青楸之罹霜。巡层楹而空掩，抚锦幕以虚凉。知离梦之踯躅，意别魂之飞扬。

故别虽一绪，事乃万族。至若龙马银鞍，朱轩绣轴，帐饮东都，送客金谷。琴羽张兮箫鼓陈，燕赵歌兮伤美人，珠与玉兮艳暮秋，罗与绮兮娇上春。惊驷马之仰秣，耸渊鱼之赤鳞。造分手而衔涕，感寂寞而伤神。

乃有剑客惭恩，少年报士。韩国赵厕，吴宫燕市。割慈忍爱，离邦去里，沥泣共诀，抆血相视。驱征马而不顾，见行尘之时起。方衔感于一剑，非买价于泉里。金石震而色变，骨肉悲而心死。

或乃边郡未和，负羽从军。辽水无极，雁山参云。闺中风暖，陌上草薰。日出天而曜景，露下地而腾文。镜朱尘之照烂，袭青气之烟煴。攀桃李兮不忍别，送爱子兮沾罗裙。

至如一赴绝国，讵相见期。视乔木兮故里，决北梁兮永辞。左右兮魂动，亲宾兮泪滋。可斑荆兮憎恨，惟樽酒兮叙悲。值秋雁兮飞日，当白露兮下时。怨复怨兮远山曲，去复去兮长河湄。

又若君居淄右，妾家河阳。同琼珮之晨照，共金炉之夕香。君结绶兮千里，惜瑶草之徒芳。惭幽闺之琴瑟，晦高台之流黄。春宫闷此青苔色，秋帐含兹明月光；夏簟青兮昼不暮，冬釭凝兮夜何长！织锦曲兮泣已尽，回文诗兮影独伤。

傥有华阴上士，服食还仙。术既妙而犹学，道已寂而未传。守丹灶而不顾，炼金鼎而方坚。驾鹤上汉，骖鸾腾天。暂游万里，少别千年。惟世间兮重别，谢主人兮依然。

下有芍药之诗，佳人之歌；桑中卫女，上宫陈娥。春草碧色，春水渌波。送君南浦，伤如之何！至乃秋露如珠，秋月如珪。明月白露，光阴往来。与子之别，思心徘徊。

是以别方不定，别理千名。有别必怨，有怨必盈。使人意夺神骇，心折骨惊。虽渊、云之墨妙，严、乐之笔精；金闺之诸彦，兰台之群英；赋有凌云之称，辩有雕龙之声；谁能摹暂离之状，写永诀之情者乎？

第二节 朗读

所谓朗读的技巧，是指朗读者为了准确地理解和传达作品的思想内容和感情而对有声语言所进行的处理，是一种具有创造性的语言活动。情感的表达介于朗诵和讲读之间。

屈原列传

司马迁

屈原者，名平，楚之同姓也。为楚怀王左徒。博闻强志，明于治乱，娴于辞令。入则与王图议国事，以出号令；出则接遇宾客，应对诸侯。王甚任之。

上官大夫与之同列，争宠而心害其能。怀王使屈原造为宪令，屈平属草稿未定。上官大夫见而欲夺之，屈平不与，因谗之曰："王使屈平为令，众莫不知。每一令出，平伐其功，曰以为'非我莫能为'也。"王怒而疏屈平。

屈平疾王听之不聪也，谗谄之蔽明也，邪曲之害公也，方正之不容也，故忧愁幽思而作《离骚》。"离骚"者，犹离忧也。夫天者，人之始也；父母者，人之本也。人穷则反本，故劳苦倦极，未尝不呼天也；疾痛惨怛，未尝不呼父母也。屈平正道直行，竭忠尽智以事其君，谗人间之，可谓穷矣。信而见疑，忠而被谤，能无怨乎？屈平之作《离骚》，盖自怨生也。《国风》好色而不淫，《小雅》怨诽而不乱。若《离骚》者，可谓兼之矣。上称帝喾，下道齐桓，中述汤、武，以刺世事。

明道德之广崇，治乱之条贯，靡不毕见。其文约，其辞微，其志洁，其行廉。其称文小而其指极大，举类迩而见义远。其志洁，故其称物芳；其行廉，故死而不容。自疏濯淖污泥之中，蝉蜕于浊秽，以浮游尘埃之外，不获世之滋垢，皭然泥而不滓者也。推此志也，虽与日月争光可也。

屈原既绌，其后秦欲伐齐，齐与楚从亲。惠王患之，乃令张仪详去秦，厚币委质事楚，曰："秦甚憎齐，齐与楚从亲，楚诚能绝齐，秦愿献商、於之地六百里。"楚怀王贪而信张仪，遂绝齐，使使如秦受地。张仪诈之曰："仪与王约六里，不闻六百里。"楚使怒去，归告怀王。怀王怒，大兴师伐秦。秦发兵击之，大破楚师于丹、淅，斩首八万，虏楚将屈匄，遂取楚之汉中地。怀王乃悉发国中兵，以深入击秦，战于蓝田。魏闻之，袭楚至邓。楚兵惧，自秦归。而齐竟怒不救楚，楚大困。

明年，秦割汉中地与楚以和。楚王曰："不愿得地，愿得张仪而甘心焉。"张仪闻，乃曰："以一仪而当汉中地，臣请往如楚。"如楚，又因厚币用事者臣靳尚，而设诡辩于怀王之宠姬郑袖。怀王竟听郑袖，复释去张仪。是时屈原既疏，不复在位，使于齐，顾反，谏怀王曰："何不杀张仪？"怀王悔，追张仪，不及。

其后诸侯共击楚，大破之，杀其将唐眛。

时秦昭王与楚婚，欲与怀王会。怀王欲行，屈平曰："秦，虎狼之国，不可信，不如毋行。"怀王稚子子兰劝王行："奈何绝秦欢！"怀王卒行。入武关，秦伏兵绝其后，因留怀王，以求割地。怀王怒，不听。亡走赵，赵不内。复之秦，竟死于秦而归葬。

长子顷襄王立，以其弟子兰为令尹。楚人既咎子兰以劝怀王入秦而不反也。屈平既嫉之，虽放流，眷顾楚国，系心怀王，不忘欲反。冀幸君之一悟，俗之一改也。其存君兴国而欲反覆之，一篇之中三致志焉。然终无可奈何，故不可以反。卒以此见怀王之终不悟也。人君无愚、智、贤、不肖，莫不欲求忠以自为，举贤以自佐；然亡国破家相随属，而圣君治国累世而不见者，其所谓忠者不忠，而所谓贤者不贤也。怀王以不知忠臣之分，故内惑于郑袖，外欺于张仪，疏屈平而信上官大夫、令尹子兰，兵挫地削，亡其六郡，身客死于秦，为天下笑，此不知人之祸也。《易》曰："井渫不食，为我心恻，可以汲。王明，并受其福。"王之不明，岂足福哉！令尹子兰闻之，大怒。卒使上官大夫短屈原于顷襄王。顷襄王怒而迁之。屈原至于江滨，被发行吟泽畔，颜色憔悴，形容枯槁。渔父见而问之曰："子非三闾大夫欤？何故而至此？"屈原曰："举世皆浊而我独清，众人皆醉而我独醒，是以见放。"渔父曰："夫圣人者，不凝滞于物，而能与世推移。举世皆浊，何不随其流而扬其波？众人皆醉，何不哺其糟而啜其醨？何故怀瑾握瑜，而自令见放为？"屈原曰："吾闻之，新沐者必弹冠，新浴者必振衣。人又谁能以身之察察，受物之汶汶者乎？宁赴常流而葬乎江鱼腹中耳。又安能以皓皓之白，而蒙世俗之温蠖乎？"乃作《怀沙》之赋。……于是怀石，遂自投汨罗以死。

屈原既死之后，楚有宋玉、唐勒、景差之徒者，皆好辞而以赋见称。然皆祖屈原之从容辞令，终莫敢直谏。其后楚日以削，数十年，竟为秦所灭。自屈原沉汨罗后百有余年，汉有贾生，为长沙王太傅。过湘水，投书以吊屈原。

太史公曰："余读《离骚》《天问》《招魂》《哀郢》，悲其志。适长沙，过屈原所自沉渊，未尝不垂涕，想见其为人。及见贾生吊之，又怪屈原以彼其材，游诸侯，何国不容，而自令若是！读《服鸟赋》，同死生，轻去就，又爽然自失矣。"

《史记》是"无韵之离骚"，饱含司马迁对人生和历史的感悟，富有情感，但由于是史书，因此用朗读的方式比较合适。

第三节　讲读

不同于朗诵，朗读需要较为充沛的感情，而讲读着重在讲述、讲说，也就是表意。当然，人只要开口说话，就有立场、观点和情感色彩。讲读不能像电脑合成的语音般冷冰冰的。

讲读适用于非文学作品，比如一般性的史料、政论、书信、碑文、医书、兵书、农书等。

善行无辙迹，善言无瑕谪，善数不用筹策，善闭无关楗（jiàn）而不可开，善结无绳约而不可解。是以圣人常善救人，故无弃人；常善救物，故无弃物，是谓袭明。故善人者，不善人之师；不善人者，善人之资。不贵其师，不爱其资，虽智大迷，是谓要妙。

——老子《道德经》

知其雄，守其雌，为天下溪。为天下溪，常德不离，复归于婴儿。知其白，守其黑，为天下式。为天下式，常德不忒，复归于无极。知其荣，守其辱，为天下谷。为天下谷，常德乃足，复归于朴。朴散则为器，圣人用之则为官长。故大制不割。

——老子《道德经》

孙子曰：兵者，国之大事，死生之地，存亡之道，不可不察也。

故经之以五事，校之以计而索其情：一曰道，二曰天，三曰地，四曰将，五曰法。道者，令民与上同意也，故可以与之死，可以与之生，而不畏危也。天者，阴阳、寒暑、时制也。地者，远近、险易、广狭、死生也。将者，智、信、仁、勇、严也。法者，曲制、官道、主用也。凡此五者，将莫不闻，知之者胜，不知者不胜。

——孙武《孙子兵法·计篇》

一曰：

孟春之月，日在营室，昏参中，旦尾中。其日甲乙，其帝太皞，其神句芒。其虫鳞，其音角，律中太蔟，其数八。其味酸，其臭膻，其祀户，祭先脾。东风解冻，蛰虫始振，鱼上冰，獭祭鱼，候雁北。天子居青阳左个，乘鸾辂，驾苍龙，载青旂，衣青衣，服青玉，食麦与羊，其器疏以达。

是月也，以立春。先立春三日，太史谒之天子曰："某日立春，盛德在木。"天子乃斋。立春之日，天子亲率三公、九卿、诸侯、大夫，以迎春于东郊。还，乃赏公卿、诸侯、大夫于朝。命相布德和令，行庆施惠，下及兆民。庆赐遂行，无有不当。乃命太史，守典奉法，司天日月星辰之行，宿离不忒，无失经纪。以初为常。

是月也，天子乃以元日祈谷于上帝。乃择元辰，天子亲载耒耜，措之参于保介之御间，率三公、九卿、诸侯、大夫躬耕帝籍田。天子三推，三公五推，卿、诸侯、大夫九推。反，执爵于太寝，三公、九卿、诸侯、大夫皆御，命曰“劳酒”。

是月也，天气下降，地气上腾，天地和同，草木繁动。王布农事，命田舍东郊，皆修封疆，审端径术，善相丘陵阪险原隰，土地所宜，五谷所殖，以教道民，必躬亲之。田事既饬，先定准直，农乃不惑。

是月也，命乐正入学习舞。乃修祭典，命祀山林川泽，牺牲无用牝。禁止伐木，无覆巢，无杀孩虫、胎夭、飞鸟，无麛无卵，无聚大众，无置城郭，掩骼霾髊。

是月也，不可以称兵，称兵必有天殃。兵戎不起，不可以从我始。无变天之道，无绝地之理，无乱人之纪。孟春行夏令，则风雨不时，草木早槁，国乃有恐。行秋令，则民大疫，疾风暴雨数至，藜莠蓬蒿并兴。行冬令，则水潦为败，霜雪大挚，首种不入。

——吕不韦《吕氏春秋·孟春纪·孟春》

第四节 吟诵

现在所说的吟诵就是古代的“读”。吟诵是叶圣陶先生发明的一个新词，以区别现代的朗读和阅读。

吟诵是吟咏和读诵的合称。吟咏指有旋律的读法，读诵指没有旋律的读法。

吟咏是有节奏、有旋律地诵读。南朝梁刘勰《文心雕龙·神思》说道：“吟咏之间，吐纳珠玉之声；眉睫之前，卷舒风云之色。”唐朝杜甫《至后》诗曰：“愁极本凭诗遣兴，诗成吟咏转凄凉。”吟咏具有一定的歌唱性，宜用于读绝诗、律诗、词曲及其他短篇抒情韵文，如诔、歌之类。

读诵分为基础读诵和精细读诵。基础读诵要求读准字音、读对读法，字音的高低长短要正确，也就是在平读的基础上分出上中下、长中短来；精细读诵要求琢磨诗文的细节，深入体会诗文的思想感情，精细调整每个字的读法，最后让这首诗演化为个性化的读诵。

基础读诵和精细读诵类似于现代的朗读和朗诵。现在的吟诵可以通篇都吟诵，也可以把吟诵穿插在朗诵之中，一篇古诗文中穿插一些吟咏，能起到画龙点睛的作用。比如曹灿老师在朗诵李白《将进酒》“钟鼓馔玉不足贵，但愿长醉不愿醒。古来圣贤皆寂寞，惟有饮者留其名。陈王昔时宴平乐，斗酒十千恣欢谑”时，就用了吟咏的方式，艺术效果很奇特，很能抓住观众。

将进酒

李白

君不见，黄河之水天上来，奔流到海不复回。
君不见，高堂明镜悲白发，朝如青丝暮成雪。
人生得意须尽欢，莫使金樽空对月。
天生我材必有用，千金散尽还复来。
烹羊宰牛且为乐，会须一饮三百杯。
岑夫子，丹丘生，将进酒，杯莫停。
与君歌一曲，请君为我倾耳听。
钟鼓馔玉不足贵，但愿长醉不愿醒。
古来圣贤皆寂寞，惟有饮者留其名。
陈王昔时宴平乐，斗酒十千恣欢谑。
主人何为言少钱，径须沽取对君酌。
五花马，千金裘，
呼儿将出换美酒，与尔同销万古愁。

古人读书有不同的状态，比如朗与默、急与缓、高与低、甜与苦、细与慢、生与熟、粗与密、清与微。古人读书方式也很精彩：“朗”就是大声地读，有朗歌、朗唱、朗诵、朗读、朗吟、朗咏、朗哦、朗叹等；“默”就是无声地读，有默歌、默唱、默诵、默读、默吟、默咏、默哦、默叹等；“急”就是很快地读，有急歌、急唱、急诵、急读、急吟、急咏、急哦、急叹等；“慢”就是很慢地读，有慢歌、慢唱、慢诵、慢读、慢吟、慢咏、慢哦、慢叹等。

现代人读书有朗诵和朗读。朗诵接近于话剧表演，朗读接近于播读新闻。

吟诵教育和朗诵教育不同，吟诵的理论体系已经基本成型，朗诵教育还是依赖话剧和播音理论。有些高等院校已经可以授予“吟诵硕士”和“吟诵博士”学位了。本书不对吟诵进行全面展开，对吟诵有兴趣的朋友，可以认真阅读开明出版社出版、徐建顺主编的《高等院校普通话吟诵教程》等书籍。

中篇

诵读必备的基础知识

要想诵读好古典文献，就要理解文本的意思。理解文本的意思，就是要把古文翻译成自己理解的现代汉语。古文的翻译有两个层次，一是文字翻译，二是内翻译。

文字翻译就是字面翻译，要想做到“信、达、雅”，首先要正音，这一点对诵读十分重要；其次是掌握句读、训诂、语法、修辞、格律、文论等知识。

内翻译就是潜在的思维翻译，比文字翻译更高一个等次。诵读是一个连续的线性运动，容不得半点迟疑、犹豫，这就要求诵读者对诵读文本的理解到达潜意识的层面，从而能脱口而出。试想一下，如果诵读者对文本生疏，诵读时只会结结巴巴，就算有声语言功底深厚，也只能做做“表面功夫”，不可能表达得细腻生动。现在大多数诵读者一见到古典文献就犯怵，就是因为功力欠缺。

第十章　句读

中国人句读（dòu）分析的顺序是句、读、字，而西方分析的顺序是句子、词组、词、语素，这与东西方不同的思维方式有关：西方人重分析，东方人则重综合。

古时称文词停顿的地方为句或读。在我国，句的概念是指语意和语气完整的一段文字。读是句中语意未完、语气可停的更小的一段。字是组读构句的初始元素，即刘勰说的“因字而生句”。

一、句

作为一般的诵读者，没必要点校古籍。诵读依据的文本都是专家学者校注好了的，诵读者只要依照标点符号断句就可以。句号、感叹号、问号结束的句子表示一句完整的话。句号用于句子末尾，表示陈述语气；感叹号用于句子末尾，主要表示感叹语气，有时也可表示强烈的祈使语气、反问语气等；问号用于句子末尾，表示疑问语气。

由于不同的人对古籍的理解不同，同一内容会有不同的校注，所以诵读者可以多选几个版本相互参照，也可以自己查阅古汉语词典等工具书，仔细揣摩。例如：《道德经》第一章中的一句话，就有三种句读的方法，一是：“无，名天地之始；有，名万物之母。”二是：“无名，天地之始；有名，万物之母。”三是：“无名天地之始；有名万物之母。”其解释和翻译也不同，诵读者选一个自己喜欢或认可的版本诵读就行。

诵读时句子的停顿是落停，是“收”的语势。停顿的时长是小于层次，大于读。

二、读

读是汉代提出的概念。唐代湛然给读下的定义是：“语未绝而点之以便诵咏，谓之‘读’。”

古汉语的读，既是呼吸群，又是成句的意义群。读一般用逗号表示，有些地方没有逗号也有读。自古以来，读和诵读密切相关，读处理得好不好直接影响诵读的质量和意思的表达。

诵读时读容易犯的错误有两种：一是当读而失读，二是不当读而误读。

（一）当读而失读

当读而失读就是该顿挫的地方没有顿挫，声音虽然流畅但是意思表达不到位。下文中将用“（读）”的方式表示诵读中需要顿挫的地方。

> 君子之德（读）风，小人之德（读）草，草上之风（读）必偃。
>
> ——《论语·颜渊篇》

“君子之德风，小人之德草”将君子的品德比喻成温和的风，而小人则如同脆弱的草。在“风”和“草”之前分别停顿，本体和喻体则形象鲜明。“草上之风必偃”强调结果。

间关莺语花底（读）滑，幽咽泉流冰下（读）难。

——白居易《琵琶行》

诗人描绘了琴声先“滑”后“涩”两种意境。在“滑”和“难”的前面要停顿，点明。如果诵读时一气带过，就表达不了这种意境。

子曰：“父在（读）观其志，父没（读）观其行，三年无改于父之道，可谓孝矣。”

——《论语·学而篇》

“父在（读）观其志，父没（读）观其行”，这样韵律感更好，意思也更清楚。

（二）不当读而误读

不当读而误读就是顿挫的位置不对，产生歧义或令人费解。

孔子对曰：“举直（读）错诸枉，则民服。举枉（读）错诸直，则民不服。”

——《论语·为政篇》

有一个有声出版物这样处理——孔子对曰：“举直错（读）诸枉，则民服。举枉错（读）诸直，则民不服。”令人费解。

子（读）罕言利与命（读）与仁。

——《论语·子罕篇》

第一个“与”是“和”的意思，第二个“与”是“赞成”的意思。因为受《子罕篇》篇名影响以及对文意的理解不同，诵读者都将其处理成“子罕（读）言利与命与仁。”乍一听，以为子罕是人名。

君召使摈，色（读）勃如也，足（读）躩如也。

——《论语·乡党篇》

“勃如”即显得庄重，“躩如”形容脚步快的样子。有的有声出版物这样处理：“君召使摈，色勃（读）如也，足躩（读）如也。”这是错误的。

第十一章　训诂

训诂，指解释古代汉语典籍中的字句，就是解释的意思，具体指解释古代汉语（文言文）中字词的意义。“训”，许慎《说文解字》提到：“训，说教也。”段注：“说教者，说释而教之。”一般认为，用通俗的语言解释词义叫“训”，用当代的话解释古代的语言叫“诂”。训诂包括字训、声训和义训。与诵读密切相关的是声训和义训。

第一节　声训

声训也称音训，是指通过语音分析词义，用声音相同或相近的字来解释词义，推求词义的来源，以说明其命名的缘由。就声音关系而言，声训可分为四种：同音、双声、叠韵和音转相近。

对于诵读来说，无须用传统的声训方式来标注读音，可用汉语拼音来正音。古典文献的读音很复杂，不能望文生义，想当然按现代读音来读，而是要了解甚至掌握一些古代汉语语音知识。

一、基础正音

古典文献诵读首先涉及的是汉语音韵学。汉语音韵学是研究汉语的声母、韵母、声调的构造及其演变的一门学科。在中国，音韵学被称为“绝学”，所谓“绝学”，是因为它艰深难懂、入门不易，是绝顶高超之学。

汉语语音发展的历史大致可分为上古、中古、近古和现代四个时期，诵读古典文献者一定要有所了解。

（1）上古音指先秦两汉时期的语音，以《诗经》音系为代表。

请参见王力先生的《诗经韵读　楚辞韵读》（中国人民大学出版社出版）。

（2）中古音指六朝到唐宋时代的语音，以《切韵》音系为代表。

《切韵》是一部按韵编排的韵书，由隋朝陆法言所编。此书原本已失传，但它的音系保存在北宋陈彭年等编的《广韵》里。请参见曹先擢、李青梅编的《〈广韵〉反切今读手册》（语文出版社出版）。

（3）近古音指元明清时代的语音。

元代周德清的《中原音韵》是反映这个时期语音系统的代表作。《中原音韵》原为写北曲者检韵而作，但它以辽、金以来北方语音变化发展为依据，废入声，又把平声分为阴、阳两类，归并旧韵为东钟、江阳、支思、齐微等19部，已接近于今北京音。它以普通使用的活语音为记录、研究的对象，具有首创意义。因此在汉语语音史上有很大价值。

（4）现代音以现代普通话系统即北京音系为代表。

语音是人们说话的声音。古典文献诵读以现代音为基准，在某些情形下少量用古音。诵读者不是音韵学研究者，如果用古音和方言读古典文献，既复杂难懂，又脱离现实。

为了解决汉字的注音问题，我国古代曾经使用多种注音方法，比如直音法、读若法、反切法等。直音法、读若法虽然简单明了，但当没有同音字可注，或用来注音的字更加深僻、复杂时，就发挥不了作用。魏晋时发明的反切法，较之以前的注音方法的确是一大进步，但是使用并不方便，因为反切上字、下字加起来也有上千个，所以首先得认识这一千来个汉字才能掌握反切法，这可是个不小的负担。加以汉字是整个儿表示一个音节，字形结构上分不出声母和韵母来，所以拼读上“上字取声，下字取韵”并不好掌握，对于初学者尤其困难。

《汉语拼音方案》公布以前，由中国人自己设计而又比较有影响的拼音方案有三个：注音字母（1918年公布）、国语罗马字（1928年发表）、拉丁化新文字（1931年公布于苏联海参崴）。这三个方案的影响都非常大，其中尤以注音字母影响最大，公布后即纳入小学教育。这是我国历史上第一套法定的汉语拼音方案。

1958年我国颁布的《汉语拼音方案》，采用拉丁字母标注声母、韵母，并用附加符号表示声调。这套方案不能标注方言和外来语，只能标注汉语普通话。汉语普通话音节包括声母、韵母、声调。

声母指韵母前的辅音，与韵母一起构成一个完整的音节。

韵母，一个中国汉语音韵学术语，指汉语字音中声母、字调以外的部分。旧称为韵。韵母由韵头（介音）、韵腹（主要元音）、韵尾三部分组成。按韵母结构可分为单韵母、复韵母、鼻韵母。

声调，指语言音调的变化。调值，是指依附在音节里高低长短变化的固定格式，也就是声调的实际音值或读法。声调用五度制的声调符号（赵元任所创）来标。五度是宫、商、角、徵、羽，即1哆、2瑞、3咪、5嗦、6啦，而不是1哆、2瑞、3咪、4发、5嗦[①]。

① 郭后觉编著《国语发音学》，中华书局，民国十九年三月。

声调的高低是相对的，是因人、因时而异的；同时，声调音高的升降总是由一点滑到另一点，中间要经过很多过渡的阶梯，不像演奏键盘乐器那样从一个音阶立刻跳到另一个音阶[①]。

二、释义正音

中国古代历史上有许多人名、地名、族名、政权名或其他事物名称，很容易读错，需要特别注意加以辨认识读，否则可能因为不经意读错而当众出丑、让人笑话。下面所列历史名词概念，都是日常在历史课本及课外史书中会遇到的，极易读错。

1. 古代人名

颛顼（zhuān xū），传说中原始时代的部族首领。

女娲（wā），上古神话人物。

咎陶（gāo yáo），即皋陶，也作咎繇（均读gāo yáo），传说大舜时的刑狱官。

妲（dá）己，古人名，商纣王的妃子，易误读为“旦（dàn）己”。

史籀（shǐ zhòu），周宣王太史，曾作大篆十五篇，故后世称大篆为籀文。

南宫适（kuò），春秋末年鲁国人。姓南宫，名适。

樊於期（fán wū jī），战国时秦将，后逃至燕国，自刭而死。荆轲以其首献秦王，欲乘机行刺。

可汗（kè hán），古代鲜卑、柔然、突厥、回纥、蒙古等

① 高名凯、石安石主编《语言学概论》中华书局，1963，第64页。

民族中最高统治者的称号。

单于（chán yú），汉时匈奴人对其君主的称呼。

冒顿（mò dú），汉代匈奴单于头曼的太子，后弑父自立。

禽滑釐（gǔ lí），又作禽滑黎，战国初人。

张嶷（nì），字伯岐，三国时期蜀汉名将。

夏无且（jū），秦始皇的随从医官。

郦食其（lì yì jī），秦汉之际策士。

重耳（chóng ěr），一般指晋文公。

阏氏（yān zhī），汉时匈奴单于、诸王之妻的统称。

吐谷（yù）浑，我国古代的民族名，生活在甘肃、青海一带，隋唐时曾建立政权。

万俟卨（mò qí xiè），万俟为复姓，万俟卨为南宋时受秦桧指使诬陷谋害岳飞的奸臣。

毌丘俭（guàn qiū jiǎn），毌丘古为复姓，后分为毌姓、丘姓和俭姓。毌丘俭为三国魏将领。

伍员（wǔ yún），即伍子胥，春秋时楚国人，为报家仇投奔吴王阖闾。

刘禅（shàn），蜀汉后主，刘备之子。

李阳冰（lǐ yáng níng），冰即凝之古字。李阳冰，唐代著名辞章篆书家。

金日磾（jīn mì dī），汉代匈奴休屠王太子，汉武帝时官拜将军。

帝喾（dì kù），传说为上古帝王名。

嫪毐（lào ǎi），战国时秦人，曾为吕不韦舍人。

仆射（pú yè），古官名，秦朝到元朝期间的一种官名。

周处（chǔ），断发周鲂之子，除三害者，字子隐。

钟繇（yáo），魏司徒，书法家。另有刘繇，江东军阀。

袁隗（wěi），袁绍叔，被董卓所杀。

何曾（zēng），曹操假子，傅粉郎君。另有曹叡国舅毛曾。

孙观（guàn），泰山寇，为吕布羽翼。后降曹，官至青州刺史。

乐綝（yuè chēn），乐进子，被诸葛诞所杀。另吴有孙綝。

秦宓（mì），蜀汉学士。另俗谓甄后名宓（fú），此为谬传，甄后名荣。

蹋顿（dú），辽西乌桓单于，被张辽阵斩。

俄何（è），羌族将领。《三国演义》中将其与另一将烧戈合为一名。

卑弥（bēi mí）呼，倭女王。

王濬（jùn），沿江伐吴者。濬即浚。另吴有潘濬。

范彊（qiáng），刺杀张飞者。彊不应作疆。

黄射（yì），黄祖子。敬慕祢衡而救之不及。

华覈（hé），吴臣，为孙皓中书丞。

范滂（pāng），字孟博，东汉人，被誉为“八顾”之一、“江夏八俊”之一。

兀术（wù zhú），指完颜宗弼，金朝皇子、名将、开国功臣。女真族。

源于古代读音的特殊姓氏读音，举例如下：

仇（Qiú）；单（Shàn）；任（Rén）；郧（Yún）；
朴（Piáo）；折（Shé）；曾（Zēng）；邵（Shào）；
区（ōu）；过（Guō）；缪（Miào）；华（Huà）；
缑（Gōu）；晟（Chéng）；纪（Jǐ）；舍（Shè）；
卞（Biàn）；查（Zhā）；祭（Zhài）；阮（Ruǎn）；
亓（Qí）；解（Xiè）；佴（Nài）；厍（Shè）；
乐（Yuè）；仉（Zhǎng）；哈（Hǎ）；佘（Shé）；
燕（Yān）；幺（Yāo）；召（Shào）；詹（Zhān）；
黑（Hēi）；竺（Zhú）；乜（Niè）；那（Nā）；
佟（Tóng）；蒯（Kuǎi）；繁（Pó）；恽（Yùn）；
郜（Gào）；冼、洗（Xiǎn）；盖（Gài；Gě）；
尉迟（Yù chí）；澹台（Tán tái）；令狐（Líng hú）；
万俟（Mò Qí）单于（Chán yú）；长孙（Zhǎng sūn）；
宰父（Zǎi fǔ）；羊角（Yáng jiǎo）；中行（Zhōng háng）

2. 古代地名

并州（bīng zhōu）：为古“九州”之一。相传禹治洪水，划分域内为九州，并州为其一。

镐京（hào jīng）：位于今陕西省西安市长安区西北，为周武王建都的地方。

九京（jiǔ jīng）：春秋晋卿大夫的墓地，后泛指墓地。

不其（bù jī）：古县名，秦代设置，北齐时废。不其即今山东省青岛市西北，因山为名。

石埭（shí dài）：旧县名，今安徽省池州市。池州西有三块巨石，名曰头埭、中埭、三埭。

不羹（bù láng）：古城名。河南襄城东南，古称西不羹；河南舞阳西北，古称东不羹。

曲逆（qū nì）：古县名，在今河北顺平东南。汉高祖曾封陈平为曲逆侯于此。

吴会（wú kuài）：现在江苏省苏州市，“会”即会稽，浙江绍兴古称。又，吴会亦兼指江浙。

东莞（dōng guǎn）：古县名，治今山东沂水。又，今广东省设东莞市。

番阳（pó yáng）：番通鄱，古县名，今江西鄱阳，因鄱阳湖而得名。

阌乡（wén xiāng）：“阌”即古“闻”字。旧县名，在河南省西部。

圌山（chuí shān）：山名，在江苏省镇江市境内，宋代抗金名将韩世忠控守的江防重地。

大宛（dà yuān）：古西域国名，产汗血马。

朝歌（zhāo gē）：商朝别都，易误读朝（cháo）歌。

月氏（yuè zhī）：古族名。西汉时曾于西域建月氏国。

龟兹（qiū cí）：中国古代西域大国之一，汉朝时为西域北道诸国之一，唐代安西四镇之一，为古来西域出产铁器之地。

高句丽（gāo gōu lí）：“丽”一作“骊”。三国时属魏地，乐浪郡治所。

三、通假字的读音

通假字是一个汉语词汇，泛指中国古书的用字现象之一，“通假”就是“通用、借代”的意思，即用读音或字形相同或者相近的字代替本字。通假字所代替的那个字，我们把它叫作“本字”。

原则上通假字读本字的音（古今字、异体字同理），如“被坚执锐”的“被”读成“披”的音，“不亦说乎”的“说”读成“悦”的音。但也存在部分通假字，人们习惯上不读本字的音，如“匪夷所思”的“匪”通“非”，但人们仍然读第三声。

以初中课文中的通假字（读音不同的部分）为例：

（1）项为之强：〔强（jiāng）〕通“僵”，僵硬的意思。（《童趣》）

（2）不亦说乎：〔说（yuè）〕是“悦”的古字，愉快。（《论语·学而篇》）

（3）诲女知之乎：〔女（rǔ）〕通“汝”，人称代词，你。（《论语·为政篇》）

（4）不知为不知，是知也：〔知（zhì）〕通“智”。（《论语·为政篇》）

（5）尊君在不：〔不（fǒu）〕通“否”。（《陈太丘与友期》）

（6）吾十有五而志于学：〔有（yòu）〕通“又”。（《论语·为政篇》）

（7）日扳仲永环谒于邑人：〔扳（pān）〕通“攀”，牵，引。（《伤仲永》）

（8）孤岂欲卿治经为博士邪：〔邪（yé）〕通“耶”，语气词。（《孙权劝学》）

（9）便要还家：〔要（yāo）〕通“邀”，邀请。（《桃花源记》）

（10）舟首尾长约八分有奇：〔有（yòu）〕同“又”，用来连接整数和零数。（《核舟记》）

（11）虞山王毅叔远甫：〔甫（fù）〕通“父”，男子美称，多附于字之后。（《核舟记》）

（12）右手攀右趾：〔攀（bān）〕通“扳”，往里拉。（《核舟记》）

（13）选贤与能，讲信修睦：〔与（jǔ）〕通“举”，选举。（《大道之行也》）

（14）矜、寡、孤、独、废疾者皆有所养：〔矜（guān）〕通“鳏”，老而无妻。（《大道之行也》）

（15）余拏一小舟：拏〔（ráo）〕通“桡”，撑（船），一作“挐”。（《湖心亭看雪》）

（16）焜黄华叶衰：〔华（huā）〕通“花”。（《长歌行》）

（17）食马者不知其能千里而食也/食之不能尽其材：〔食（sì）〕通“饲”，喂。（《马说》）

（18）才美不外见：〔见（xiàn）〕通“现”，表露。（《马说》）

（19）其真无马邪：〔邪（yé）〕通“耶”，表疑问，相当于“吗”。（《马说》）

（20）同舍生皆被绮绣：〔被（pī）〕通“披”，这里是

“穿着”的意思。（《送东阳马生序》）

（21）属予作文以记之：〔属（zhǔ）〕通“嘱”，嘱托、嘱咐。（《岳阳楼记》）

（22）发闾左适戍渔阳：〔适（zhé）〕通“谪”，谪守。（《陈涉世家》）

（23）为天下唱，宜多应者：〔唱（chāng）〕通“倡”，首发。（《陈涉世家》）

（24）将军身被坚执锐：〔被（pī）〕通“披”，穿。（《陈涉世家》）

（25）欲信大义于天下：〔信（shēn）〕通“伸”，伸张。（《隆中对》）

（26）更著风和雨：〔著（zhuó）〕同“着”，遭受。（《卜算子·咏梅》）

（27）曾益其所不能：〔曾（zēng）〕通“增”，增加。（《生于忧患，死于安乐》）

（28）入则无法家拂士：〔拂（bì）〕通“弼”，辅佐。（《生于忧患，死于安乐》）

（29）所识穷乏者得我与：〔与（yú）〕通“欤”，语气助词。（《鱼我所欲也》）

（30）乡为身死而不受：〔乡（xiàng）〕通“向”，从前。（《鱼我所欲也》）

（31）小惠未徧，民弗从也：〔徧（biàn）〕通“遍”，遍及，普遍。（《曹刿论战》）

（32）甚矣，汝之不惠：〔惠（huì）〕通“慧”，聪明。（《愚公移山》）

第二节 义训

义训就是以当代通行的词语解释古语词或方言词的意义。

一、基础义训

基础义训就是掌握常见的文言词和通过工具书查找生僻字词、通假字等。

（一）掌握常见的文言词

一个诵读者如果不掌握一定量的常用文言词，可以说字词这一关都没有过，因此诵读古典文献就会很艰难，所以最好掌握一些常见文言词。

1. 安

①<形>安定；安稳；安宁；安全。《茅屋为秋风所破歌》：“风雨不动～如山。”《归去来兮辞》：“审容膝之易～。”

②<形>安适；安逸。《生于忧患，死于安乐》：“然后知生于忧患而死于～乐也。”《琵琶行》：“予出官二年，恬然自～。”

③<动>养；奉养。《曹刿论战》：“衣食所～，弗敢专也，必以分人。”《论语·公冶长篇》：“老者～之，朋友信

之，少者怀之。”

④<动>抚慰；安抚。《孔雀东南飞》：“时时为～慰，久久莫相忘。”《赤壁之战》：“若备与彼协心，上下齐同，则宜抚～，与结盟好。”

⑤<形>安心；习惯于。《柳敬亭传》：“敬亭亦无所不～也。”

⑥<动>安置；安放。《失街亭》：“离山十里，有王平～营。”

⑦<疑问副词>怎么；哪里。《陈涉世家》：“燕雀～知鸿鹄之志哉？”

⑧<疑问代词>表处所。哪里；什么地方。《鸿门宴》：“沛公～在？”

2. 比

①<动>并列；挨着。《核舟记》：“其两膝相～者，各隐卷底衣褶中。”

②<副>接连。《史记·吕太后本纪》：“又～杀三赵王。”

③<动>勾结。《韩非子·孤愤》：“朋党～周以弊主。”

④<动>比较。《涉江》：“与天地兮～寿。”

⑤<名>比喻，一种传统的表现方法。《与元九书》：“讽君子小人则引香草恶鸟为～”。

⑥<副>都，皆。《战国策·齐策》：“夫中山千乘之国也，而敌万乘之国二，再战～胜。”

⑦<副>近来。《祭十二郎文》：“～得软脚病，往往而剧。”

⑧<介>等到，及。《项脊轩志》：“～去，以手阖门。”

⑨<介>为，替。《孟子·梁惠王上》：“愿～死者壹洒之。”

⑩<介>比起……来。《捕蛇者说》：“今虽死乎此，～吾乡邻之死则已后矣。”

3. 并

①<动>合。《六国论》：“以事秦之心礼天下之奇才，～力西向。”

②<动>兼并；吞并。《过秦论》：“囊括四海之意，～吞八荒之心。”

③<动>并列；挨在一起。《与妻书》：“吾与（汝）～肩携手，低低切切。”

④<副>一并；一起。《涉江》：“腥臊～御，芳不得薄兮。”

⑤<连>连。《芋老人传》：“固已贤夫～老人而芋视之者。”

⑥<连>并且。《〈黄花冈七十二烈士事略〉序》：“予为斯序，既痛逝者，～以为国人之读兹编者勖。”

4. 诚

①<形>真诚；诚实。《谏太宗十思疏》："夫在殷忧必竭～以待下。"

②<名>诚心。《陈情表》："愿陛下矜悯愚～。"

③<形>真实；真实的。《史记·扁鹊仓公列传》："子以吾言为不～，试入诊太子。"

④<副>实在；确实。《邹忌讽齐王纳谏》："臣～知不如徐公美。"

⑤<副>果真；如果确实。《史记·屈原列传》："楚～能绝齐，秦愿献商、於之地六百里。"

5. 从

（1）从（cóng）。

①<动>跟随；跟从。《垓下之战》："有美人名虞，常幸～。"《论语·微子篇》："子路～而后。"《史记·廉颇蔺相如列传》："臣尝～大王与燕王会境上。"

②<动>顺从；听从。《论语·述而篇》："多闻，择其善者而～之。"

③<动>参与。《上仁宗皇帝言事书》："及使之～政，则茫然不知其方者，皆是也。"《琵琶行》："弟走～军阿姨死，暮去朝来颜色故。"

④<动>依傍；紧靠着。《鸿门宴》："樊哙～良坐。"

⑤<形>副，与"正"相对。《魏书·官氏志》："前世职次皆无～品，魏氏始置之。"

⑥<动>行；做；处理。《教战守策》："而行之既久，则

又以军法～事。”《群英会蒋干中计》：“汝既为水军都督，可以便宜～事。”

⑦<动>任；任凭。《论语·为政篇》：“七十而～心所欲，不逾矩。”

⑧<介>由；自。《鸿门宴》：“～此道至吾军，不过二十里耳。”《邹忌讽齐王纳谏》：“旦日，客～外来。”《木兰诗》：“愿为市鞍马，～此替爷征。”

⑨<介>跟；向。《送东阳马生序》：“尝趋百里外，～乡之先达执经扣问。”《项脊轩志》：“～余问古事。”

⑩<使动>使……跟从；让……跟随。《鸿门宴》：“沛公旦日～百余骑来见项王。”《信陵君窃符救赵》：“公子～车骑，虚左，自迎夷门侯生。”《左忠毅公逸事》：“～数骑出，微行入古寺。”

⑪<动>追赶；追随。《孙子兵法·军争篇》：“佯北勿～。”《狼》：“一狼得骨止，一狼仍～。”

（2）从（zòng）。

①<名>通“纵”，特指合纵。战国时六国联合反对秦国的联盟，《论衡·答佞》：“六国约～，则秦畏而六国强；三秦称横，则秦强而天下弱。”

②<名>通“纵”，南北方向。《诗经·齐风·南山》：“衡～其亩。”（衡：东西方向。）

③<动>放纵。《汉书·王吉传》：“其后复放～自若。”

6. 道

①<名>路；道路。《鱼我所欲也》："呼尔而与之，行～之人弗受。"《陈涉世家》："会天大雨，～不通。"

【又】<动>取道；道经。《史记·项羽本纪》："从郦山下，～芷阳间行。"《〈指南录〉后序》："～海安，如皋，凡三百里。"

②<名>途径；方法；措施。《六国论》："赂秦而力亏，破灭之～也。"

③<名>规律；法则。《庖丁解牛》："臣之所好者～也，进乎技矣。"

④<名>道理；事理。《师说》："闻～有先后，术业有专攻。"

⑤<名>道德；道义。《陈涉世家》："伐无～，诛暴秦。"

⑥<名>学说；主张。《送东阳马生序》："既加冠，益慕圣贤之～。"

⑦<动>说；谈论。《桃花源记》："不足为外人～也。"

⑧<动>通"导"，引导，此处译为治理。《论语·学而篇》："～千乘之国，敬事而信，节用而爱人，使民以时。"

⑨<动>通"导"，疏通。《尚书·禹贡》："九河既～。"《左传》："大决所犯，伤人必多，吾不克救也。不如小决使～。"

⑩<名>古代行政区划名。唐代初年全国划分为十道，道下辖州。明清则在省一级行政区域下设道，道下辖府，其长官就

称为道或道员、道台。《左忠毅公逸事》："史公以凤庐～奉檄守御。"

⑪<名>简称道家、道教。《汉书·艺文志》："～家者流，盖出于史官。"

⑫<动>以为。《灌园叟晚逢仙女》："他还～略看一会就去，谁知这厮故意卖弄。"

⑬<介>从；由。《管子·禁藏》："凡治乱之情，皆～上始。"

⑭<量>束。《望喜驿》："一～月光横枕前。"

7. 凡

①<形>平常；平庸。《赤壁之战》："巨是～人，偏在远郡。"

②<名>人世间；尘世。司空图《携仙箓》："仙～路阻两难留。"

③<副>凡是，表示概括。《吕氏春秋·察今》："～先王之法，有要于时也。"

④<名>大概；大略。《汉书·扬雄传》："仆尝倦谈，不能一二其详，请略举其～。"

⑤<动>总共；总计，表示总合。《琵琶行》："～六百一十六言，命曰《琵琶行》。"《隆中对》："由是先主遂诣亮，～三往，乃见。"

8. 方

①<名>两船相并，也指并排竹木做成的筏。《诗经·邶风·谷风》：“就其深矣，～之舟之。”

②<名>方形，与“圆”相对。《促织》：“形若土狗，梅花翅，～首，长胫。”

③<形>正直。《史记·屈原列传》：“～正之不容也。”

④<名>方向；方位。《前赤壁赋》：“不知东～之既白。”

⑤<名>区域；地方。《〈论语〉六则》：“有朋自远～来，不亦乐乎。”

⑥<名>方圆；周围。《归园田居（其一）》：“～宅十余亩，草屋八九间。”

⑦<动>比拟；相比。《察变》：“则三古以还年代～之，犹瀼渴之水。”

⑧<名>方法；计策。《赤壁之战》：“以鲁肃为赞军校尉，助画～略。”

⑨<名>道理；礼义。《子路、曾皙、冉有、公西华侍坐》：“比及三年，可使有勇，且知～也。”《秋水》：“吾长见笑于大～之家。”

⑩<名>药方；单方。《林黛玉进贾府》：“请了多少名医修～配药，皆不见效。”

⑪<介>当；在。《伶官传序》：“故～其盛也，举天下之豪杰。”

⑫<副>才；刚刚。《雁荡山》：“伐山取材，～有人见

之。”《左忠毅公逸事》：“庑下一生伏案卧，文～成草。”

⑬<副>正；正在。《荆轲刺秦王》：“秦王～还柱走，卒惶急不知所为。”

⑭<副>将要；就要。《九章·涉江》：“吾～高驰而不顾。”

⑮<动>纵横；方圆。《邹忌讽齐王纳谏》：“今齐地～千里。”

9. 更

（1）更（gēng）。

①<动>改正；改变；更换。《论语·子张篇》：“～也，人皆仰之。”《庖丁解牛》：“良庖岁～刀，割也；族庖月～刀，折也。”

②<动>经历；经过。《与吴质书》：“年三十余，在兵中十岁，所～非一。”《史记·大宛列传》：“因欲通使，道必～匈奴中。”

③<副>交替；交互。《活板》：“～互用之，瞬息可就。”《左忠毅公逸事》：“使将士～休。”

④<量>古时夜间计时单位。一夜分五更，一更约两小时。《孔雀东南飞》：“仰头相向鸣，夜夜达五～。”

（2）更（gèng）。

①<副>另；另外。《荆轲刺秦王》：“丹不忍以己之私，而伤长者之意，愿足下～虑之。”《西门豹治邺》：“得～求好

女，后日送之。”

②<副>再；又。《石壕吏》：“室中～无人，惟有乳下孙。”王维《送元二使西安》：“劝君～尽一杯酒，西出阳关无故人。”

③<副>重新。《琵琶行》：“莫辞～坐弹一曲，为君翻作《琵琶行》。”

④<副>更加；愈加。《赤壁之战》：“今日拒之，事～不顺。”《促织》：“加以官贪吏虐，民日贴妇卖儿，～无休止。”

⑤<副>还。《孔雀东南飞》：“仍～被驱遣，何言复来还。”

⑥<副>岂；怎么。刘长卿《登润州万岁楼》：“～能谈笑解重围。”

⑦<连>与；和。杨万里《春兴》：“不关春雨～春风。”

⑧<副>更加。《〈指南录〉后序》：“予～欲一觇北，归而求救国之策。”

10. 会

（1）会（huì）。

①<动>会合；聚集。《史记·陈涉世家》：“号令召三老、豪杰与皆来～计事。”《岳阳楼记》：“迁客骚人，多～于此。”

②<动>会盟；宴会。《史记·廉颇蔺相如列传》：“王许之，遂与秦王～渑池。”《信陵君窃符救赵》：“公子于是乃置

酒，大～宾客。”

【又】会见；见面。《史记·廉颇蔺相如列传》：“相如闻，不肯与～。”《孔雀东南飞》：“于今无～因。”

③<名>机会；时机。《〈指南录〉后序》：“中兴机～，庶几在此。”

④<名>节奏。《庖丁解牛》：“乃中《经首》之～。”

⑤<动>领会；理解。《五柳先生传》：“好读书，不求甚解，每有～意，便欣然忘食。”

⑥<副>适逢；恰巧遇上。《史记·陈涉世家》：“～天大雨，道不通，度已失期。”

⑦<动>能。《林黛玉进贾府》：“我自来是如此，从～饮食时便吃药。”

⑧<副>当然；必定。《孔雀东南飞》：“吾已失恩义，～不相从许。”《行路难》：“长风破浪～有时。”

⑨<副>定将。《江城子·密州出猎》：“～挽雕弓如满月，西北望，射天狼。”

（2）会（kuài）。

①<动>算账；结账。《冯谖客孟尝君》：“谁习计～，能为文收责于薛者乎？”

②<名>帽子上缀结采玉的缝隙叫会，作朝及蔽膝的领缝也叫会。

11. 或

①<代>有的；有的人；有的事。《寡人之于国也》：“～百步而后止。”

②<副>有时。《归去来兮辞》：“～命巾车，～棹孤舟。”

③<副>又。《诗经·小雅·宾之初筵》：“既立之监，～佐之史。”

④<副>或者；或许。《冯婉贞》：“猱进鸷击，～能免乎？”

⑤<形>通“惑”，迷惑。《汉书·霍去病传》：“别从东道，～失道。”

12. 及

①<动>赶上；追上。《秦晋崤之战》：“～诸河，则在舟中矣。”

②<动>至；到；到达。《归去来兮辞》：“农人告余以春～，将有事于西畴。”《伶官传序》：“～其衰也，数十伶人困之。”

③<动>遭遇；遇到。《叔向贺贫》：“略则行志，假货居贿，宜～于难。”

④<动>推及；涉及。《齐桓晋文之事》：“老吾老，以～人之老。”

⑤<动>来得及。《荆轲刺秦王》：“方急时，不～召下兵。”

13. 极

①<名>房顶正中的大梁。《后汉书·蔡茂传》："茂初在广汉，梦坐大殿，～上有三穗禾。"

②<名>屋顶；屋脊。《狱中杂记》："牖其前以通明，屋～有窗以达气。"

③<名>辘轳的横梁。《汉书·枚乘传》："泰山之霤穿石，单～之绠断干。"

④<名>尽头；顶点。《庄暴见孟子》："吾王之好鼓乐，夫何使我至于此～也。"

⑤<名>最高的境地。陆游《何君墓表》："大抵诗欲工而工非诗之～也。"

⑥<名>边；边境。《女娲补天》："往古之时，四～废，九州裂，天不兼覆，地不周载。"

⑦<动>到达尽头；到达顶点。《阿房宫赋》："尽态～妍。"

⑧<动>穷尽；完全占有或享受。《游褒禅山记》："而余亦悔其随之而不得～夫游之乐也。"

⑨<形>疲劳；困倦。王褒《圣主得贤臣颂》："匈喘肤汗，人～马倦。"

⑩<副>最；非常；极其。《桃花源记》："初～狭，才通人。"

14. 集

①<动>群鸟栖息在树上。《诗经·周南·葛覃》："黄鸟于飞，～于灌木。"

②<动>栖止。《岳阳楼记》："沙鸥翔～，锦鳞游泳。"

③<动>停留；止息。《促织》："临视，则虫～冠上，力叮不释。"

④<动>会集；聚集。《大铁椎传》："贼二十余骑四面～。"

⑤<动>召集。《冯婉贞》："于是～谢庄少年之精技击者而诏之。"

⑥<名>集子；汇合若干著作、作品编成的书。《少年中国说》："龚自珍氏之～有诗一章。"

⑦<名>集部，我国古代图书四大类别之一，与"经""史""子"相对，包括诗集作品。

⑧<名>集市。《范进中举》："那邻居飞奔到～上，一地里寻不见。"

⑨<动>集会；聚会。《世说新语·言语》："谢太傅寒雪日内～。"

⑩<动>成就；成功。《左传》："今日之事幸而～，晋国赖之。"

⑪<形>安定。《史记·淮阴侯列传》："而天下已～，乃谋畔逆。"

15. 间

（1）间（jiān）。

①<名>中间；当中。指处于一定的空间和时间里。《子路、曾皙、冉有、公西华侍坐》：“千乘之国，摄乎大国之～。”

②<名>期间；年间。指时间。《兰亭集序》：“向之所欣，俯仰之～，已为陈迹。”

③<副>近来，不久之前。《左传》：“以君之灵，～蒙甲胄，不敢拜命。”

④<量>用于房屋。《归田园居》：“方宅十余亩，草屋八九～。”

（2）间（jiàn）。

①<名>间隙；空隙。《庖丁解牛》：“彼节者有～，而刀刃者无厚。”

②<名>嫌隙；隔阂。《左传》：“诸侯有～矣。”

③<名>机会；空子。《〈指南录〉后序》：“至京口，得～奔真州。”

④<名>距离；差别。《淮南子·俶真》：“则美丑有～矣。”

⑤<动>间隔；隔绝。《桃花源记》：“遂与外人～隔。”

⑥<动>经历；持续。《狱中杂记》：“一人予二十金，骨微伤，病～月。”

⑦<动>离间。《史记·屈原列传》："谗人～之，可谓穷矣。"

⑧<动>伺候；侦察。《韩非子·外储说右上》："内～主之情以告外。"

⑨<名>间谍。《史记·河渠书》："始臣为～，然渠成亦秦之利也。"

⑩<动>参与；介入。《曹刿论战》："肉食者谋之，又何～焉。"

⑪<动>交杂；夹杂。《口技》："中～力拉崩倒之声。"

⑫<名>一会儿；片刻。《促织》："少～，帘内掷一纸出。"

⑬<副>间断的；间或。《邹忌讽齐王纳谏》："数月之后，时时而～进。"

⑭<副>私下；暗地里。《信陵君窃符救赵》："侯生乃屏人～语。"

⑮<名>间道；偏僻的小路。《史记·廉颇蔺相如列传》："故令人持璧归，～至赵矣。"

（3）间（xián）。

<形>通"闲"。空闲；安静。《楚辞·招魂》："像设君室，静～安些。"

16. 见

（1）见（jiàn）。

①<动>看；看到。《齐桓晋文之事》：“～牛未～羊也。”

②<动>遇见；碰见。《回乡偶书》：“儿童相～不相识。”

③<动>见面；会面。《琵琶行》：“移船相近邀相～。”

④<动>拜见；谒见。《邹忌讽齐王纳谏》：“于是入朝～威王。”

⑤<动>召见；接见。《史记·廉颇蔺相如列传》：“秦王坐章台～相如。”

⑥<动>知道；懂得。《示儿》：“乃翁～事可怜迟。”

⑦<动>听见；听到。《林黛玉进贾府》：“总不许～哭声。”

⑧<名>见解；见识。《晋书·王浑传》：“敢陈愚～。”

⑨<副>用在动词前，表被动，译为“被”。《史记·屈原列传》：“信而～疑，忠而被谤。”

⑩<副>在动词前，表示说话人自己，可译为“我”。《孔雀东南飞》：“君既若～录，不久望君来。”

（2）见（xiàn）。

①<动>同“现”。出现；显现。《毛遂自荐》：“锥之处囊中，其末立～。”

②<动，使动>使……拜见。《荷篠丈人》：“止子路宿，杀鸡为黍而食之，~其二子焉。”

17. 就

①<动>接近；靠近；趋向。《荀子·劝学》：“木受绳则直，金~砺则利。”《赤壁之战》：“邂逅不如意，便还~孤。”

②<动>上；上登。《信陵君窃符救赵》：“乃谢客~车。”

③<动>就任；就职。《陈情表》：“臣具以表闻，辞不~职。”

④<动>参加；参与。《芋老人传》：“知从郡城~童子试归。”

⑤<动>承受；接受。《左传》：“使归~戮于秦。”

⑥<动>择取；效法。《原毁》：“去其不如舜者，~其如舜者。”

⑦<动>成就；成功。《乐羊子妻》：“当日知其所亡以~懿德。”《荆轲刺秦王》：“轲自知事不~，倚柱而笑。”

⑧<动>看；观赏。《过故人庄》：“待到重阳日，还来~菊花。”

⑨<介>向；从；跟。《狱中杂记》：“余尝~老胥而求焉。”

⑩<介>就着；根据。《芋老人传》：“然~其不忘一芋，固已贤夫并老人而芋视之者。”

⑪<连>即便；即使。《三国志·蜀书·庞统法正传》："～复东行，必不倾危矣。"

⑫<副>即，便。《红楼梦》："至院外，～有跟贾政的几个小厮上来抱住。"

18. 具

①<名>酒肴；饮食。《史记·项羽本纪》："为太牢～。"

②<动>供应、备办酒食。《左传》："居则～一日之积，行则备一夕之卫。"

③<动>置办；准备。《郑伯克段于鄢》："大叔完聚，缮甲兵，～卒乘，将袭郑。"《活板》："此印者才毕，则第二板已～。"

④<动>具有；具备。《核舟记》："罔不因势象形，各～情态。"

⑤<名>器具；器械。《伤仲永》："仲永生五年，未尝识书～。"《赤壁之战》："船、粮、战～俱办。"

⑥<名>才能；才干。《晋书·王羲之传》："吾素无廊庙～。"

【又】有才干的人。《卖柑者言》："洸洸乎干城之～也。"

⑦<名>道理；方法。《东方朔》："十九岁学孙吴兵法，战阵之～。"

⑧<副>通"俱"，全，都，尽。《鸿门宴》："私见张

良，～告以事。”《陈情表》：“臣～以表闻，辞不就职。”《桃花源记》：“问所从来，～答之。”

19. 绝

①<动>断；断绝。《共工怒触不周山》：“天柱折，地维～。”《荆轲刺秦王》：“秦王惊，自引而起，～袖。”

②<动>隔绝；隔断。《三峡》：“至于夏水襄陵，沿溯阻～。”

【又】<形>隔绝的；封闭的。《桃花源记》：“率妻子邑人来此～境。”

【又】<形>极远的。《班超告老归国》：“班超久在～域，年老思土。”

③<动>绝交；断绝往来。《史记·屈原列传》：“楚怀王贪而信张仪，遂～齐。”

④<动>停止；止歇。《与朱元思书》：“蝉则千转不穷，猿则百叫无～。”《口技》：“忽然抚尺一下，群响毕～。”

⑤<动>绝命；死。《孔雀东南飞》：“我命～今日，魂去尸长留。”

⑥<动>横渡。《荀子·劝学》：“非能水也，而～江河。”

⑦<名>旧诗体裁之一。《西厢记》：“我且高吟一～，看他则甚。”

⑧<形>到极点的；不能超越的。《与朱元思书》：“奇山异水，天下独～。”

⑨<副>极，非常。《核舟记》：“佛印～类弥勒。”《游黄山记》：“众壑纵横，真黄山～胜处。”

⑩<副>绝对；完全。《促织》：“而心目耳力俱穷，～无踪响。”

20. 可

①<动>可以；能够。《左传》：“师劳力竭，远主备之，无乃不～乎？”

②<动>认为……可以；肯定。《答韦中立论师道书》：“吾子好道而～吾文。”

③<动>适合；适宜。《芙蕖》：“芙蕖之～人，其事不一而足。”

④<动>值得。《师说》：“其～怪也欤？”《项脊轩志》：“风移影动，珊珊～爱。”

⑤<动>痊愈。《西厢记》：“瘦得浑如削，百般医疗终难～。”

⑥<副>大约；大概。《核舟记》：“舟首尾长约八分有奇，高～二黍许。”

⑦<副>莫非；怕是。《林教头风雪山神庙》：“李小二入来问道：‘～要吃酒？’”

⑧<副>难道；岂。《永遇乐·京口北固亭怀古》：“～堪回首，佛狸祠下，一片神鸦社鼓。”

21. 乃

①<代>你（的）；你们（的）。《示儿》："家祭无忘告～翁。"

②<代>这；这样。《齐桓晋文之事》："夫我～行之，反而求之，不得吾心。"

③<动>表判断，是。《赤壁之战》："若事之不济，此～天也。"

④<副>竟然；却。《桃花源记》："～不知有汉，无论魏晋。"

⑤<副>才。《祭十二郎文》："季父愈闻汝丧之七日，～能衔哀致诚。"

⑥<副>仅仅；只。《垓下之战》："至东城，～有二十八骑。"

⑦<副>又。《庖丁解牛》："合于《桑林》之舞，～中《经首》之会。"

⑧<副>乃至，甚至于。《赤壁之战》："蒙冲斗舰～以千数。"

⑨<连>于是；就。《岳阳楼记》："～重修岳阳楼，增其旧制。"

22. 其

（1）其（qí）。

①<代>第三人称代词，相当于"他（她）的""它

的”“他们的”。《生于忧患，死于安乐》：“故天将降大任于是人也，必先苦～心志，劳～筋骨。”《论语·泰伯篇》：“有如有周公之才之美，使骄且吝，～余不足观也已。”《师说》：“郯子之徒，～贤不及孔子。”

②<代>第三人称代词，相当于“他（她）”“它”“他们”。《子鱼论战》：“及～未既济也，请击之。”《卖油翁》：“见～发矢十中八九。”《齐桓晋文之事》：“王若隐～无罪而就死地，则牛羊何择焉？”

③<代>第一人称代词，相当于“我”“我的”。《游褒禅记》：“余亦悔～随之而不得极夫游之乐也。”《赤壁之战》：“品～名位，犹不失下曹从事。”

【又】自己的。《子路、曾皙、冉有、公西华侍坐》：“亦各言～志也。”

④<代>第二人称代词，相当于“你的”“你们的”。《触龙说赵太后》：“故以为～爱不若燕后。”《资治通鉴》：“坚默然良久，曰：‘诸君各言～志。’”

⑤<代>指示代词，相当于“那”“那些”。《孙膑减灶》：“读～书未毕，齐军万弩俱发。”《捕蛇者说》：“有蒋氏者，专～利三世矣。”《游黄山记》：“～松犹有曲挺纵横者。”

【又】那样。《冯婉贞》：“吾村十里皆平原，而与之竞火器，～何能胜？”

⑥<代>指示代词，相当于“其中”“当中”。《论语·述而篇》：“多闻，择～善者而从之。”《为学》：“蜀之鄙有二僧，～一贫，～一富。”《石钟山记》：“于乱石间择～一二

扣之。”

⑦<副>恐怕；大概。表示推测、估计。《师说》：“圣人之所以为圣，愚人之所以为愚，～皆出于此乎？”《祭十二郎文》：“～信然邪？～梦邪？～传之非其真邪？”（最后一个“其”为助词，无意义。）

⑧<副>难道，岂。表示反诘、反问。《马说》：“～真无马邪？”《游褒禅山记》：“尽吾志也而不能至者，可以无悔矣，～孰能讥之乎？”

⑨<副>还是。表示委婉地商量。《左传》：“攻之不克，围之不继，吾～还也。”《烛之武退秦师》：“吾～还也。”《唐雎不辱使命》：“安陵君～许寡人！”

⑩<副>可要。表示期望。《伶官传序》：“尔～无忘乃父之志！”

⑪<连>如果；假如。表示假设。《齐桓晋文之事》：“～若是，孰能御之？”《狱中杂记》：“～极刑，曰：‘顺我，即先刺心；否则四肢解尽，心犹不死。’”

⑫<助>无实义，起调节节奏、舒缓语气等作用。《涉江》：“霰雪纷～无垠兮，云霏霏而承宇。”《答李翊书》：“俨乎～若思，茫乎～若迷。”

（2）其（jī）。

①<助>用于句末。《诗经·小雅·庭燎》：“夜如何～，夜未央，庭燎之光。”

②用于人名。汉代有“郦食（yì）其”。

23. 且

①<副>将要；将近。《游褒禅山记》："不出，火～尽。"

②<副>暂且；姑且。《梦游天姥吟留别》："～放白鹿青崖间，须行即骑访名山。"

③<副>尚；尚且。《鸿门宴》："臣死～不避，卮酒安足辞！"

④<连>又；一边……一边……。表示并列关系。《伐檀》："河水清～涟漪。"《中山狼传》："先生仓卒以手搏之，～搏～却。"

⑤<连>而且；况且；并且。表示递进关系。《烛之武退秦师》："～君尝为晋君赐矣。"《赤壁之战》："彼所将中国人不过十五六万，～已久疲。"

⑥<连>即使；即或。表示假设关系、让步关系。《史记·廉颇蔺相如列传》："～庸人尚羞之，况于将相乎？"

⑦<连>或者；还是。表示选择关系。《史记·李将军列传》："岂吾相不当侯邪？～固命也？"

24. 去

（1）去（qù）。

①<动>离去；离开。《岳阳楼记》："便有～国怀乡，忧谗畏讥。"

②<动>距；距离。《五人墓碑记》："夫五人之死，～今之墓而葬焉。"

③<形>过去的。《琵琶行》："我从～年辞帝京，谪居卧浔阳城。"

④<动>除去；去掉。《捕蛇者说》："～死肌，杀三虫。"

⑤<动>舍去；舍弃。《五蠹》："～偃王之仁。"

⑥<动>用于其他动词后，表示行为动作的趋向。《永遇乐·京口北固亭怀古》："风流总被，雨打风吹～。"

⑦<动>前往；到……去。《孔雀东南飞》："阿母谓阿女：'汝可～应之。'"

（2）去（jǔ）。

<动>通"弆"。收藏；贮存。《苏武牧羊》："掘野鼠，～草实而食之。"

25. 胜

（1）胜（shèng）。

①<动>胜利；取胜；战胜。《邹忌讽齐王纳谏》："此所谓战～于朝廷。"

②<动>制服；克服。《吕氏春秋·先己》："故欲～人者，必先自胜。"

③<动>胜过；超过。《琵琶行》："此时无声～有声。"

④<形>优美；美好。《岳阳楼记》："予观夫巴陵～状，在洞庭一湖。"

⑤<名>风景优美的地方；名胜。《过小孤山大孤山》："三面临江，倒影水中，亦占一山之～。"

（2）胜（shēng）。

①<动>禁得起；受得住。《孙子兵法·谋攻篇》："将不～其忿而蚁附之。"

②<形>尽；完。《鸿门宴》："刑人如恐不～。"

26. 使

①<动>命令；派遣。《史记·陈涉世家》："扶苏以数谏故，上～外将兵。"

②<动>让；叫。《梦游天姥吟留别》："安能摧眉折腰事权贵，～我不得开心颜？"

③<动>使唤；驱使；使用。《五人墓碑记》："人皆得以隶～之。"

④<动>主；指使。《五人墓碑记》："是时以大中丞抚吴者，为魏之私人毛一鹭，公之逮，所由～也。"

⑤<动>出使。《史记·屈原列传》："是时屈原既疏，不复在位，～于齐。"

⑥<名>出使的人；使者。《卖炭翁》："一车炭，千余斤，宫～驱将惜不得。"

⑦<名>使命。《赤壁之战》:“时周瑜受～至番阳。”

⑧<连>假使;如果。《阿房宫赋》:“～六国各爱其人,则足以拒秦。”

27. 适

(1)适(shì)。

①<动>到……去。《石钟山记》:“余自齐安舟行～临汝。”

②<动>出嫁;嫁。《孔雀东南飞》:“贫贱有此女,始～还家门。”

③<动>依照;顺从。《孔雀东南飞》:“处分～兄意,那得自任专!”

④<动>适宜;适合。《芙蕖》:“是芙蕖也者,无一时一刻不～耳目之观。”

⑤<动>享有。《前赤壁赋》:“而吾与子之所共～。”

⑥<副>恰好。《雁荡山》:“从上观之,～与地平。”

⑦<副>适才;刚才。《孔雀东南飞》:“～得府君书,明日来迎汝。”

(2)适(zhé)。

<动>通“谪”。谴责;惩罚。《史记·陈涉世家》:“二世元年七月,发闾左～戍渔阳,九百人屯大泽乡。”

（3）适（dí）。

<名>通“嫡”。正妻所生长子。《左传·文公十八年》：“仲为不道，杀～立庶。”

28. 孰

①<形>通“熟”；烹食到可以食用的程度。《左传·宣公二年》：“宰夫胹熊蹯不～。”

②<形>通“熟”，成熟。《荀子·富国》：“寒暑和节，而五谷以时～。”

③<形>通“熟”。深透；仔细。《史记·廉颇蔺相如列传》：“唯大王与群臣～计议之。”

④<代>谁；哪个。《师说》：“人非生而知之者，～能无惑？”

29. 属

（1）属（zhǔ）。

①<动>连接。《信陵君窃符救赵》：“平原君使者冠盖相～于魏。”《前赤壁赋》：“驾一叶之扁舟，举匏樽以相～。”

②<动>跟着。《项羽之死》：“项王渡江，骑能～者百余人耳。”

③<动>撰写。《史记·屈原列传》：“屈平～草稿未定，

上官大夫见而欲夺之。”

④<动>通“嘱”，托付。《岳阳楼记》：“～予作文以记之。”

【又】劝；劝请。《前赤壁赋》：“举酒～客。”

⑤<动>通“瞩”，看。《齐民要术·园篱》：“盘桓瞻～。”

（2）属（shǔ）。

①<动>归属；隶属。《琵琶行》：“名～教坊第一部。”

②<动>管辖。《扁鹊见蔡桓公》：“在骨髓，司命之所～，无奈何也。”

③<名>部属。《史记·陈涉世家》：“徒～皆曰：‘敬受命。’”

④<名>家属。《狱中杂记》：“富者就其戚～，贫则面语之。”

⑤<名>类；辈。《桃花源记》：“有良田美池桑竹之～。”《过秦论》：“于是六国之士，有甯越、徐尚、苏秦、杜赫之～为之谋。”

30. 微

①<形>隐蔽；不显露。《左忠毅公逸事》：“从数骑出，～行入古寺。”

②<形>深奥；微妙。《史记·屈原列传》：“其辞～，其

志洁。”

③<形>小；微小；少。《石钟山记》：“～风鼓浪，水石相搏，声如洪钟。”

④<形>轻微。《庖丁解牛》：“动刀甚～。”

⑤<形>地位不高；没有名望。《陈情表》：“今臣亡国贱俘，至～至陋，过蒙拔擢，宠命优渥，岂敢盘桓，有所希冀。”

⑥<副>偷偷地；悄悄地。《信陵君窃符救赵》：“故久立与其客语，～察公子。”

⑦<副>稍微；略微。《卖油翁》：“见其发矢十中九八，但～颔之。”

⑧<副>隐约。《口技》：“～闻有鼠作作索索。”

⑨<副>无；没有。《岳阳楼记》：“～斯人，吾谁与归？”

⑩<形>衰微；衰败。《教战守策》：“天下分裂，而唐室固以～矣。”

31. 为

（1）为（wéi）。

①<动>做；干。《为学》：“天下事有难易乎？～之，则难者亦易矣。”

②<动>发明；制造；制作。《活板》：“庆历中，有布衣毕昇，又～活板。”

③<动>作为；当作。《墨子·公输》：“子墨子解

带～城，以牒～械。”

④<动>成为；变成。《察今》：“向之寿民，今～殇子矣。”

⑤<动>是。《出师表》：“宫中府中，俱～一体。”

⑥<动>治；治理。《论积贮疏》：“安有～天下阽危者若是而上不惊者？”

⑦<动>写；题。《伤仲永》：“即书诗四句，并自～其名。”

⑧<动>以为；认为。《鸿门宴》：“窃～大王不取也。”

⑨<动>叫作；称作。《史记·陈涉世家》：“号～张楚。”

⑩<动>对待。《鸿门宴》：“君王～人不忍。”

⑪<动>算作；算是。《左传》：“秦则无礼，何施之～？”

⑫<动>担任。《鸿门宴》：“沛公欲王关中，使子婴～相。”

⑬<动>对付。《鸿门宴》：“今者出，未辞也，～之奈何？”

⑭<介>表示被动。《韩非子·五蠹》：“兔不可复得，而身～宋国笑。”

⑮<连>如果；假如。《战国策·秦策》：“秦～知之，必不救也。”

⑯<助>用在句中，起提前宾语的作用；用在句尾，表示感叹或疑问。《苏武传》：“何以汝～见？”《鸿门宴》：“如今人方～刀俎，我～鱼肉。”

（2）为（wèi）。

①<介>给；替。《庖丁解牛》：“庖丁～文惠君解牛。”

②<介>向；对。《桃花源记》：“不足～外人道也。”

③<介>因为。《答司马谏议书》：“盘庚不～怨者故改其度。”

④<介>为了。《史记·货殖列传序》：“天下熙熙，皆～利来。”

⑤<介>被。《过秦论》：“身死人手，～天下笑者，何也。”

⑥<介>在……的时候。《晏子使楚》：“～其来也，臣请缚一人，过王而行。”

32. 谓

①<动>告诉；对……说。《鸿门宴》：“请往～项伯，言沛公不敢背项王也。”

②<动>说。《石钟山记》：“因得观所～石钟者。”

③<动>叫做；称为。《游褒禅山记》：“褒禅山亦～之华山。”

④<动>以为；认为。《赤壁之战》：“愚～大计不如迎之。”

⑤<动>是；说的是。《醉翁亭记》：“太守～谁？”

33. 向

（1）向（xiàng）。

①<名>朝北的窗户。《诗经·七月》："塞～墐户。"

②<动>朝着；向着。《狼》："狼不敢前，眈眈相～。"《垓下之战》："乃分其骑以为四队，四～。"

③<动>趋向；奔向。《赤壁之战》："到夏口，闻操已～荆州。"

④<动>接近。《茅屋为秋风所破歌》："秋天漠漠～昏黑。"

⑤<副>刚才。《赤壁之战》："～察众人之议，专欲误将军。"

⑥<副>从前；过去。《兰亭集序》："～之所欣，俯仰之间，已为陈迹。"《察今》："～之寿民，今为殇子矣。"

⑦<连>假如。《捕蛇者说》："～吾不为斯役，则久已病矣。"

（2）向（xiǎng）。

①<动>通"响"，发出声音。《庖丁解牛》："砉然～然。"

②<动>通"享"。享有；享受。《论衡·谢短》："夏自禹～国，几载而至于殷？"

34. 信

（1）信（xìn）。

①<形>言语真实；诚实。《曹刿论战》：“牺牲玉帛，弗敢加也，必以～。”

②<形>实在的；真实的。《祭十二郎文》：“呜呼！其～然邪？”

③<副>确实；的确。《促织》：“闻之，一人飞升，仙及鸡犬，～夫！”

④<动>相信；信任。《促织》：“成述其异，宰不～。”

⑤<名>信用。《〈指南录〉后序》：“则直前诟虏帅失～。”

⑥<动>讲信用。《谏太宗十思疏》：“～者效其忠。”

⑦<名>信物；凭证。《中山狼传》：“是皆不足以执～也。”

⑧<名>使者；送信的人。《孔雀东南飞》：“自可断来～，徐徐更谓之。”

⑨<名>消息；音讯。《柳毅传》：“长天茫茫，～耗莫通。”

⑩<名>快信；信件。《红楼梦》：“弟于内家～中写明，不劳吾兄多虑。”

⑪<动>任随；随意。《琵琶行》：“低眉～手续续弹。”

（2）信（shēn）。

<动>通“伸”。伸展；伸张。《中山狼传》：“狼欣然从之，～足先生。”

35. 许

①<动>答应；允许。《出师表》：“由是感激，遂～先帝以驱驰。”

②<动>赞同。《愚公移山》：“杂然相～。”

③<动>期望。《书愤》：“塞上长城空自～，镜中衰鬓已先斑。”

④<名>处所。《五柳先生传》：“先生不知何～人也。”

⑤<数>表示大约的数量。《核舟记》：“船首尾长约八分有奇，高可二黍～。”

⑥<代>这样；这么。刘克庄《沁园春》：“天造梅花。有～孤高，有～芬芳。”

⑦<助>表示感叹语气。韩愈《感春四首》：“三杯取醉不复论，一生长恨奈何～。”

36. 遗

（1）遗（yí）。

①<动>遗失；丢失。《过秦论》：“秦无亡矢～镞之费，而天下诸侯已困矣。”

②<动>放弃；舍弃。《师说》："小学而大～，吾未见其明也。"

③<名>遗失的东西。《乐羊子妻》："况拾～求利，以污其行乎？"

④<动>遗留。《伶官传序》："此三者，吾～恨也。"

【又】特指死人遗留下来的。《〈黄花冈七十二烈士事略〉序》："否则不能继述先烈～志且光大之。"

（2）遗（wèi）。

①<动>赠送。《信陵君窃符救赵》："公子闻之，往请，欲厚～之。"

②<动>给予。《送东阳马生序》："父母岁有裘葛之～。"

37. 已

①<动>停止。《论语·泰伯篇》："死而后～，不亦远乎？"《荀子·劝学》："学不可以～。"

②<动>完毕；完了。《苏武传》："剑斩虞常～。"

③<动>治愈；消除。《捕蛇者说》："可以～大风、挛踠、瘘疠，去死肌，杀三虫。"

④<动>罢了；算了。《冯婉贞》："诸君无意则～，诸君而有意，瞻予马首可也。"

⑤<副>已经。《察今》："舟～行矣，而剑不行。"《垓

下之战》："汉皆～得楚乎？"

⑥<副>随后；随即。《项脊轩志》："庭中始为篱，～为墙，凡再变矣。"

⑦<副>太；过于。《五人墓碑记》："死而湮没不足道者，亦～众矣。"

⑧<介>通"以"。和"上""下""东""西"等连用，表示时间、方位、数量的界限。《活板》："五代时始印五经，～后典籍皆为板本。"

⑨<助>同"矣"。《论语·泰伯篇》："如有周公之才之美，使骄且吝，其余不足观也～。"

38. 以

①<动>用；使用。《涉江》："忠不必用兮，贤不必～。"

②<动>做。《子路、曾皙、冉有、公西华侍坐》："如或知尔，则何～哉？"

③<动>认为。《邹忌讽齐王纳谏》："皆～美于徐公。"

④<介>表示动作行为所用或所凭借的工具、方法，可视情况译为"拿""用""凭""把"等。《史记·廉颇蔺相如列传》："愿～十五城请易璧。"

⑤<介>起提前宾语的作用，可译为"把"。《史记·廉颇蔺相如列传》："秦亦不～城予赵，赵亦终不予秦璧。"

⑥<介>表示动作行为产生的原因，可译为"因为""由于"等。《捕蛇者说》："而吾～捕蛇独存。"《史记·廉颇蔺

相如列传》："且～强秦之故逆强秦之欢，不可。"

⑦<介>表示动作行为发生的时间、地点，可译为"在""于"。《苏武传》："武～始元六年春至京师。"

⑧<介>表示动作、行为的对象，用法同"与"，可译为"和""跟"；有时可译为"率领、带领"。《战国策·周策》："天下有变，王割汉中～楚和。"《信陵君窃符救赵》："（公子）欲～客往赴秦军，与赵俱死。"

⑨<连>表示并列或递进关系，可译为"而""又""并且"等，也可省去。《游褒禅山记》："夫夷～近，则游者众；险～远，则至者少。"

⑩<连>表示承接关系，"以"之前的动作行为，往往是后一动作行为的手段和方式，可译为"而"，也可省去。《游褒禅山记》："余与四人拥火～入。"

⑪<连>表示因果关系，常用在表原因的分句前，可译为"因为""由于"。《史记·廉颇蔺相如列传》："吾所以为此者，～先国家之急而后私仇也。"

⑫<连>表修饰和被修饰关系。《归去来兮辞》："木欣欣～向荣，泉涓涓而始流。"

⑬<连>表目的关系，可译为"而""来""用来"等。《师说》："作《师说》～贻之。"

⑭<连>表示时间、方位、数量的界限或范围，用法同现代汉语。《张衡传》："自王侯～下，莫不逾侈。"

⑮<连>表示在叙述某件事时又转到另一件事上，可译为"至于"。《柳毅传》："然自约其心者，达君之冤，余无及也。～言'慎无相避'者，偶然耳，岂有意哉！"

⑯<副>通“已”，已经。《史记·陈涉世家》：“卒买鱼烹食，得鱼腹中书，固～怪之矣。”

⑰<动>通“已”，停止。《齐桓晋文之事》：“无～，则王乎？”

⑱<副>只是。《冯谖客孟尝君》：“君家所寡有者，～义耳。”

39. 易

①<动>交换。《史记·廉颇蔺相如列传》：“秦王以十五城请～寡人之壁。”《论积贮疏》：“罢夫羸老～子而咬其骨。”

②<动>改变；变换。《涉江》：“阴阳～位，时不当兮。”

③<形>容易，与“难”相对。《滕王阁序》：“冯唐～老，李广难封。”《为学》：“天下事有难～乎？”

④<动>轻视。《童区寄传》：“贼～之，对饮酒，醉。”

⑤<形>平坦。《李愬雪夜入蔡州》：“由是贼中险～远近虚实尽知之。”

40. 益

①<动>同“溢”。水漫出来。《察今》：“澭水暴～。”

②<动>增加，与“损”相对。《出师表》：“至于斟酌损～，进尽忠言，则攸之、祎、允之任也。”

③<名>利益；好处。《伶官传序》：“《书》曰：‘满招损，谦得～。’”

④<副>更加；愈加。《滕王阁序》：“穷且～坚，不坠青云之志。”

⑤<副>渐渐地。《黔之驴》：“～习其声，又近出前后，终不敢搏。”

41. 于

①<介>介绍动作行为发生的时间、处所，可译为“在”“到”“从”等。《子鱼论战》：“宋公及楚人战～泓。”《出师表》：“受任～败军之际。”

②<介>介绍动作行为产生的原因，可译为“由于”“因为”。《进学解》：“业精～勤，荒～嬉。”

③<介>介绍动作行为涉及的对象，可译为“对”“向”等。《师说》：“～其身也，则耻师焉，惑矣。”《捕蛇者说》：“余将告～莅事者。”

④<介>介绍动作行为的主动者，可译为“被”。有时动词前还有“见”“受”等字和它相应。《伶官传序》：“而智勇多困～所溺。”《史记·廉颇蔺相如列传》：“臣诚恐见欺～王而负赵。”

⑤<介>介绍比较的对象，可译为“比”。《荀子·劝学》：“冰，水为之，而寒～水。”

⑥<词缀>用在动词前，无义。《诗经·葛覃》：“黄鸟～飞。”

42. 与

（1）与（yǔ）。

①<动>给予。《鸿门宴》："则～一生彘肩。"

②<动>结交；交好。《六国论》："～嬴而不助五国也。"

③<名>朋友；同类者。《原毁》："其应者，必其人之～也。"

④<动>通"举"，整个；都。《涉江》："～前世而皆然兮，吾又何怨乎今之人。"

⑤<连>和。《愚公移山》："吾～汝毕力平险。"

⑥<介>介绍动作行为所涉及的对方，相当于"跟""同"等。《岳阳楼记》："微斯人，吾谁～归？"

⑦<介>介绍比较对象，相当于"跟……相比"。《柳毅传》："则洞庭之～京邑，不足为异也。"

⑧<介>为；替。《兵车行》："去时里正～裹头。"

（2）与（yù）。

①<动>赞同。《中山狼传》："固君子之所不～也。"

②<动>参与；参加。《左传》："蹇叔之子～师。"

（3）与（yú）。

<助>表示疑问、反诘或感叹，相当于“吗”“吧”“啊”。后来写作“欤”。《齐桓晋文之事》：“王之所大欲，可得闻～？”。

43. 止

①<名>脚。后来写作“趾”。《汉书·刑法志》：“当斩左～者，笞五百。”

②<动>停止。《察今》：“舟～，从其所契者入水求之。”

【又】<使动>使……停止。《鸿门宴》：“交戟之卫士欲～（之）不内。”

③<动>住下。《游黄山记》：“复从峡度栈以上，～文殊院。”

④<动>留住。《荷蓧丈人》：“～子路宿，杀鸡为黍而食之。”

⑤<动>阻止。《愚公移山》：“河曲智叟笑而～之。”

⑥<动>中止。《论语·子罕篇》：“譬如为山，未成一篑，～，吾止也。”

⑦<副>通“只”。只是；仅仅。《黔之驴》：“技～此耳。”《活板》：“若～印三二本，未为简易。”

⑧<助>用于句末，表示感叹。《诗经·南山》：“既曰归～，曷又怀～。”

44. 志

①<名>心意；志向。《观沧海》："歌以咏～。"《为学》："人之立～，顾不如蜀鄙之僧哉。"

②<动>立志。《论语·为政篇》："吾十有五而～于学。"

③<动>记忆；记；记住。《史记·屈原列传》："博闻强～，明于治乱，娴于辞令。"

④<名>标记。《南齐书·韩系伯传》："邻居种桑树于界上为～。"

⑤<动>做标志。《桃花源记》："得其船，便扶向路，处处～之。"

⑥<名>记事的书或文章。《项脊轩志》："余既为此～，后五年，吾妻来归。"

⑦<名>通"痣"，皮肤上的斑或小疙瘩。《梁书·沈约传》："约左目重瞳子，腰有紫～。"

45. 致

①<动>送；送达。《柳敬亭传》："皖帅欲结欢宁南，～敬亭于幕府。"

②<动>表达；表示。《史记·屈原列传》："其存君兴国而欲反覆之，一篇之中三～志焉。"

③<动>说；回答。《石壕吏》："听妇前～词：三男邺城戍。"

④<动>到达。《荀子·劝学》："假舆马者，非利足也，而～千里。"

⑤<动>获得；得到。《送东阳马生序》："家贫，无从～书以观。"

⑥<动>招致；引来。《信陵君窃符救赵》："～食客三千人。"

⑦<动>招引；招致。《过秦论》："不爱珍器重宝肥饶之地，以～天下之士，合从缔交，相与为一。"

⑧<动>致使；使得。《孔雀东南飞》："女行无偏斜，何意～不厚？"

⑨<动>导致；招致。《柳毅传》："昔为钱塘长，今则～政矣。"

⑩<动>用。《张衡传》："衡善机巧，尤～思于天文、阴阳、历算。"

⑪<名>情致；情趣。《兰亭集序》："虽世殊事异，所以兴怀，其～一也。"

⑫<形>细密；细致。《汉书·辛延年传》："按其狱，皆文～，不可得反。"

⑬<副>通"至"，极。《与吴质书》："元瑜书记翩翩，～足乐也。"

46. 走

①<动>跑。《木兰诗》："双兔傍地～，安能辨我是雄雌？"《五蠹》："兔～触株，折颈而死。"

【又】赶快去。《送东阳马生序》："录毕，~送之，不敢稍逾约。"

②<动>逃跑。《石壕吏》："老翁逾墙~，老妇出门看。"《寡人之于国也》："兵刃既接，弃甲曳兵而~。"

【又】<动，使动>使……逃跑。《赤壁之战》："可烧而~也。"

③<动>奔向；趋向；抵达。《史记·廉颇蔺相如列传》："臣尝有罪，窃计欲亡~燕。"《阿房宫赋》："骊山北构而西折，直~咸阳。"

47. 卒

①<名>步兵；士兵。《过秦论》："率疲弊之~，将数百之众，转而攻秦。"《郑伯克段于鄢》："缮甲兵，具~乘。"

②<名>古代军队编制，一百人为一卒。《叔向贺贫》："昔栾武子无一~之田。"《谋攻》："全~为上，破~次之。"

③<名>差役；隶卒。《左忠毅公逸事》："持五十金，涕泣谋于禁~，卒感焉。"

④<动>死。《董宣执法》："年七十四，~于官。"《赤壁之战》："初，鲁肃闻刘表~。"

⑤<动>完成；尽。《孔雀东南飞》："谓言无罪过，供养~大恩。"《陈情表》："庶刘侥幸，保~余年。"

⑥<副>终于；最终。《史记·廉颇蔺相如列传》："~相与欢，为刎颈之交。"《垓下之战》："然今~困于此，此天之

亡我，非战之罪也。”

（二）常见通假字

常见通假字如下：

罢：通“疲”，疲劳，形容词。“罢夫羸老易子而咬其骨。”

颁：通“班”“斑”，头发花白，形容词。“颁白者不负戴于道路矣。”

倍：通“背”，背叛、忘记，动词。“愿伯具言臣之不敢倍德也。”

倍：同“背”，背叛、违背，动词。“倍道而妄行，则天不能使之吉。”

被：通“披”，穿戴，动词。“被明月兮佩宝璐。”

辟：通“避”，躲避，动词。“其北陵，文王之所辟风雨也。”

弊：通“敝”，弱点，名词。“秦有余力而制其弊。”

蚤：通“早”，形容词。“旦日不可不蚤来谢项王。”

卒：通“猝”，仓猝，形容词。“五万兵难卒合。”

唱：通“倡”，倡导，动词。“而予三十年前所主唱之三民主义、五权宪法。”

厝：同“措”，放置，动词。“一厝朔东，一厝雍南。”

错：同“措”，放，动词。“以君为长者，故不错意也。”

党：通“倘”，倘若、偶然，副词。“风雨之不时，怪星之党见。”

道：同“导”，引导，动词。“故善者因之，其次利道之。”

得：通“德”，恩惠、感激，名词。“所识穷乏者得我与？”

属：同“嘱”，嘱托、托付，动词。“属予作文以记之。”

质：通“贽”，见面礼，名词。“乃令张仪佯去秦，厚币委质事楚。”

而：通“尔”，你的，代词。“吾乃与而君言，汝何为者也？”

盖：通“盍”，何不、为什么，疑问代词。“技盖至此乎？”

指：同“旨”，旨趣，名词。“其称文小而其指极大。”

驩：同“欢”，欢聚，动词。“王必欲降武，请毕今日之驩。”

还：同“环”，环绕，动词。“秦王还柱而走。”

还：同“旋”，回转、掉转，动词。“扁鹊望桓侯而还走。”

离：通“罹”，遭受，动词。“进不入以离尤兮。”

见：同“现”，暴露、露出来，动词。“图穷而匕首见。”

景：同“影”，影子，名词。“天下云集响应，赢粮而景从。”

陵：通“凌”，凌侮，动词。“陵压百姓而邀其上者。”

莫：同“暮”，日落的时候、晚上，名词。“至莫夜月明，独与迈乘小舟，至绝壁下。”

内：同“纳”，接纳、接受，动词。“然后命吏内之，则又再拜。”

女：同“汝”，人称代词。“三岁贯女，莫我肯顾。”

畔：通“叛”，背叛，动词。“寡助之至，亲戚畔之。”

趣：通“促”，催促、赶快，急促，动词。“趣为我语。”

禽：通“擒”，捕捉，动词。“阴知奸党名姓，一时收禽。”

阙：通“缺”，缺少，缺点，名词。“必能裨补阙漏。”

识：通“志”，标志、记号，名词。“出珠授之，封识宛然。”

孰：同“熟”，煮熟了的，形容词。“宰夫胹（ér）熊蹯不孰，杀之。”

田：同“畋”，打猎，动词。“今王田猎于此。”

涂：同“途”，道路，名词。“夫迷涂知反，往哲是与。”

郤：同“隙”，隔阂、嫌怨，名词。“令将军与臣有郤。”

信：通“伸”，伸展、伸张，动词。“孤不度德量力，欲信大义于天下。”

县：同“悬”，挂着，动词。“胡瞻尔庭有县貆兮？”

乡：同“向”，对着、朝着；方向；从前，过去。介词。“以至晋鄙军之日北乡自刭。”

飨：同“享”，受，动词。“飨德怀恩，词不悉心。”

向：通“响”，响声，名词。“砉（xū）然向然，奏刀騞（huō）然。”

羞：同“馐”，食物，名词。“玉盘珍羞直万钱。”

畜：通“蓄”，积聚、储藏，动词。“故其畜积足恃。”

厌：通“餍”，满足，形容词。“暴秦之欲无厌。”

燕：通“宴”，安逸、安闲，形容词。“燕坐于华堂之上。”

阳：同“佯”，假装、表面，形容词。“皆阳应曰：‘诺。’”

要：同“邀”，约，动词。“虽与府吏要，渠会永无缘。”

以：同“已”，停止，动词。“无以，则王乎？”

翼：通“翌”，明（天），名词。“翼日进宰。”

责：同“债”，欠别人的钱财，名词。“先生不羞，乃有意欲为收责于薛乎？”

知：通“智”，聪明、智慧，形容词。“舜以天子而询于匹夫，以大知而察及迩言，非苟为谦，诚取善之弘也。”

（三）通过工具书查找生僻字

古典文献中有很多字词的音和义，是诵读必须弄清楚的。

查找解释，最方便的是在网络上搜索，但是其准确性并不高，因此建议诵读者查找正规出版物。古典文献诵读者必备的工具书有：中华书局出版的由王力先生主编的《王力古汉语字典》，上海辞书出版社出版的汉语大词典编纂组整理的《康熙字典》（标点整理本）。

二、容易混淆的词义

诵读者遇到陌生的词语查资料不容易读错，但有些和现代汉语相同或相近的词语具有多个词义，需要联系上下文进行深入的理解。

孟尝君怪其疾也。

——《战国策·齐策四》

【译文一】孟尝君对他回来的这样快感到很奇怪。（怪：对……感到奇怪。）

【译文二】孟尝君怪他回来得这样快。（怪：埋怨。）

这两种解释意思不同，诵读的语气也不同：一个是惊讶的语气，一个是埋怨的语气。

忽逢桃花林，夹岸数百步，中无杂树，芳草鲜美，落英缤纷。渔人甚异之，复前行，欲穷其林。

——陶渊明《桃花源记》

这里的“落英”有两种解释：一是“落花”，二是“初开的花”。解释不同，形象就不同，诵读的语气也不同。“落花”是衰败，“初开的花”是欣欣向荣。结合前后文，这里的“落英”应该解释为“初开的花”。

向晚意不适，驱车登古原。夕阳无限好，只是近黄昏。

——李商隐《乐游原》

此诗赞美黄昏前的绮丽风光，表达了美好转瞬即逝的伤感。前两句点出登原游览的原因：由于黄昏日暮心情不适，便驱车登上古原；后两句极力赞叹晚景之美：在夕阳余晖照耀下，整个世界涂抹上一层金色。后两句诗脍炙人口，其意蕴非常丰富，具有极高的美学价值和思想价值。

“只是近黄昏”的“只”也有两种解释：一种是“却、然而”的意思；另一种是著名学者周汝昌提出的——“只是”并非现在的转折语义，而是“正是、就是”的意思[①]。前一种解释是喟叹，是消极的情绪；后一种解释是赞美，是积极的情绪，是“最美不过夕阳红”的豪迈。两种解释会导致诵读的感情色彩完全不同。

① 萧涤非、程千帆、马茂元、周汝昌、周振甫、霍松林等：《唐诗鉴赏辞典》，上海辞书出版社，1983，第1136—1137页。

第十二章　思维

这里的思维指文学的思维，指文学创作和欣赏独有的特性，同时，它又是创作主体在文学创作过程中的心理活动的具体表现。文学思维的特性应该有以下几点：

一、直观性

在日常生活中，人们的思维活动主要表现在对客观事物的直接认识上，通过大脑的思维直接认识客观事物的属性，即为直观性。

二、连续性

所谓连续性，就是人们在大脑中经常不断地使一连串客观事物的形象活跃起来。思维的连续性，简单地说就是由此及彼。在文学创作中，作家的思维无疑也有这种特征。

三、概括性

这是文学创作中作家思维的又一特性。所谓概括性，是指作者在观察体验之后，经过对材料的分析比较、综合抽象，将事物的个别性归纳到一般性，即将感性认识上升到理性认识。这种理性认识又有别于哲学意义上的理性，它是借助于文学表现手法反映出作者对事物的理性思考。如王安石的《游褒禅山记》由游山洞而想到了“世之奇伟、瑰怪、非常之观，常在于险远，而人之所罕至焉。故非有志者，不能至也”的结论。可见，这种思维的概括是作者在对客观事物观察体验之后得出的一种理性思考，与普通人在日常生活中的思维有着根本的区别。曹雪芹之所以写出“字字看来都是血，十年辛苦不寻常”的《红楼梦》，就是得力于他对于贾、史、王、薛四大家族关系的思考和概括。

第一节　形象思维

所谓形象思维，就是用具体事物的形象来表达抽象的思想感情。咏物诗文中的寄托、写景诗文中的情景交融，都是形象思维。

一、只写形象

这种方式，表面只写形象，实际上通过形象来表达作者的思想情感。例如：

鹿　柴

王维

空山不见人，但闻人语响。
返景入深林，复照青苔上。

这首诗不是咏物，而是写景，即只写形象。周振甫先生认为，王维通过对诗中形象（空山、深林、反照等）的描写，营造出一种幽静的境界，反映出作者爱好这种境界的心情。这也是形象思维。

二、主要写思想感情，没有具体形象

既然是形象思维，为什么不描写具体形象呢？周振甫先生说，作者或诗人书写的思想感情中蕴含着具体形象。所以，读者可以感受到诗中的思想感情不是抽象的，而是跟联想到的具体形象相结合。例如：

登幽州台歌

陈子昂

前不见古人，后不见来者。

念天地之悠悠，独怆然而涕下！

诗中提到了“古人”，但没有具体到哪一个人；提到了“来者”，自然也没有具体的人物；“天地”是对无穷宇宙的感叹，也不是具体的景物；“涕”，是形象，但“涕下”表示的是哭泣这个行为，是一种情绪的宣泄。这首诗并没有描写具体的失意彷徨者，也没有清晰的具体景物，而是直接抒发自己的思想感情。

三、既写形象也写感情

具体的形象和抽象的感情一起写。古典文学中，这种寓情于景、情景交融的作品比比皆是。例如：

将赴吴兴登乐游原

杜牧

清时有味是无能，闲爱孤云静爱僧。

欲把一麾江海去，乐游原上望昭陵。

杜牧这首诗，表达的是和陈子昂《登幽州台歌》一样的心思。陈子昂登黄金台，想起燕昭王，杜牧登乐游原，想起了唐太宗。二人都有怀才不遇之感。

古诗文中多用景物来渲染，用一句话、一个词来点出作者要抒发的情感。渲染是为了突出旨意，旨意统率渲染，两者相互依存，和谐统一。

天净沙·秋思

马致远

枯藤老树昏鸦，小桥流水人家，古道西风瘦马。

夕阳西下，断肠人在天涯。

其中的“断肠人在天涯”是点，其余各句都是染，以突出相思的悲伤。

李清照的《声声慢》，用“乍暖还寒”“三杯两盏淡酒”“晚来风急”“雁过也”“满地黄花”“梧桐更兼细雨”来渲染自己的心绪，最后用“这次第，怎一个愁字了得”点出“愁”的主旨。柳永的《雨霖铃》（多情自古伤离别，更那堪，冷落清秋节！今宵酒醒何处？杨柳岸，晓风残月），在描绘景色的同时用“点染”的手法抒情，其中第一句“多情自古伤离别”是点，点出伤离别。其余各句是染，渲染伤别之情。

春江花月夜

张若虚

春江潮水连海平，海上明月共潮生。
滟滟随波千万里，何处春江无月明。
江流宛转绕芳甸，月照花林皆似霰。
空里流霜不觉飞，汀上白沙看不见。
江天一色无纤尘，皎皎空中孤月轮。
江畔何人初见月，江月何年初照人？
人生代代无穷已，江月年年望相似。
不知江月待何人，但见长江送流水。
白云一片去悠悠，青枫浦上不胜愁。
谁家今夜扁舟子？何处相思明月楼？
可怜楼上月裴回，应照离人妆镜台。
玉户帘中卷不去，捣衣砧上拂还来。
此时相望不相闻，愿逐月华流照君。
鸿雁长飞光不度，鱼龙潜跃水成文。
昨夜闲潭梦落花，可怜春半不还家。
江水流春去欲尽，江潭落月复西斜。
斜月沉沉藏海雾，碣石潇湘无限路。
不知乘月几人归，落月摇情满江树。

这首诗用的是形象思维，紧扣“春”“江”“花”“月”、夜五个字来写，重点在“月”。从“月”开始，以“月”收结。将画意、诗情与对宇宙奥秘和人生哲理的体察融为一体，创造出情景交融、玲珑剔透的诗境。诗人首先用优美的语言描绘出一幅恬静、明净的画卷：一个春风轻拂的月夜，诗人独伫江边，看到滔滔江水奔向天际，在水天相接的地方，一轮明月在潮水中出现。江面上弥漫着一片波光，皎洁的月光照在开满花儿的树林里，树叶上好像闪烁着晶莹的雪珠。空中好像有银白色的霜在暗暗地流动，白天看起来很白的沙石在这银色的月光下也看不见了，江天一色，没有一丝杂色。如此美景触发了诗人对宇宙的思考：人生短暂无常，只有那月亮还像原来一样皎洁、温柔。

第二节 逻辑思维

逻辑思维是指将思维内容联结、组织在一起的方式或形式。思维是以概念、范畴为工具去反映认识对象的。

人们一般能注意到古典诗词的形象思维，并对此加以分析，而忽视对作品进行必要的逻辑思维的分析理解，导致在某些时候不能全面客观地理解作品的真正意蕴。形象思维不能排斥逻辑思维，而且必须以逻辑思维为基础。在探讨作品具有的形象思维的特点的同时，不能忽视逻辑思维。诵读时把握作品的逻辑思路，弄清楚词和词、句和句的逻辑联系，才能透彻理解作品的思想内容及其表现手法。

一般认为唐诗与宋诗的区别是：唐诗走的是感性路线，而宋诗走的是理性路线，也就是唐诗重形象思维，宋诗重逻辑思维。比如同样是写庐山，李白一开口就情不自禁地赞叹：“飞流直下三千尺，疑是银河落九天”，非常直接地表达了自己当时的感受；而苏轼写庐山却完全不同，他在面对庐山美景时，更多的是一种理性的思考，所以他说“不识庐山真面目，只缘身在此山中”。从李白和苏轼对庐山的不同表达来看，唐诗与宋诗确实存在感性与理性之别，或者说形象思维和逻辑思维之别。

诵读者习惯于表达古诗文的形象，而不注重表达故事稳定的逻辑，因此读唐诗的多，读宋诗的少，或者说，读宋诗也像读唐诗一样，只注重形象思维，不停地想象“画面”，使得诵读不流畅、不连贯，影响了诗的整体表达与意境。

试读几首宋诗，注意逻辑思维的训练。

夏日绝句

李清照

生当作人杰，死亦为鬼雄。
至今思项羽，不肯过江东。

示　　儿

陆游

死去元知万事空，但悲不见九州同。
王师北定中原日，家祭无忘告乃翁。

雪梅·其一

卢梅坡

梅雪争春未肯降，骚人阁笔费评章。
梅须逊雪三分白，雪却输梅一段香。

冬夜读书示子聿

陆游

古人学问无遗力，少壮工夫老始成。

纸上得来终觉浅，绝知此事要躬行。

登飞来峰

王安石

飞来山上千寻塔，闻说鸡鸣见日升。

不畏浮云遮望眼，自缘身在最高层。

诵读逻辑性强的诗作时，思维要连贯，语气要流畅，不能故作姿态，用“画面”去拼凑。

接下来谈谈古诗文诵读的几个逻辑问题。

一、辨析概念

名不正，则言不顺；言不顺，则事不成。

——《论语·子路篇》

《论语·为政篇》有段文字：“子游问‘孝’。子曰：‘今之孝者，是谓能养。至于犬马，皆能有养。不敬，何以别乎？’”

子游问孔子什么叫作“孝”，就是请孔子对“孝”的概念下定义。定义，就是从内涵上明确概念的逻辑方法。对概念下定义就是揭示概念的内涵，揭示概念所反映的事物的本质属性、特有属性，揭示一个属概念下的种概念之间的差别。

对父母和对犬马的共同属性是“能够养活”。除共同属性外，二者还有各自的特有属性。孔子批评有人把对父母的“孝”，说成是“能够养活”，没有把握对父母“孝”的特有属性、本质特征，没有将它同养活犬马区分开来。对父母“孝”的本质属性是“尊敬”。孔子把从内涵上区别概念的方法叫作“正名”，就是矫正词语、概念的方法。孔子正名的目的，是解决社会上用名混乱的现象，从今天逻辑的角度看，就是明晰概念。

诵读这类文字，不是讲述，不是描绘，更不是抒情，而是要把概念表达清楚。例如：

> 弟子规，圣人训。
> 首孝悌，次谨信。
> 泛爱众，而亲仁。
> 有余力，则学文。
>
> ——《弟子规》

诵读这段文字，要说清“弟子规”是什么、有什么内容，也就是表达清楚“弟子规”的概念。

二、类比推理

类比推理也称“类推”，是推理的一种形式。它是根据两个对象在某些属性上的相同点或相似点，通过比较而推断出它们在其他属性上也相同的推理过程。《论语》里的“闻一知十”“告往知来”“温故知新”和“举一反三”，就是形容聪明和善于推理。《孟子》中类比推理的文字很多，例如：

孟子·告子下

任人有问屋庐子曰：“礼与食孰重？”

曰：“礼重。”

“色与礼孰重？”

曰：“礼重。”

曰：“以礼食，则饥而死；不以礼食，则得食，必以礼乎？亲迎，则不得妻；不亲迎，则得妻，必亲迎乎！”

屋庐子不能对，明日之邹，以告孟子。

孟子曰：“於！答是也，何有？不揣其本，而齐其末，方寸之木可使高于岑楼。金重于羽者，岂谓一钩金与一舆羽之谓哉？取食之重者与礼之轻者而比之，奚翅食重？取色之重者与礼之轻者而比之，奚翅色重？往应之曰：‘紾兄之臂而夺之食，则得食；不紾，则不得食，则将紾之乎？窬东家墙而搂其处子，则得妻；不搂，则不得妻，则将搂之乎？’”

孟子批评任国人“不揣其本，而齐其末”“取食之重者与礼之轻者而比之”和“取色之重者与礼之轻者而比之”，指出了任国人的推论犯了机械类比的错误，因而会得出“一寸厚的木块比一座楼还高”“吃饭重于礼节”“娶妻重于礼节”的荒谬结论。

但不管推论正确与否都是逻辑推论，诵读时不能用“三内四外”和播音腔，而是要有清晰的逻辑思维，表达出逻辑关联。

三、比喻论证

比喻论证是指用比喻者之理去论证被比喻者之理的论证方法。在两种事物之间，只要有类似之点，即可用一种事物比喻另一种事物，从而论证一个比较抽象的事理。它是一种特殊的论证方法。

《墨子》中比喻论证的应用举目皆是。“是犹”“是譬犹”“此譬犹”之类的比喻论证的联结词随处可见。《孟子》一书运用比喻论证的段落有60多处。

墨子·非攻上

今有一人，入人园圃，窃其桃李。众闻则非之，上为政者得则罚之。此何也？以亏人自利也。至攘人犬豕鸡豚者，其不义又甚入人园圃窃桃李。是何故也？以亏人愈多，其不仁兹甚，罪益厚。至入人栏厩，取人马牛者，其不仁义又甚攘人犬豕鸡豚。此何故也？以其亏人愈多。苟亏人愈多，其不仁兹甚，罪益厚。至杀不辜人也，扡其衣裘，取戈剑者，其不义又甚入人栏厩取人马牛。此何故也？以其亏人愈多。苟亏人愈多，其不仁兹甚矣，罪益厚。当此，天下之君子皆知而非之，谓之不义。今至大为攻国，则弗知非，从而誉之，谓之义。此可谓知义与不义之别乎？

杀一人谓之不义，必有一死罪矣。若以此说往，杀十人十重不义，必有十死罪矣；杀百人百重不义，必有百死罪矣。当此，天下之君子皆知而非之，谓之不义。今至大为不义攻国，则弗知非，从而誉之，谓之义，情不知其不义也，故书其言以遗后世。若知其不义也，夫奚说书其不义以遗后世哉？今有人于此，少见黑曰黑，多见黑曰白，则以此人不知白黑之辩矣；少尝苦曰苦，多尝苦曰甘，则以此人不知甘苦之辩矣。今小为非，则知而非之；大为非攻国，则不知非，从而誉之，谓之义。此可谓知义与不义之辩乎？是以知天下之君子也，辩义与不义之乱也！

比喻论证和修辞手法的比喻不同。比喻论证是逻辑推理，是用逻辑思维；比喻是用跟甲事物有相似之点的乙事物来描写或说明甲事物，用的是形象思维。两者的诵读是有很大区别的。比喻论证的文字诵读要注重逻辑关联，而比喻的诵读则要有形象的描摹。

第十三章　语法

语法是研究按确定用法来运用词类、词的曲折变化或表示相互关系的其他手段以及词在句中的功能和关系。语言是人类社会最重要的交际工具。它同思维有密切的关系，是思想的直接体现，是信息的第一载体。它以语音为物质外壳，以词汇为建筑材料，以语法为结构规律。所以，诵读者不学古汉语语法，就不能从根本上解决诵读的层次感和诵读是否流畅的问题，更不能有效地表情达意。

古代汉语语法的通假字等词汇知识在训诂一章里已经讲过了，这一章主要涉及词类活用和文言句式。

第一节　词类活用

一、名词的活用

（一）名词用作动词

请勾践女女于王，大夫女女于大夫，士女女于士。

——《勾践灭吴》

【译文】请允许勾践把女儿嫁给大王，把大夫的女儿嫁给大夫，把士的女儿嫁给士。

晋军函陵，秦军氾南。

——左丘明《烛之武退秦师》

【译文】晋军驻扎在函陵，秦军驻扎在氾南。

秦伯说，与郑人盟。

——左丘明《烛之武退秦师》

【译文】秦伯很高兴，与郑国人结盟。

（二）名词用作状语

四方之士来者，必庙礼之。

——《勾践灭吴》

【译文】从四面八方来的人士，（勾践）一定在庙堂上礼待他们。

故令人持璧归，间至赵矣。

——司马迁《史记·廉颇蔺相如列传》

【译文】所以派人拿着和氏璧，从小路到赵国去。

人皆得以隶使之。

——张溥《五人墓碑记》

【译文】人人都能够像对待奴隶一样驱使他。

（三）名词的使动用法

纵江东父老怜而王我，我何面目见之。

——司马迁《鸿门宴》

【译文】纵使江东父老可怜我，让我做大王，我又有什么面目去见他们呢。

（四）名词的意动用法

侣鱼虾而友麋鹿。

——苏轼《前赤壁赋》

【译文】以鱼虾为伴侣，以麋鹿为朋友。

孔子师郯子、苌弘、师襄、老聃。

——韩愈《师说》

【译文】孔子以郯子、苌弘、师襄、老聃为师。

二、动词的活用

（一）动词的使动用法

焉用亡郑以陪邻？

——左丘明《烛之武退秦师》

【译文】为什么要使郑国灭亡来增加邻国的土地呢？

后秦击赵者再，李牧连却之。

——苏洵《六国论》

【译文】后来秦国两次攻打郑国，李牧接连使他们退却。

今以钟磬置水中，虽大风浪不能鸣也，而况石乎！

——苏轼《石钟山记》

【译文】现在把钟磬放在水中，即使大的风浪也不能使它发出声音。

（二）动词作名词

夫大国，难测也，惧有伏焉。

——左丘明《曹刿论战》

【译文】大国是难以推测的，就怕有伏兵。

三、形容词的活用

（一）形容词作动词

李氏子蟠，年十七，好古文，六艺经传皆通习之。

——韩愈《师说》

【译文】李蟠十七岁，喜欢古文，六经的经文和传文都普遍学习了。

方是时，余之力尚足以入，火尚足以明也。

——王安石《游褒禅山记》

【译文】当时这个时候，我的力气尚且足够可以进去，火把尚且足够可以照明。

（二）形容词作名词

行李之往来，共其乏困。

——左丘明《烛之武退秦师》

【译文】（秦国的）使者来往（郑国），（郑国）会供给他们缺少的东西。

舆薪之不见，为不用明焉。

——《齐桓晋文之事》

【译文】一整车的柴都不看见，因为没有用视力（眼睛）啊。

（三）形容词的使动用法

其达士，洁其居，美其服，饱其食，而摩厉之于义。

——《勾践灭吴》

【译文】那些明事理的人，使他们的住处洁净，使他们的衣服美丽，使他们能够温饱，并且（经常）切磋磨砺道义。

臣请完璧归赵。

——司马迁《史记·廉颇蔺相如传》

【译文】请让我使和氏璧完好地回到赵国。

（四）形容词的意动用法

而耻学于师……于其身也，则耻师焉……不耻相师。

——韩愈《师说》

【译文】却以向老师学习为耻辱……对他自己，却以向老师学习为耻辱……不以相互学习为耻辱。

第二节 单句

一、倒装句

（一）宾语前置

1. 否定句中代词作宾语，宾语前置

（1）规律。

在否定句中，代词作宾语，宾语前置。

（2）否定词。

否定词包括不、未、莫、无、弗、非、否、毋等。

（3）句子结构。

句子结构为“否定词＋代词宾语＋谓语动词”。

（4）代词。

①人称代词。

第一人称：余、我、予、仆、自、己……

第二人称：汝、子、尔、乃、若……

第三人称：其、彼、之……

②指示代词。

指示代词：是、其、此、斯、兹、之、然、而、彼、夫……

③疑问代词。

疑问代词：谁、孰、何、曷、奚、胡、安、焉……

古之人不余欺也。

【译文】古代的人不欺骗我。

不学自知，不问自晓，古今行事，未之有也。

【译文】不通过学习而能自己知道的，不去请教他人而能自己通晓的，从古到今都没有这种事情。

不患人之不己知，患不知人也。

【译文】不担心别人不了解自己，只担心自己不了解别人。

三岁贯汝，莫我肯顾。

【译文】多年辛勤伺候你，你却对我不照顾。

2. 疑问句中代词作宾语，宾语前置

（1）规律。

在疑问句中，疑问代词作宾语，宾语前置。

（2）疑问代词。

疑问代词包括何、安、奚、谁、孰、曷、胡、焉等。

（3）句子结构。

句子结构为“疑问代词＋谓语动词”。

大王来何操？

【译文】大王来的时候带了什么？

沛公安在？

【译文】沛公在什么地方？

微斯人，吾谁与归？

【译文】没有这种人，我同谁在一起呢？

3. “之”“是”作为宾语前置句的标志

（1）规律。

“之”“是”可以作为宾语前置句的标志。

（2）句子结构。

句子结构为“宾语＋之/是＋谓语”。

宋，何罪之有？

【译文】宋国，有什么罪？

寡君其罪之恐，敢与知鲁国之难？

【译文】我们国君正担心（自己的）罪过，哪里敢过问鲁国的困难呢？

唯利是图。

【译文】只图谋利益。

唯命是从。

【译文】只听从命令。

4. 介词“以”的宾语提前

一言以蔽之。

【译文】以一言蔽之。用一句话来概括。

秋以为期。

【译文】以秋为期。把秋天定为婚期。

（二）定语后置

1. “之”可以作为定语后置句的标志

蚓无爪牙之利，筋骨之强。

【译文】蚯蚓没有（锋利的）爪子和牙齿，（强劲的）筋骨。

2. “者”可以作为定语后置句的标志

计未定，求人可使报秦者。

【译文】计划还没有确定，寻求一个（可以派去回复秦国的）人。

3. “之＋者”可以作为定语后置句的标志

石之铿然有声者，所在皆是也。

【译文】发出（铿然声音的）石头，所在地方都是这种石头。

4. 数量词的定语后置句

比至陈，车六七百乘，骑千余，卒数万人。

【译文】等到了陈县这个地方，已有六七百辆车，一千多名骑兵，数万名士兵。

（三）状语后置

1. “于”可以作为状语后置句的标志

何以自托于赵？

【译文】凭什么在赵国立身呢？

冰，水为之，而寒于水。

【译文】冰，是水变的，却比水更寒冷。

客之美我者，欲有求于我也。

【译文】客人赞美我的，是想要向我有所求。

2. “以”可以作为状语后置句的标志

居安思危，戒奢以俭。

【译文】处在安定环境中，要想到可能出现的危难祸害，用节俭戒掉奢侈。

（四）主谓倒置

甚矣，汝之不惠。

【译文】你太不聪明了。

美哉，我少年中国！

【译文】我的少年中国，多美啊！

不仁哉！梁惠王也。

【译文】梁惠王不仁义啊！

二、被动句

（一）“见于”系列

秦城恐不可得，徒见欺。

【译文】秦国的城池恐怕不可以得到，白白地被欺骗。

而君幸于赵王。

【译文】而您被赵王宠信。

臣诚恐见欺于王而负赵。

【译文】我确实害怕被大王欺骗而辜负赵国。

吾不能举全吴之地，十万之众，受制于人。

【译文】我不能用全吴的土地，以及十万的大军，还被别人牵制。

（二）“为所”系列

为天下笑者，何也？

【译文】被天下人耻笑，为什么呢？

不者，若属皆且为所虏。

【译文】不这样的话，你们这些（类）人都将要被俘虏。

羸兵为人马所蹈藉。

【译文】羸弱的士兵被别的士兵和战马践踏。

（三）“被”字系列

信而见疑，忠而被谤。

【译文】讲信用却被怀疑，忠诚却被诽谤。

（四）无标志系列（动词本身表被动）

洎牧以谗诛。

【译文】等到李牧因为谗言被诛杀。

三、判断句

判断句就是名词充当谓语的句子。

（一）“者也”系列

1. 者，……也

廉颇者，赵之良将也。

2. 也

项脊轩，旧南阁子也。

3. 者

四人者：庐陵萧君圭君玉，长乐王回深父，余弟安国平父、安上纯父。

4. 者也

沛公之参乘樊哙者也。

（二）副词系列：乃、则、诚

1. 乃

此乃臣效命之秋也。

【译文】这就是我为公子贡献生命的时候了。

2. 则

此则岳阳楼之大观也。

【译文】这就是岳阳楼雄伟的景象。

3. 诚

此诚危急存亡之秋也。

【译文】这确实是国家危急存亡的时期。

（三）动词系列

1. 为

如今人方为刀俎，我为鱼肉。

【译文】现在人家正是刀和砧板，我们是（砧板）上的鱼和肉。

（四）主谓直接表判断

刘备天下枭雄。

【译文】刘备是天下的英雄。

况刘豫州王室之胄。

【译文】何况刘备是汉王室的后代。

（五）否定判断句（非）

六国破灭，非兵不利，战不善，弊在赂秦。

【译文】六国被攻破灭亡了，不是因为兵器不锋利，仗打得不好，其弊端在于贿赂秦国。

四、省略句

（一）省略主语

1. 承前省

永州之野产异蛇，（异蛇）黑质而白章。

2. 承后省

（公）度我至军中，公乃入。

3. 自述省

（予）爱是溪，（予）入二三里，（予）得其尤绝者家焉。

4. 对话省

（孟子）曰："独乐乐，与人乐乐，孰乐？"
（王）曰："不若与人。"

（二）省略谓语

一鼓作气，再（鼓）而衰，三（鼓）而竭。

（三）省略宾语

可烧而走（之）也。

公阅毕，即解貂覆生，为（之）掩户。

（四）省略介词“于”

今以钟磬置（于）水中，虽大风浪不能鸣也。

第三节 复句

复句由两个或两个以上的单句组成。单句进入复句称作分句。

一、一般复句

一般复句只含一重关系，分句之间有较小的语音停顿，一般用逗号断开。一般复句有11种：并列复句、承接复句、递进复句、总分复句、选择复句、转折复句、让步复句、条件复句、因果复句、假设复句、目的复句。

（一）并列复句

并列复句由两个或两个以上的分句并列组合而成，这些分句叙述相关的几件事情，或说明相关的几种情况，它们之间没有主次之分。

君子喻于义，小人喻于利。

——《论语·里仁篇》

朝而往，暮而归。

——欧阳修《醉翁亭记》

雄兔脚扑朔，雌兔眼迷离。

——《木兰诗》

（二）承接复句

承接复句也称顺承复句、连贯复句，包含两个或两个以上的分句，一个接着一个叙述连续发生的动作或者接连发生的几件事情，这样的复句叫作承接关系复句。

后狼止，而前狼又至。

——蒲松龄《狼》

国人皆曰贤，然后察之。

——《孟子·梁惠王下》

群臣进谏，门庭若市。

——《邹忌讽齐王纳谏》

（三）递进复句

递进复句由两个或两个以上的分句相连，后面分句所表示的意思比前面分句更进一层。分句之间的顺序固定，不能随意变动。

臣以为布衣之交尚不相欺，况大国乎！

——司马迁《史记·廉颇蔺相如列传》

以君之力，曾不能损魁父之丘，如太行、王屋何？且焉置土石？

——列御寇《列子·汤问》

上官大夫与之同列，争宠而心害其能。

——司马迁《史记·屈原列传》

（四）总分复句

总分复句包括总与分两个部分。总分复句是指分句之间具有先总说后分说，或先分说后总说关系的联合复句。

故诗有六义焉：一曰风，二曰赋，三曰比，四曰兴，五曰雅，六曰颂。

——毛苌《毛诗大序》

天子一位，公一位，侯一位，伯一位，子、男同一位，凡五等也。

——《孟子·万章下》

（五）选择复句

选择复句是分列几种情况，要求从中选择一种。

宁为鸡口，无为牛后。

——《战国策·韩策》

秦欤？汉欤？将近代欤？

——李华《吊古战场文》

与其坐而待亡，孰若起而拯之。

——徐珂《冯婉贞》

（六）转折复句

转折复句是指前后两个分句语意相对或相反的复句。这种分句之间的转折关系常用“而”“然”“则”来表示。

其名人也，而智则小虫也。

——柳宗元《蝜蝂传》

舟已行矣，而剑不行。

——《吕氏春秋·察今》

夫环而攻之，必有得天时者矣；然而不胜者，是天时不如地利也。

——《孟子·公孙丑下》

（七）让步复句

让步复句是指分句之间具有让步关系的偏正复句。偏句先退一步把真实的或虚假的条件当作一种事实，然后正句表示在这种条件下所产生的结果。让步连词可用“虽”字。

果能此道矣，虽愚必明，虽柔必强。

——戴圣《礼记》

园日涉以成趣，门虽设而常关。

——陶渊明《归去来兮辞》

夜半，童自转，以缚即炉火烧绝之，虽疮手勿惮。

——柳宗元《童区寄传》

（八）条件复句

条件复句中分句之间的关系是条件和结果的关系。偏句提出一种真实或假设的条件，正句说明在这种条件下所产生的结果。两个分句之间常用“则”“乃”连接。

暴其民甚，则身弑国亡。

——《孟子·离娄上》

强本而节用，则天不能贫。

——《荀子·天论》

必以长安君为质，兵乃出。

——《战国策·赵策四》

（九）因果复句

因果复名是正句和偏句之间是原因和结果的关系的句子，或前因后果，或前果后因。

以相如功大，拜为上卿。

——司马迁《史记·廉颇蔺相如列传》

以三保勇而多艺，推为长。

——徐珂《冯婉贞》

晋侯、秦伯围郑，以其无礼于晋，且贰于楚也。

——《左传·僖公三十年》

（十）假设复句

假设复句，又称假设句，指分句之间具有假设关系的复句。前面的偏句提出假设的情况，后面的正句说明在这种假设的情况之下所产生的结果。分句间常用“苟”“如”“若”等连接。

苟富贵，无相忘。

——司马迁《史记·陈涉世家》

若止印三二本，未为简易；若印数十百千本，则极为神速。

——沈括《梦溪笔谈》

自非亭午夜分，不见曦月。

——郦道元《水经注·江水》

（十一）目的复句

目的复句中的一个分句表示目的，另一个分句表示为达到目的而采取的行动，常用关联词为“以”。

故为之说，以俟夫观人风者得焉。

——柳宗元《捕蛇者说》

二、紧缩复句

紧缩复句是以单句的形式表达复句的内容。

（一）并列紧缩复句

朝晖夕阴。

——范仲淹《岳阳楼记》

寇众我寡。

——司马光《赤壁之战》

（二）承接紧缩复句

世有伯乐，然后有千里马。

——韩愈《马说》

君将哀而生之乎？

——柳宗元《捕蛇者说》

（三）转折紧缩复句

至则无可用。

——柳宗元《黔之驴》

势不同而理同。

——柳宗元《送薛存义序》

（四）递进紧缩复句

旨且多。

——《诗经·小雅·鱼丽》

公子鲍美而艳。

——《左传·文公十六年》

（五）因果紧缩复句

卵破子死。

——《荀子·劝学》

隋侯救蛇而获珠。

——马中锡《中山狼传》

（六）假设紧缩复句

战则请从。

——《左传·庄公十年》

人病则忧惧。

——《论衡·订鬼》

（七）条件紧缩复句

跂予望之。

——《诗经·卫风·河广》

舍利无刃。

——范缜《神灭论》

（八）让步紧缩复句

之死矢靡它。

——《诗经·鄘风·柏舟》

第十四章　修辞

修辞手法是指为增强表达效果，各种文章中语言写作表达方法的集合。其通过修饰、调整语句，运用特定的表达形式，来提高语言表达的作用。修辞手法一共有63大类79小类。

63大类修辞手法分别是：比喻，白描，比拟（又名比体，分为拟人、拟物），避复，变用，层递，衬垫，衬托（反衬、陪衬），倒文，倒装，迭音，叠字，顶真（又名顶针、联珠），对比，对偶（对仗、队仗、排偶），翻新，反复，反问，反语，仿词，仿化，飞白，分承（并提、合叙、合说），复迭错综，复合偏义，共用，合说，呼告，互体，互文，换算，回环，回文，降用，借代，设问，歧谬，排比，拈连，摹绘，列锦，连及，夸张，警策，示现，双关，重言，重叠，指代，用典，引用，移用，须真，谐音，歇后，象征，镶嵌，析字，委婉，婉曲，通感（移觉、移就），跳脱，转文。

诵读古诗文和写文章一样，要讲逻辑，讲语法，讲修辞。讲逻辑是讲对不对，讲语法是讲通不通，讲修辞是讲好不好。以下举例部分修辞手法，以体会修辞在文段中的妙用。

第一节 比喻

比喻是用一种事物或情境来描写或说明与之有相似点的另一种事物或情境的修辞方式。

一、修辞效果

（1）使表达生动形象，具体可感。
（2）使表达通俗易懂，便于理解。

二、比喻的分类

（一）明喻

明喻一般都用“犹”“若”“如”等词语加以表明，很容易辨别。例如：

以若所为求若所欲，犹缘木而求鱼也。

——《孟子·梁惠王上》

“犹”：好像，好比。

（二）暗喻

暗喻没有比喻词，而是直接表述。我们阅读时要把它当作比喻来看待，才能真正理解作者的本意。

如今人方为刀俎，我为鱼肉，何辞为？

——司马迁《鸿门宴》

“刀俎”喻项羽一方，“鱼肉”喻刘邦一方，形象化地说明了敌强我弱的形势。

曹公，豺虎也。

——司马光《赤壁之战》

判断句，谓语部分为比喻，意思是曹操就像豺虎一样。

洛阳亲友如相问，一片冰心在玉壶。

——王昌龄《芙蓉楼送辛渐》

冰心，以冰雪的晶莹比喻心志的忠贞、品格的高尚。

（三）借喻

不说出本体，把喻体直接用在本体应该出现的地方。例如：

缫成白雪桑重绿，割尽黄云稻正青。

——王安石《木末》

“白雪”喻“蚕丝”，“黄云”喻“稻谷”。

（四）博喻

连续用很多比喻句来说明同一事物，包括明喻和暗喻。

有如兔走鹰隼落，骏马下注千丈坡。断弦离柱箭脱手，飞电过隙珠翻荷。

——苏轼《百步洪》

该例子四句明喻连用。

试问闲愁都几许？一川烟草，满城风絮，梅子黄时雨。

——贺铸《青玉案》

该例子三句暗喻连用。

第二节　比拟

比拟，又名比体，意思就是把一个事物当作另外一个事物来描述、说明。把物当作人来描写叫拟人，把人当作物来描写叫拟物。比拟有促使读者产生联想，使描写的人、物、事更形象、生动的作用。

霜禽欲下先偷眼，粉蝶如知合断魂。

——林逋《山园小梅》

这一联采用拟人的手法。“先偷眼”写白鹤爱梅之甚，它还未来得及飞下，就迫不及待地先偷看梅花几眼；“合断魂”一词写粉蝶因爱梅而致销魂，把粉蝶对梅的喜爱之情夸张到极点。

咏　柳

贺知章

碧玉妆成一树高，万条垂下绿丝绦。
不知细叶谁裁出，二月春风似剪刀。

这首诗一反前人写法，不以杨柳的细柔形象形容美人身材苗条，而是用拟人的手法，让杨柳化身为美人“碧玉”出现，栩栩如生地刻画出杨柳的婀娜多姿。

春 夜 喜 雨

杜甫

好雨知时节，当春乃发生。
随风潜入夜，润物细无声。
野径云俱黑，江船火独明。
晓看红湿处，花重锦官城。

这首诗细腻生动地描绘了春夜雨景，并以拟人化的手法，写出了夜雨的神奇，喜悦之情跃然纸上。

诵读运用比拟手法的文字时，语气要鲜活、形象。

第三节 夸张

夸张是运用丰富的想象力，在客观现实的基础上有目的地放大或缩小事物的形象特征，以增强表达效果的修辞手法，也叫夸饰或铺张。具有启发读者或听者的想象力、加强语句力量的作用。

方地为车，圆天为盖，长剑耿耿倚天外。

——宋玉《大言赋》

燕山雪花大如席。

——李白《北风行》

集贤学士如堵墙，观我落笔中书堂。

——杜甫《莫相疑行》

山为樽，水为沼，酒徒历历坐洲岛。

——元结《石鱼湖上醉歌》

“方地为车，圆天为盖”“雪花大如席”“集贤学士如堵墙”“山为樽，水为沼”，既是比喻，也是夸张。

前两句是以大喻小，后两句是以小喻大，都是用的夸张的写法。

再看第二种：

人固有一死，或重于泰山，或轻于鸿毛。

——司马迁《报任安书》

毛先生一至楚，而使赵重于九鼎大吕。毛先生以三寸之舌，强于百万之师。

——司马迁《史记·平原君虞卿列传》

必若所欲为，危于累卵，难于上天；变所欲为，易于反掌，安于泰山。

——枚乘《上书谏吴王》

第一句用“泰山”“鸿毛”与“死”来比轻重，本已足够夸张，而比较的结果是死比泰山还重或比鸿毛还轻，以夸张的手法更加突出了一个人有意义的牺牲的重要性。

第二句和第三句也是通过比喻性的比较，对所描写的事物加以夸张，使之更加生动，更加突出。

在古汉语里，要表达“甲比乙更……”这个意思，通常用“甲+形容词+于+乙”这种句式。以上三个例子都是这种句式。有时古文里一句话可以连用几个夸张的比喻，铺陈渲染，使读者获得无比深刻的印象。例如：

天下之士云合雾集，鱼鳞杂遝，熛至风起。

——司马迁《史记·淮阴侯列传》

故其疾如风，其徐如林，侵掠如火，不动如山，难知如阴，动如雷震。

——孙武《孙子兵法·军争篇》

湖上由断桥至苏堤一带，绿烟红雾，弥漫二十余里。歌吹为风，粉汗为雨，罗纨之盛，多于堤畔之草，艳冶极矣。

——袁宏道《晚游六桥待月记》

前两句通过一连串的比喻，使文章气势磅礴，显得格外夸张。第三句通过一连串夸张的比喻，描写西湖春日风光，文字隽秀生动，优美动人。这样的写作，在古文中是不乏其例的。古诗里夸张的句子很多，例如：

白发三千丈，缘愁似个长。

——李白《秋浦歌十七首》

飞流直下三千尺，疑是银河落九天。

——李白《望庐山瀑布》

金樽清酒斗十千，玉盘珍馐直万钱。

——李白《行路难》

桃花潭水深千尺，不及汪伦送我情。

——李白《赠汪伦》

万里赴戎机，关山度若飞。

——《木兰诗》

瀚海阑干百丈冰，愁云惨淡万里凝。

——岑参《白雪歌送武判官归京》

千山鸟飞绝，万径人踪灭。

——柳宗元《江雪》

两岸猿声啼不住，轻舟已过万重山。

——李白《早发白帝城》

诵读夸张修辞格的文字，语气、语势也要相应地夸张，大开大合。

第四节　排比

排比是把结构相同或相似，意思密切相关或相近，语气一致的词语或句子（三句或三句以上）成串排列的一种修辞方法，可达到加强语势的效果。

将受命之日则忘其家，临军约束则忘其亲，援枹鼓之急则忘其身。

——司马迁《史记·司马穰苴列传第四》

登高而招，臂非加长也，而见者远；顺风而呼，声非加疾也，而闻者彰。假舆马者，非利足也，而致千里；假舟楫者，非能水也，而绝江河。

——《荀子·劝学》

不和于国，不可以出军；不和于军，不可以出陈；不和于陈，不可以进战；不和于战，不可以决胜。

——吴起《吴子兵法》

毛羽不丰满者不可以高飞，文章不成者不可以诛罚，道德不厚者不可以使民，政教不顺者不可以烦大臣。

——刘向《战国策·秦策》

居天下之广居，立天下之正位，行天下之大道；得志，与民由之；不得志，独行其道。富贵不能淫，贫贱不能移，威武不能屈，此之谓大丈夫。

——《孟子·滕文公下》

求木之长者，必固其根本；欲流之远者，必浚其泉源；思国之安者，必积其德义。

——魏徵《谏太宗十思疏》

为之礼以次其先后，为之乐以宣其湮郁，为之政以率其怠倦，为之刑以锄其强梗。

——韩愈《原道》

清泠之状与目谋，瀯瀯之声与耳谋，悠然而虚者与神谋，渊然而静者与心谋。

——柳宗元《钴鉧潭西小丘记》

积土成山，风雨兴焉；积水成渊，蛟龙生焉；积善成德，而神明自得，圣心备焉。

——《荀子·劝学》

发然后禁，则扞格而不胜；时过然后学，则勤苦而难成；杂施而不孙，则坏乱而不修；独学而无友，则孤陋而寡闻；燕朋逆其师；燕辟废其学。

——戴圣《礼记》

使负栋之柱，多于南亩之农夫；架梁之椽，多于机上之工女；钉头磷磷，多于在庾之粟粒；瓦缝参差，多于周身之帛缕；直栏横槛，多于九土之城郭；管弦呕哑，多于市人之言语。

——杜牧《阿房宫赋》

春宫閟此青苔色，秋帐含兹明月光；夏簟清兮昼不暮，冬釭凝兮夜何长！

——江淹《别赋》

诵读排比句要注意整体感，要一气呵成；也要注意节奏感，不要把所有的排比句处理成一个模式，要有疏有密、有起有伏。

第五节 反复

反复是为了强调某种意思，突出某种情感，特意重复使用某些词语、句子或者段落等的修辞手法。

少年不识愁滋味，爱上层楼。爱上层楼，为赋新词强说愁。

而今识尽愁滋味，欲说还休。欲说还休，却道“天凉好个秋”！

——辛弃疾《丑奴儿·书博山道中壁》

行路难！行路难！多歧路，今安在？
长风破浪会有时，直挂云帆济沧海。

——李白《行路难》

唧唧复唧唧，木兰当户织。不闻机杼声，唯闻女叹息。
问女何所思，问女何所忆。女亦无所思，女亦无所忆。

——《木兰辞》

诵读时，不能简单地重复，而应增强语气，起到反复咏叹、表达强烈情感的效果。同时，要有回环起伏的美感。

第六节 双关

双关也称隐语或者谐音，指利用词的多义或同音的条件，有意使语句具有双重意义，言在此而意在彼。在有些诗歌尤其是民歌中，作者为了表达委婉含蓄的情感，往往采用隐语、双关的修辞手法。

杨柳青青江水平，闻郎江上唱歌声。东边日出西边雨，道是无晴却有晴。

——刘禹锡《竹枝词》

“晴”与“情”同音，是双关隐语。在此处，是一种含蓄的传情方式。

春蚕到死丝方尽，蜡炬成灰泪始干。

——李商隐《无题》

表面上指蚕丝和蜡泪，实指相思和眼泪。

第七节 通感

通感又叫移觉，就是在描述客观事物时，用形象的语言使感觉转移，将人的听觉、视觉、嗅觉、味觉、触觉等不同感觉互相沟通、交错，彼此挪移转换，将本来表示甲感觉的词语移用来表示乙感觉，使意象更为活泼、新奇的一种修辞格。

大弦嘈嘈如急雨，小弦切切如私语。嘈嘈切切错杂弹，大珠小珠落玉盘。

——白居易《琵琶行》

琵琶的乐音有时激越、高亢、脆响，有时婉转、轻柔、低回；雨声、人语声、珠玉声不同声音交织错杂，不同的感觉融于一体。

黄鹤楼中吹玉笛，江城五月落梅花。

——李白《与史郎中钦听黄鹤楼上吹笛》

黄鹤楼中传来如怨如诉的玉笛声，使人感到悲伤凄凉，仿佛看到梅花正在纷纷飘落。听觉和视觉相互交错，表达了自己在旅途中对长安的眷恋和对国家前途命运的牵绊。

小园烟景正凄迷，阵阵寒香压麝脐。

——林逋《梅花》

“香”是嗅觉，“压”是触觉，将嗅觉通于触觉，用的也是通感的手法。

疏影横斜水清浅，暗香浮动月黄昏。

——林逋《山园小梅》

“香”是嗅觉，“暗”是视觉，嗅觉通于视觉，突出香的清淡。“暗”，是眼睛的感受；“香”，是鼻子的感受；而“浮动”，其实也是眼睛的感受。这属于视觉、嗅觉、视觉的通感。

诵读通感的文字，要调动人的多种感觉经验，细细品味，悠悠道来。

第八节 对比

对比，是把具有明显差异、矛盾和对立的事物放在一起进行对照比较的表现手法。运用这种手法，有利于充分显示事物的矛盾，突出被表现事物的本质特征，加强文章的艺术效果和感染力。

四海无闲田，农夫犹饿死。

——李绅《悯农》

亲贤臣，远小人，此先汉所以兴隆也；亲小人，远贤臣，此后汉所以倾颓也。

——诸葛亮《出师表》

潘岳妙有姿容，好神情。少时挟弹出洛阳道，妇人遇者，莫不连手共萦之。左太冲绝丑，亦复效岳游遨，于是群妪齐共乱唾之，委顿而返。

——《世说新语·容止第十四》

这一段文字并没有描述潘安身高多少，眼睛鼻子长得怎么样，也没有描写左思如何嘴歪鼻子斜，只说了他俩出门的时候受到的不同待遇。两者形成了鲜明的对比。

诵读时，要用不同的语气、不同的感情色彩表现两个对比面。

第九节 借代

借代就是借用与某事物相关的事物来代称某事物。

一、用事物的特征来代替事物

黄发垂髫，并怡然自乐。

——陶渊明《桃花源记》

句中的“黄发”和“垂髫”分别为老人和小孩的形象特征，这里分别代指老人和小孩。

大王尝闻布衣之怒乎?

——刘向《唐雎不辱使命》

句中的“布衣”本是古代庶人之服，这里用平民的衣着特征来代指平民。

二、用具体的事物来代替抽象的事物或用抽象的事物来代替具体的事物

辛苦遭逢起一经，干戈寥落四周星。

——文天祥《过零丁洋》

这里用古代兵器“干戈”来代指战争。

将军身被坚执锐，伐无道，诛暴秦。

——司马迁《史记·陈涉世家》

该句借抽象的“坚”和“锐”来代指具体的盔甲和武器。

三、用材料来代称成品

无丝竹之乱耳，无案牍之劳形。

——刘禹锡《陋室铭》

这里的“丝”和“竹”本为琴瑟、箫管等乐器，在本句中代指奏乐的声音。

同舍生皆被绮绣。

——宋濂《送东阳马生序》

句中的“绮绣”本是用来制造华丽服装的材料，这里代指漂亮华贵的衣服。

四、用数量或物量短语来代称事物

六王毕，四海一。

——杜牧《阿房宫赋》

句中的“四海”代指四海之内的国家。

吾以布衣提三尺剑取天下。

——班固《汉书·高帝纪下》

古代剑长约古尺三尺，所以就用“三尺”代称剑。

五、用部分来代替整体或用整体来代替部分

沙鸥翔集，锦鳞游泳。

——范仲淹《岳阳楼记》

“鳞”是鱼身体表面长的角质或骨质的小薄片，是鱼身体的一部分，这里代指鱼。

曰：“天下无马！”呜呼！其真无马邪？其真不知马也！

——韩愈《马说》

这里的“马”指千里马，是用整体代替部分。

六、用人名来代称事物

干将发硎，有作其芒。

——梁启超《少年中国说》

句中的“干将”本来是一个善于铸剑的工匠的名字，这里用其代指锋利的宝剑。

何以解忧？唯有杜康。

——曹操《短歌行》

相传杜康是发明酒的人，于是用“杜康”代称酒。

七、用住所来代替人物

作书与内舍，便嫁莫留住。

——陈琳《饮马长城窟行》

“内舍”即内室，借指妻子。

东宫之妹，邢侯之姨。

——《诗经·卫风·硕人》

太子居东宫，所以用“东宫”表示太子。

八、用官爵或封号来代替人物

座中泣下谁最多？江州司马青衫湿。

——白居易《琵琶行》

句中用官职“江州司马”代指作者本人。

吾人咏歌，独惭康乐。

——李白《春夜宴从弟桃李园序》

谢灵运世袭了祖父康乐公的爵位，所以用“康乐”代称谢灵运。

九、用地名来代替人物

足下昔称吾于颍川。

——嵇康《与山巨源绝交书》

“颍川”是地名，山涛的叔父山嵚曾任颍川太守，这里用地名代替人名。

今将军诚能命猛将统兵数万，与豫州协规同力，破操军必矣。

——司马光《赤壁之战》

刘备曾任豫州牧，这里用地名代替刘备。

十、用专名来代替通名

世有伯乐，然后有千里马。

——韩愈《马说》

春秋时伯乐以善相马闻名于世，这里用“伯乐”代指善于相马的人。

男儿何不带吴钩，收取关山五十州。

——李贺《南园十三首·其五》

“吴钩”是吴地出产的弯形的刀，相传锋利无比，后来“吴钩”就成了宝刀的代名词。

诵读借代的词要点明意思，交代清楚。

第十五章　格律

格律，指一系列中国古代诗歌独有的，在创作时格式、音律等方面所应遵守的准则。中国古代近体诗、词在格律上要求严格。

一、格律诗的形式

（一）句数固定

律诗通常每首八句，超过八句的，则称排律或长律。以八句完篇的律诗，每两句成一联，计四联，习惯上称第一联为首联，第二联为颔联，第三联为颈联，第四联为尾联。每联的上句称为出句，下句称为对句，两句构成对句关系；前联的对句和后联的出句的关系则称为邻句关系。

律诗句子字数整齐划一，每句或五言，或七言，分别称五言律诗、七言律诗。五言律诗规定每句五字，全诗共四十字；七言律诗规定每句七字，全诗共五十六字。还有每句六字，全诗四十八字的，称六言律诗，传世作品极少。

（二）押韵严格

律诗通常押平声韵，而且必须按韵书中的字押韵。原则上只能用本韵，不能用邻韵；即使稍微松一点，也只允许入韵的首句可以用邻韵，叫作“借韵”。

律诗还要求全诗通押一韵，即一韵到底，中间不得换韵。第二、第四、第六、第八句押韵，首句可押可不押。五言律诗以首句不入韵为正例，入韵为变例；七言律诗以首句入韵为正例，不入韵为变例。

（三）讲究平仄

律诗每句的句式和字的平仄都有规定：讲究粘和对。广义律诗允许失粘，狭义律诗不允许失粘。失粘，就是违反后联出句的第二个字和前联对句的第二个字平仄要求相同的规则。

汉语虽有四声，但在律诗中，并不需要像词、曲那样分辨四声，只要粗分成平仄两声即可。要营造声调上的抑扬顿挫，就要交替使用平声和仄声。汉语基本上是以两个音节为一个节奏单位的，重音落在后面的音节上。以两个音节为单位交错平仄，就构成了律诗的基本句型，称为律句。

五言律诗有四种基本句型：

平平仄仄平，
仄仄平平仄，
平平平仄仄，
仄仄仄平平。

七言律诗只是在五言律诗句型的前面再加一个节奏单位，它的基本句型就是：

仄仄平平仄仄平，
平平仄仄平平仄，
仄仄平平平仄仄，
平平仄仄仄平平。

这些句型有一个规律，就是逢双必反：第四字的平仄和第二字相反，第六字又与第四字相反，如此反复就形成了节奏感。但是，逢单可反可不反，这是因为重音落在双数音节上，所以单数音节相比而言就显得不重要了。因此就有了“一三五不论，二四六分明”的口诀，就是说第一、第三、第五（仅指七言）字的平仄可以灵活处理，而第二、第四、第六以及最后一字的平仄则必须严格遵守规则。这个口诀不完全准确，在一些情况下，第一、第三、第五字必须论，在某些特定的句型中，第二、第四、第六字也未必分明。

律诗各句的构成规则就是对句相对，邻句相粘。

对句相对，是指一联中的上下两句的平仄刚好相反。如果上句是仄仄平平仄，下句就是平平仄仄平。同理，如果上句是平平平仄仄，下句就是仄仄仄平平。除了第一联，其他各联的上句不能押韵，必须以仄声收尾，而下句一定要押韵，必须以平声收尾，所以五言律诗的对句除了第一联，只有这两种形式。七言律诗的平仄规则与此相似。

第一联上句如果不押韵，跟其他各联并无差别，如果上、下两句都要押韵，都要以平声收尾，第一联就没法完全相对，只能做到头对尾不对，其形式也不外两种。

平起式：平平仄仄平，仄仄仄平平。
仄起式：仄仄仄平平，平平仄仄平。

邻句相粘。相粘的意思本来是相同，但是由于用以仄声结尾的奇数句来粘以平声结尾的偶数句，就只能做到头粘尾不粘。

例如，上一联是仄仄平平仄，平平仄仄平，下一联的上句要跟上一联的下句相粘，也必须以平声开头，但又必须以仄声收尾，就成了平平平仄仄，仄仄仄平平。

根据粘对规则，可以推导出五言律诗的四种格式。

（1）仄起首句不押韵。

仄仄平平仄，平平仄仄平。
平平平仄仄，仄仄仄平平。
仄仄平平仄，平平仄仄平。
平平平仄仄，仄仄仄平平。

（2）仄起首句押韵。

仄仄仄平平，平平仄仄平。
平平平仄仄，仄仄仄平平。
仄仄平平仄，平平仄仄平。
平平平仄仄，仄仄仄平平。

（3）平起首句不押韵。

平平平仄仄，仄仄仄平平。
仄仄平平仄，平平仄仄平。

平平平仄仄，仄仄仄平平。
仄仄平平仄，平平仄仄平。

（4）平起首句押韵。

平平仄仄平，仄仄仄平平。
仄仄平平仄，平平仄仄平。
平平平仄仄，仄仄仄平平。
仄仄平平仄，平平仄仄平。

粘对也具有一定的灵活性，基本上也是遵循“一三五不论，二四六分明”的口诀，也就是说，要检查一首律诗是否遵循粘对，一般看其偶数字和最后一字即可。如果对句不对，叫失对；如果邻句不粘，叫失粘。失对和失粘都是近体诗的大忌。相比而言，失对要比失粘严重。粘的规则确定得比较晚，在初唐诗人的诗中还经常能够见到失粘的，即使是杜甫的诗，也偶尔有失粘的情况，比如《咏怀古迹五首》的第二首，其第三句就没能跟第二句相粘。

在唐诗中很少见到失对的。在现存杜甫律诗中，只有《寄赠王十将军承俊》一首出现失对。第一、第二句除了第一个字，其他各字的平仄完全相同，是为失对。

还有一种情况，是为了表达的需要而不顾格律。比如杜甫的另一首诗《白帝》，第二句的第二字本来应该用平声，却用了仄声字“帝”，既跟第一句失对，又跟第三句失粘。但这是有意重复使用“白帝城”以排比，所以只好牺牲格律了。

律诗还有一个规律：在一联之中，平声字和仄声字的总数相等。如果在“一三五”这些可灵活处理的地方，该用平声字而用了仄声字（或该用仄声字而用了平声字），那么往往就要在该句或对句适当的地方把仄声字改用平声字（或把平声字改用仄声字），以保持一联之中平仄数量的平衡。也就是说，先用了拗（不合律），再救一下，合起来就叫拗救。比如五言律诗的平起平收句：平平仄仄平。这一句的第三字是可以不论的，用平声也可以。但是如果第一字改用仄声，就成了：仄平仄仄平。除了韵脚，整句只有一个平声字，这叫“孤平”，是近体诗的大忌，这在唐诗中极少见到。杜诗《寄赠王十将军承俊》中“臂悬两角弓”即是犯了孤平，像这样不合律的句子，叫作拗句。如果第一字非用仄声不可，可以同时把第三字改成平声：仄平平仄平。这样就避免了孤平。这种作法称为救，意思就是避免了拗句。

七言律诗与此相似，即其仄起平收句“仄仄平平仄仄平”的第三字不能改用仄声，如果用了仄声，必须把第五字改成平声才能避免孤平。

所谓“孤平”，是专指平收句（也就是押韵句）而言的，如果是仄收句，即使整句只有一个平声字，也不算孤平，至多算是拗句。例如把“仄仄平平仄”改成“仄仄仄平仄”，这不算孤平，是可以用的。

还有一种情况，是五言律诗的仄起平收句：仄仄仄平平。在这种句型中，第一字是可平可仄的，但是第三字不能用平声字，如果用了平声字，就成了：仄仄平平平，在句尾连续出现了三个平声，叫作“三平调”，这是古体诗专用的形式，作近体诗时必须尽量避免。

同样，七言律诗平起平收句“平平仄仄仄平平”，第一字和第三字都可平可仄，但是第五字不能用平声，否则也成了三平调。

因此，口诀“一三五不论”并不完全正确，在某些情形下一三五必须论。但只要能够避免孤平和三平调情况，“一三五不论”就是完全正确的。

防孤平的另一种情况是在对句补救。比如五言律诗“仄仄平平仄”这种句型，第三字改用了仄声，往往就在对句的第三字改用平声来补救，也就是“仄仄平平仄，平平仄仄平”变成了“仄仄仄平仄，平平平仄平”。例如《天末怀李白》第三句“鸿雁几时到”第三字该平而仄，第四句“江湖秋水多”就把第三字改成了平声。七言律诗与此相似，如果“平平仄仄平平仄”的第五字用了仄声，就在对句的第五字改用平声来补救，即“平平仄仄平平仄，仄仄平平仄仄平”变成“平平仄仄仄平仄，仄仄平平平仄平”。

律诗有时也存在拗而未救的现象，这种现象破坏了一联之中平仄数量的平衡，但是如果发生在“一三五”的位置上，只要不出现孤平或三平调，就是可以容忍的，确切地说不能算拗。另外还有一种拗，出现在“二四六”的位置上，那才是真正的拗。但是有一种拗句，在唐诗中用得相当多。如《天末怀李白》，第一句本该是“平平平仄仄”，却写成了“平平仄平仄”，第二、第四字都用平声，违反了逢双必反的规律。在七言律诗中，则是把“仄仄平平平仄仄”写成“仄仄平平仄平仄”。诗人们之所以喜欢用这种特殊句型，可能是因为常规句型“平平平仄仄”“仄仄平平平仄仄”中有三个平声，虽然不在句尾不算三平调，但读起来还是有点别扭，所以干脆变一变。但得注意，在用这种句型时，五言律诗第一字、七言律诗第三字必须是平声，不能不论。

（四）要求对仗

律诗的四联，各有一个特定的名称，第一联叫首联，第二联叫颔联，第三联叫颈联，第四联叫尾联。每首律诗的二、三两联（即颔联、颈联）的上下句惯例是对仗句，首联和尾联可对可不对。

对仗的第一个特点，是句法要相同。如《旅夜书怀》的首联第一句没有谓语，第二句也用无谓语句式相对。颔联上句的句式是“主谓定宾状”，下句也用相同的句式相对。颈联用的也是相同的句式。

对仗的第二个特点，是不能用一样的字相对。像“人有悲欢离合，月有阴晴圆缺”这种对仗，在词、曲中是被允许的，在近体诗中则绝不允许。实际上，除非修辞需要，近体诗必须避免出现相同的字。

对仗的第三个特点，是词性要相对，也就是名词对名词、动词对动词、形容词对形容词、副词对副词、代词对代词、虚词对虚词。如果要对得工整，还必须用同一类型的词语（主要是名词）来相对，比如天文对天文、地理对地理、数目对数目、方位对方位、颜色对颜色、时令对时令、器物对器物、人事对人事、生物对生物等，但不能是同义词。在“星垂平野阔，月涌大江流”中，“星”对“月”是天文对，“野”对“江”是地理对，而“垂”对“涌”、“平”对“大”、“阔”对“流”，也都是相同类型的动词、形容词的相对。像这样的对仗，叫作工对。

有一些对仗，是借用了同音字形成工对，叫作借对。

野　望

杜甫

西山白雪三城戍，南浦清江万里桥。
海内风尘诸弟隔，天涯涕泪一身遥。
唯将迟暮供多病，未有涓埃答圣朝。
跨马出郊时极目，不堪人事日萧条。

首联“西”对“南”是方位对，“山”对“浦”是地理对，“三”对“万”是数目对，而“白”对“清”，则是借用“清”的同音字“青”

而构成了颜色对。这样的借对，也属工对。

这种谐音的借对，多见于颜色对。

秦州杂诗二十首（其三）

杜甫

州图领同谷，驿道出流沙。
降虏兼千帐，居人有万家。
马骄珠汗落，胡舞白蹄斜。
年少临洮子，西来亦自夸。

颈联以“珠”谐音“朱”与“白”相对。

独　坐

杜甫

悲愁回白首，倚杖背孤城。
江敛洲渚出，天虚风物清。
沧溟服衰谢，朱绂负平生。
仰羡黄昏鸟，投林羽翮轻。

颈联以“沧”谐音“苍”而与“朱”相对。

一联之中，如果大部分字都对得特别工整，其他字就可以对得粗杂一点。

春 望

杜甫

国破山河在，城春草木深。
感时花溅泪，恨别鸟惊心。
烽火连三月，家书抵万金。
白头搔更短，浑欲不胜簪。

颔联“感时花溅泪，恨别鸟惊心”，“时”和“别”算不上相对，但其他各字都对得非常工整，合起来也还算是工对。

对于七言律诗来说，第五字可以不拘。

蜀 相

杜甫

丞相祠堂何处寻？锦官城外柏森森。
映阶碧草自春色，隔叶黄鹂空好音。
三顾频繁天下计，两朝开济老臣心。
出师未捷身先死，长使英雄泪满襟。

颈联“三顾频繁天下计，两朝开济老臣心”中第五字“天”和“老”未对。有一些对仗，表面上看起来没有对上，实际上是用了别义相对。像这一联，“朝”对“顾”用的是“朝”的别义来相对，“下”对“臣”用的是“下”的别义来相对。

另外有一些对仗，要明白其出处才知道是相对。

《曲江二首》（其二）

杜甫

朝回日日典春衣，每日江头尽醉归。
酒债寻常行处有，人生七十古来稀。
穿花蛱蝶深深见，点水蜻蜓款款飞。
传语风光共流转，暂时相赏莫相违。

颔联以“寻常”对“七十”似乎对不上，其实“八尺曰寻，倍寻曰常”，“寻常”两字也可当成数目字，与“七十”对得相当工整。像这样用了别义、典故，要“拐一下弯”才对上、出人意料的对仗，也属借对，而且经常被认为是佳对，与灯谜的“求凰格”有异曲同工之妙。

一联之中对仗的上下两句，一般内容不同或相反。如果两句完全同义或基本同义，叫作“合掌”，这是作诗的大忌。但有时上下句有相承关系，讲的是同一件事，下句承接上句而来，两句实际是一句，这称为“流水对”。

闻官军收河南河北

杜甫

剑外忽传收蓟北，初闻涕泪满衣裳。
却看妻子愁何在，漫卷诗书喜欲狂。
白日放歌须纵酒，青春作伴好还乡。
即从巴峡穿巫峡，便下襄阳向洛阳。

尾联下句描述的是紧接上句的行程，这是一副流水对。

秋兴八首（其二）

杜甫

夔府孤城落日斜，每依北斗望京华。
听猿实下三声泪，奉使虚随八月查。
画省香炉违伏枕，山楼粉堞隐悲笳。
请看石上藤萝月，已映洲前芦荻花。

尾联也是流水对。流水对一般也被认为是佳对，如果尾联要用对仗，经常就用流水对收住全诗。

有时候一句之中也有对仗。

登 高

杜甫

风急天高猿啸哀，渚清沙白鸟飞回。
无边落木萧萧下，不尽长江滚滚来。
万里悲秋常作客，百年多病独登台。
艰难苦恨繁霜鬓，潦倒新停浊酒杯。

这一首诗四联全都用了对仗，而句之中又有对仗，第一句的“风急”对“天高”，第二句的“渚清”（“清”谐音“青”）对“沙白”，第七句的“艰难”对“苦恨”，第八句的“潦倒”对“新停”，都是先在本句自对，再跟对句相对。有趣的是，第一句因为押韵，跟第二句的平仄无法完全相对，但在字义上对得天衣无缝。这首诗被誉为古今七律第一，即使仅从形式上看，也当得起此美称。

二、格律对照

（一）五言律诗

1. 平起首句不入韵式

⊙平⊙仄仄，⊙仄仄平平。
⊙仄⊙平仄，平平⊙仄平。
⊙平⊙仄仄，⊙仄仄平平。
⊙仄⊙平仄，平平⊙仄平。

送　友　人

李白

青山横北郭，白水绕东城。
此地一为别，孤蓬万里征。
浮云游子意，落日故人情。
挥手自兹去，萧萧班马鸣。

2. 平起首句入韵式

平平⊙仄平，⊙仄仄平平。
⊙仄⊙平仄，平平⊙仄平。
⊙平⊙仄仄，⊙仄仄平平。
⊙仄⊙平仄，平平⊙仄平。

晚　晴

李商隐

深居俯夹城，春去夏犹清。
天意怜幽草，人间重晚晴。
并添高阁迥，微注小窗明。
越鸟巢干后，归飞体更轻。

3. 仄起首句不入韵式

⊙仄⊙平仄，平平⊙仄平。
⊙平⊙仄仄，⊙仄仄平平。
⊙仄⊙平仄，平平⊙仄平。
⊙平⊙仄仄，⊙仄仄平平。

春　望

杜甫

国破山河在，城春草木深。
感时花溅泪，恨别鸟惊心。
烽火连三月，家书抵万金。
白头搔更短，浑欲不胜簪。

4. 仄起首句入韵式

⊙仄仄平平，平平⊙仄平。
⊙平⊙仄仄，⊙仄仄平平。
⊙仄⊙平仄，平平⊙仄平。
⊙平⊙仄仄，⊙仄仄平平。

终　南　山

王维

太乙近天都，连山接海隅。
白云回望合，青霭入看无。
分野中峰变，阴晴众壑殊。
欲投人处宿，隔水问樵夫。

（二）七言律诗

1. 平起首句不入韵式

⊙平⊙仄⊙平仄，⊙仄平平⊙仄平。
⊙仄⊙平⊙仄仄，⊙平⊙仄仄平平。
⊙平⊙仄⊙平仄，⊙仄平平⊙仄平。
⊙仄⊙平⊙仄仄，⊙平⊙仄仄平平。

客　　至

杜甫

舍南舍北皆春水，但见群鸥日日来。

花径不曾缘客扫，蓬门今始为君开。
盘飧市远无兼味，樽酒家贫只旧醅。
肯与邻翁相对饮，隔篱呼取尽余杯。

2. 平起首句入韵式

⊙平⊙仄仄平平，⊙仄平平⊙仄平。
⊙仄⊙平⊙仄仄，⊙平⊙仄仄平平。
⊙平⊙仄⊙平仄，⊙仄平平⊙仄平。
⊙仄⊙平⊙仄仄，⊙平⊙仄仄平平。

左迁至蓝关示侄孙湘

韩愈

一封朝奏九重天，夕贬潮州路八千。
欲为圣明除弊事，肯将衰朽惜残年！
云横秦岭家何在？雪拥蓝关马不前。
知汝远来应有意，好收吾骨瘴江边。

3. 仄起首句不入韵式

⊙仄⊙平⊙仄仄，⊙平⊙仄仄平平。
⊙平⊙仄⊙平仄，⊙仄平平⊙仄平。
⊙仄⊙平⊙仄仄，⊙平⊙仄仄平平。
⊙平⊙仄⊙平仄，⊙仄平平⊙仄平。

咏怀古迹（其五）

杜甫

诸葛大名垂宇宙，宗臣遗像肃清高。
三分割据纡筹策，万古云霄一羽毛。
伯仲之间见伊吕，指挥若定失萧曹。
运移汉祚终难复，志决身歼军务劳。

4. 仄起首句入韵式

⊙仄平平⊙仄平，⊙平⊙仄仄平平。
⊙平⊙仄⊙平仄，⊙仄平平⊙仄平。
⊙仄⊙平⊙仄仄，⊙平⊙仄仄平平。
⊙平⊙仄⊙平仄，⊙仄平平⊙仄平。

登　　高

杜甫

风急天高猿啸哀，渚清沙白鸟飞回。
无边落木萧萧下，不尽长江滚滚来。
万里悲秋常作客，百年多病独登台。
艰难苦恨繁霜鬓，潦倒新停浊酒杯。

第十六章　文论

这里的文论指文学理论，指有关文学的本质、特征、发展规律和社会作用的原理、原则。文学理论不是关于文学的固定不变的法则，而是文学实践经验的概括。

在思维方式上，古人对文学的评价往往采用直观领悟和内省体验的方式；在思维成果的表述上，古人多采用精练含蓄的语言，强调文学心得的具体可感性和理性启悟力。

文学批评对文学创作具有一定的建议或引导作用。文学批评可以影响读者对作品的理解，并对其文学价值观产生一定的影响与塑造作用。

古诗文诵读是以古典文学为蓝本的再创作，研习文学理论是提高诵读水平的基础课程，诵读者要对中国历代文学批评思想有大致的了解。

先秦儒家的文艺观

一、“美刺”说、“陈诗观风”说、“诗言志”说以及“和而不同”的美学思想

“美刺”说是中国古代关于诗歌社会功能的一种说法。“美”即歌

颂，“刺”即讽刺、讽喻。

“陈诗观风”说即关于《诗经》作品来源和编订的一种说法。汉代人认为周朝设采诗官到民间采诗，并献于朝廷以了解民情。

“诗言志”说是先秦文论中最具影响的理论。诗言志，无论是直抒胸臆，还是通过象征手法来表现自己的心曲，都应该遵循诗歌创作的基本要求，寓志于形象之中。高明的诗人往往将自己的志向融化在诗歌形象中而丝毫不露痕迹，例如：

> 东临碣石，以观沧海。水何澹澹，山岛竦峙。树木丛生，百草丰茂。秋风萧瑟，洪波涌起。日月之行，若出其中；星汉灿烂，若出其里。幸甚至哉，歌以咏志。
>
> ——曹操《观沧海》

“和而不同”是一种多样统一的美学思想。先秦晏婴认为，单一的声调成不了音乐，只有“六律”“七音”“九歌”的错综搭配，清浊、大小、短长、疾徐、哀乐、刚柔、迟速等一系列对立因素的互补，才能形成完美的艺术。后来，孔子说的“乐而不淫、哀而不伤”，朱熹强调的“性情之正，声气之和”，都是这一思想。

二、“与民同乐”“以意逆志”“知人论世”和“知言养气”

《文赋》是晋代陆机的文艺理论作品。该赋序言说明创作缘由和意图，指出“意不称物，文不逮意”的困惑，提出创作虽然可以借鉴前人的经验，但主要靠个人在实践中摸索。朗诵和写作一样，“意不称物，文不逮意”是常有的事。

文赋（并序）

陆机

余每观才士之所作，窃有以得其用心。夫其放言遣辞，良多变矣，妍蚩好恶，可得而言。每自属文，尤见其情。恒患意不称物，文不逮意，盖非知之难，能之难也。故作《文赋》以述先士之盛藻，因论作文之利害所由，它日殆可谓曲尽其妙。至于操斧伐柯，虽取则不远，若夫随手之变，良难以辞逮，盖所能言者，具于此云。

伫中区以玄览，颐情志于典坟。遵四时以叹逝，瞻万物而思纷。悲落叶于劲秋，喜柔条于芳春。心懔懔以怀霜，志眇眇而临云。咏世德之骏烈，诵先民之清芬。游文章之林府，嘉丽藻之彬彬。慨投篇而援笔，聊宣之乎斯文。

其始也，皆收视反听，耽思傍讯。精骛八极，心游万仞。其致也，情曈昽而弥鲜，物昭晰而互进。倾群言之沥液，漱六艺之芳润。浮天渊以安流，濯下泉而潜浸。于是沉辞怫悦，若游鱼衔钩，而出重渊之深；浮藻联翩，若翰鸟缨缴而坠曾云之峻。收百世之阙文，采千载之遗韵。谢朝华于已披，启夕秀于未振。观古今于须臾，抚四海于一瞬。

然后选义按部，考辞就班。抱景者咸叩，怀响者毕弹。或因枝以振叶，或沿波而讨源。或本隐以之显，或求易而得难。或虎变而兽扰，或龙见而鸟澜。或妥帖而易施，或岨峿而不安。罄澄心以凝思，眇众虑而为言。笼天地于形内，挫万物于笔端。始踯躅于燥吻，终流离于濡翰。理扶质以立干，文垂条而结繁。信情貌之不差，故每变而在颜：思涉乐其必笑，方言哀而已叹。或操觚以率尔，或含毫而邈然。

伊兹事之可乐，固圣贤之所钦。课虚无以责有，叩寂寞而求音。函绵邈于尺素，吐滂沛乎寸心。言恢之而弥广，思按之而逾深。播芳蕤之馥馥，发青条之森森。粲风飞而猋竖，郁云起乎翰林。

体有万殊，物无一量。纷纭挥霍，形难为状。辞程才以效伎，意司契而为匠。在有无僶俛，当浅深而不让。虽离方而遯员，期穷形而尽相。故夫夸目者尚奢，惬心者贵当，言穷者无隘，论达者唯旷。诗缘情而绮靡，赋体物而浏亮。碑披文以相质，诔缠绵而凄怆。铭博约而温润，箴顿挫而清壮。颂优游以彬蔚，论精微而朗畅。奏平彻以闲雅，说炜晔而谲诳。虽区分之在兹，亦禁邪而制放。要辞达而理举，故无取乎冗长。

其为物也多姿，其为体也屡迁。其会意也尚巧，其遣言也贵妍。暨音声之迭代，若五色之相宣。虽逝止之无常，故崎锜而难便。苟达变而识次，犹开流以纳泉。如失机而后会，恒操末以续颠，谬玄黄之秩叙，故淟涊而不鲜。

或仰逼于先条，或俯侵于后章。或辞害而理比，或言顺而义妨。离之则双美，合之则两伤。考殿最于锱铢，定去留于毫芒。苟铨衡之所裁，固应绳其必当。

或文繁理富，而意不指适。极无两致，尽不可益。立片言而居要，乃一篇之警策。虽众辞之有条，必待兹而效绩。亮功多而累寡，故取足而不易。

或藻思绮合，清丽千眠。炳若缛绣，凄若繁弦。必所拟之不殊，乃闇合乎曩篇，虽杼轴于予怀，怵他人之我先。苟伤廉而愆义，亦虽爱而必捐。

或苕发颖竖，离众绝致。形不可逐，响难为系。块孤立而特峙，非常音之所纬。心牢落而无偶，意徘徊而不能揥。石韫玉而山辉，水怀珠而川媚。彼榛楛之勿翦，亦蒙荣于集翠。缀《下里》于《白雪》，吾亦济夫所伟。

或讬言于短韵，对穷迹而孤兴。俯寂寞而无友，仰寥廓而莫承。譬偏弦之独张，含清唱而靡应。

或寄辞于瘁音，言徒靡而弗华。混妍蚩而成体，累良质而为瑕。象下管之偏疾，故虽应而不和。

或遗理以存异，徒寻虚以逐微。言寡情而鲜爱，辞浮漂而不归。犹弦幺而徽急，故虽和而不悲。

或奔放以谐合，务嘈囋而妖冶。徒悦目而偶俗，故高声而曲下。寤《防露》与《桑间》，又虽悲而不雅。

或清虚以婉约，每除烦而去滥。阙大羹之遗味，同朱弦之清氾。虽一唱而三叹，固既雅而不艳。

若夫丰约之裁，俯仰之形，因宜适变，曲有微情。或言拙而喻巧，或理朴而辞轻。或袭故而弥新，或沿浊而更清。或览之而必察，或研之而后精。譬犹舞者赴节以投袂，歌者应弦而遣声。是盖轮扁所不得言，故亦非华说之所能精。

普辞条与文律，良余膺之所服。练世情之常尤，识前脩之所淑。虽浚发于巧心，或受蚩于拙目。彼琼敷与玉藻，若中原之有菽。同橐籥之罔穷，与天地乎并育。虽纷蔼于此世，嗟不盈于予掬。患挈瓶之屡空，病昌言之难属。故踸踔于短韵，放庸音以足曲。恒遗恨以终篇，岂怀盈而自足。惧蒙尘于叩缶，顾取笑乎鸣玉。

若夫应感之会，通塞之纪，来不可遏，去不可止。藏若景灭，行犹响起。方天机之骏利，夫何纷而不理。思风发于胸臆，言泉流于唇齿。纷威蕤以馺遝，唯毫素之所拟。文徽徽以溢目，音泠泠而盈耳。及其六情底滞，志往神留。兀若枯木，豁若涸流。揽营魂以探赜，顿精爽而自求。理翳翳而愈伏，思乙乙其若抽。是以或竭情而多悔，或率意而寡尤。虽兹物之在我，非余力之所戮。故时抚空怀而自惋，吾未识夫开塞之所由。

伊兹文之为用，固众理之所因。恢万里而无阂，通亿载而为津。俯贻则于来叶，仰观象乎古人。济文、武于将坠，宣风声于不泯。涂无远而不弥，理无微而弗纶。配沾润于云雨，象变化乎鬼神。被金石而德广，流管弦而日新。

下篇

作品解析和诵读

子曰："质胜文则野，文胜质则史。文质彬彬，然后君子。"

——《论语·雍也篇》

古典文献作品包括文学作品、传世经典和科学文献。

第十七章　文学作品

诵读文学作品首先要掌握文学的分类，文学有以下分类：诗歌、散文、词曲、小说。

诵读文学作品其次要把握作品的风格。文学作品的风格有庄严持重型、明朗晓畅型、含蓄蕴藉型、雄浑刚健型、阴柔婉约型、诙谐幽默型、简练扼要型、繁复丰满型、平直朴实型、绚烂绮丽型、谨严细密型、疏朗豪放型、清新活泼型、深沉郁积型等。

第一节　诗歌

一、诗经

《诗经》是中国古代诗歌的开端，是我国最早的一部诗歌总集，收集了西周初年至春秋中叶（公元前11世纪至前6世纪）的诗歌，共311篇，其中6篇为笙诗，即只有标题没有内容，称为笙诗六篇（《南陔》《白华》《华黍》《由庚》《崇丘》《由仪》），反映了周初至周晚期约500年间的社会面貌。

《诗经》内容丰富，反映了劳动与爱情、战争与徭役、压迫与反抗、风俗与婚姻、祭祖与宴会，甚至天象、地貌、动物、植物等方方面面，是周朝社会生活的一面镜子。

周南·关雎

关关雎鸠，在河之洲。窈窕淑女，君子好逑。
参差荇菜，左右流之。窈窕淑女，寤寐求之。
求之不得，寤寐思服。悠哉悠哉，辗转反侧。
参差荇菜，左右采之。窈窕淑女，琴瑟友之。
参差荇菜，左右芼之。窈窕淑女，钟鼓乐之。

《周南·关雎》是《诗经》中的第一首诗，通常认为是一首描写男女恋爱的情歌。此诗首章以关雎鸟相向合鸣、相依相恋，兴起淑女配君子的联想。后面各章又以采荇菜这一行为兴起主人公对女子疯狂的相思与追求。全诗在艺术上巧妙地采用“兴”的表现手法，语言优美，善于运用双声叠韵和重章叠词，增强了诗歌的音韵美和写人状物、拟声传情的生动性。

秦风·蒹葭

蒹葭苍苍，白露为霜。所谓伊人，在水一方。
溯洄从之，道阻且长。溯游从之，宛在水中央。
蒹葭萋萋，白露未晞。所谓伊人，在水之湄。
溯洄从之，道阻且跻。溯游从之，宛在水中坻。
蒹葭采采，白露未已。所谓伊人，在水之涘。
溯洄从之，道阻且右。溯游从之，宛在水中沚。

《秦风·蒹葭》是《诗经》中的一首诗，曾被认为是讥刺秦襄公不能用周礼来巩固他的国家，或惋惜招引隐居的贤士而不可得。现代学者一般认为这是一首情歌，写追求所爱而不及的惆怅与苦闷，营造了一种秋水伊人的美妙境界。全诗三章，重章叠词，后两章只是对首章文字略加变动而成，形成各章内部韵律协和，而各章之间韵律参差的效果，产生了语义循环往复的美感。

二、楚辞

《楚辞》是中国文学史上第一部浪漫主义诗歌总集，相传是屈原创作的一种新诗体。"楚辞"的名称在西汉初期已有之，后由刘向编辑成集。原收战国屈原、宋玉及汉代淮南小山、东方朔、王褒、刘向等人辞赋共16篇，后王逸增入其创作的《九思》，成17篇。全书以屈原作品为主，其余各篇也是承袭屈赋的形式，运用楚地的文学样式、方言声韵和风土物产等，具有浓厚的地方色彩，故名《楚辞》。《楚辞》对后世诗歌产生了深远的影响。

离　骚

屈原

帝高阳之苗裔兮，朕皇考曰伯庸。摄提贞于孟陬兮，惟庚寅吾以降。皇览揆余初度兮，肇锡余以嘉名。名余曰正则兮，字余曰灵均。纷吾既有此内美兮，又重之以修能。扈江离与辟芷兮，纫秋兰以为佩。汩余若将不及兮，恐年岁之不吾与。朝搴阰之木兰兮，夕揽洲之宿莽。日月忽其不淹兮，春与秋其代序。惟草木之零落兮，恐美人之迟暮。不抚壮而弃秽兮，何不改此度？乘骐骥以驰骋兮，来吾道夫先路！

昔三后之纯粹兮，固众芳之所在。杂申椒与菌桂兮，岂惟纫夫蕙茝？彼尧、舜之耿介兮，既遵道而得路。何桀纣之猖披兮，夫惟捷径以窘步。惟夫党人之偷乐兮，路幽昧以险隘。岂余身之殚殃兮，恐皇舆之败绩。忽奔走以先后兮，及前王之踵武。荃不查余之中情兮，反信谗而齌怒。余固知謇謇之为患兮，忍而不能舍也。指九天以为正兮，夫惟灵修之故也。曰黄昏以为期兮，羌中道而改路。初既与余成言兮，后悔遁而有他。余既不难夫离别兮，伤灵修之数化。

余既滋兰之九畹兮，又树蕙之百亩。畦留夷与揭车兮，杂杜衡与芳芷。冀枝叶之峻茂兮，愿俟时乎吾将刈。虽萎绝其亦何伤兮，哀众芳之芜秽。众皆竞进以贪婪兮，凭不厌乎求索。羌内恕己以量人兮，各兴心而嫉妒。忽驰骛以追逐兮，非余心之所急。老冉冉其将至兮，恐修名之不立。朝饮木兰之坠露兮，夕餐秋菊之落英。苟余情其信姱以练要兮，长颇颔亦何伤？擥木根以结茝兮，贯薜荔之落蕊。矫菌桂以纫蕙兮，索胡绳之纚纚。謇吾法夫前修兮，非世俗之所服。虽不周于今之人兮，愿依彭咸之遗则。

长太息以掩涕兮，哀民生之多艰。余虽好修姱以鞿羁兮，謇朝谇而夕替。既替余以蕙纕兮，又申之以揽茝。亦余心之所善兮，虽九死其犹未悔。怨灵修之浩荡兮，终不察夫民心。众女嫉余之蛾眉兮，谣诼谓余以善淫。固时俗之工巧兮，偭规矩而改错。背绳墨以追曲兮，竞周容以为度。忳郁邑余侘傺兮，吾独穷困乎此时也。宁溘死以流亡兮，余不忍为此态也！鸷鸟之不群兮，自前世而固然。何方圜之能周兮，夫孰异道而相安？屈心而抑志兮，忍尤而攘诟。伏清白以死直兮，固前圣之所厚。

悔相道之不察兮，延伫乎吾将反。回朕车以复路兮，及行迷之未远。步余马于兰皋兮，驰椒丘且焉止息。进不入以离尤兮，退将复修吾初服。制芰荷以为衣兮，集芙蓉以为裳。不吾知其亦已兮，苟余情其信芳。高余冠之岌岌兮，长余佩之陆离。芳与泽其杂糅兮，唯昭质其犹未亏。忽反顾以游目兮，将往观乎四荒。佩缤纷其繁饰兮，芳菲菲其弥章。民生各有所乐兮，余独好修以为常。虽体解吾犹未变兮，岂余心之可惩？

女媭之婵媛兮，申申其詈予。曰：鲧婞直以亡身兮，终然夭乎羽之野。汝何博謇而好修兮，纷独有此姱节。薋菉葹以盈室兮，判独离而不服。众不可户说兮，孰云察余之中情？世并举而好朋兮，夫何茕独而不予听。

依前圣以节中兮，喟凭心而历兹。济沅、湘以南征兮，就重华而陈词。启《九辩》与《九歌》兮，夏康娱以自纵。不顾难以图后兮，五子用失乎家巷。羿淫游以佚畋兮，又好射夫封狐。固乱流其鲜终兮，浞又贪夫厥家。浇身被服强圉兮，纵欲而不忍。日康娱而自忘兮，厥首用夫颠陨。夏桀之常违兮，乃遂焉而逢殃。后辛之菹醢兮，殷宗用而不长。汤、禹俨而祗敬兮，周论道而莫差。举贤才而授能兮，循绳墨而不颇。皇天无私阿兮，览民德焉错辅。夫维圣哲以茂行兮，苟得用此下土。瞻前而顾后兮，相观民之计极。夫孰非义而可用兮，孰非善而可服。阽余身而危死兮，览余初其犹未悔。不量凿而正枘兮，固前修以菹醢。曾歔欷余郁邑兮，哀朕时之不当。揽茹蕙以掩涕兮，沾余襟之浪浪。

跪敷衽以陈辞兮，耿吾既得此中正。驷玉虬以椉鹥兮，溘埃风余上征。朝发轫于苍梧兮，夕余至乎县圃。欲少留此灵琐兮，日忽忽其将暮。吾令羲和弭节兮，望崦嵫而勿迫。路漫漫其修远兮，吾将上下而求索。饮余马于咸池兮，总余辔乎扶桑。折若木以拂日兮，聊逍遥以相羊。前望舒使先驱兮，后飞廉使奔属。鸾皇为余先戒兮，雷师告余以未具。吾令凤鸟飞腾兮，继之以日夜。飘风屯其相离兮，帅云霓而来御。纷总总其离合兮，斑陆离其上下。吾令帝阍开关兮，倚阊阖而望予。时暧暧其将罢兮，结幽兰而延伫。世溷浊而不分兮，好蔽美而嫉妒。

朝吾将济于白水兮，登阆风而绁马。忽反顾以流涕兮，哀高丘之无女。溘吾游此春宫兮，折琼枝以继佩。及荣华之未落兮，相下女之可诒。吾令丰隆乘云兮，求宓妃之所在。解佩纕以结言兮，吾令蹇修以为理。纷总总其离合兮，忽纬繣其难迁。夕归次于穷石兮，朝濯发乎洧盘。保厥美以骄傲兮，日康娱以淫游。虽信美而无礼兮，来违弃而改求。览相观于四极兮，周流乎天余乃下。望瑶台之偃蹇兮，见有娀之佚女。吾令鸩为媒兮，鸩告余以不好。雄鸠之鸣逝兮，余犹恶其佻巧。心犹豫而狐疑兮，欲自适而不可。凤皇既受诒兮，恐高辛之先我。

欲远集而无所止兮，聊浮游以逍遥。及少康之未家兮，留有虞之二姚。理弱而媒拙兮，恐导言之不固。世溷浊而嫉贤兮，好蔽美而称恶。闺中既以邃远兮，哲王又不寤。怀朕情而不发兮，余焉能忍而与此终古。

索藑茅以筳篿兮，命灵氛为余占之。曰两美其必合兮，孰信修而慕之？思九州之博大兮，岂惟是其有女？曰勉远逝而无狐疑兮，孰求美而释女？何所独无芳草兮，尔何怀乎故宇？世幽昧以昡曜兮，孰云察余之善恶。民好恶其不同兮，惟此党人其独异。户服艾以盈要兮，谓幽兰其不可佩。览察草木其犹未得兮，岂珵美之能当？苏粪壤以充祎兮，谓申椒其不芳。欲从灵氛之吉占兮，心犹豫而狐疑。巫咸将夕降兮，怀椒糈而要之。百神翳其备降兮，九疑缤其并迎。皇剡剡其扬灵兮，告余以吉故。曰勉升降以上下兮，求矩矱之所同。汤、禹俨而求合兮，挚、咎繇而能调。苟中情其好修兮，又何必用夫行媒。说操筑于傅岩兮，武丁用而不疑。吕望之鼓刀兮，遭周文而得举。宁戚之讴歌兮，齐桓闻以该辅。及年岁之未晏兮，时亦犹其未央。恐鹈鴂之先鸣兮，使夫百草为之不芳。何琼佩之偃蹇兮，众薆然而蔽之。惟此党人之不谅兮，恐嫉妒而折之。时缤纷其变易兮，又何可以淹留。兰芷变而不芳兮，荃蕙化而为茅。何昔日之芳草兮，今直为此萧艾也。岂其有他故兮，莫好修之害也。余以兰为可恃兮，羌无实而容长。委厥美以从俗兮，苟得列乎众芳。椒专佞以慢慆兮，榝又欲充夫佩帏。既干进而务入兮，又何芳之能祗。固时俗之流从兮，又孰能无变化。览椒兰其若兹兮，又况揭车与江离。惟兹佩之可贵兮，委厥美而历兹。芳菲菲而难亏兮，芬至今犹未沬。和调度以自娱兮，聊浮游而求女。及余饰之方壮兮，周流观乎上下。

灵氛既告余以吉占兮，历吉日乎吾将行。折琼枝以为羞兮，精琼爢以为粻。为余驾飞龙兮，杂瑶象以为车。何离心之可同兮。吾将远逝以自疏。邅吾道夫昆仑兮，路修远以周流。扬云霓之晻蔼兮，鸣玉鸾之啾啾。朝发轫于天津兮，夕余至乎西极。凤皇翼其承旗兮，高翱翔之翼翼。忽吾行此流沙兮，遵赤水而容与。麾蛟龙使梁津兮，诏西皇使涉予。路修远以多艰兮，腾众车使径待。路不周以左转兮，指西海以为期。屯余车其千乘兮，齐玉轪而并驰。驾八龙之婉婉兮，载云旗之委蛇。抑志而弭节兮，神高驰之邈邈。奏《九歌》而舞《韶》兮，聊假日以媮乐。陟升皇之赫戏兮，忽临睨夫旧乡！仆夫悲余马怀兮，蜷局顾而不行！

乱曰：已矣哉！国无人莫我知兮，又何怀乎故都？既莫足与为美政兮，吾将从彭咸之所居！

《离骚》是战国时期诗人屈原创作的诗篇，是中国古代最长的抒情诗。此诗以诗人自述身世、遭遇、心志为中心。前半篇反复倾诉诗人对楚国命运和人民生活的关心，表达要求革新政治的愿望，和坚持理想、虽逢灾厄也绝不与邪恶势力妥协的意志；后半篇通过神游天界、追求实现理想和失败后欲以身殉国的陈述，反映诗人热爱国家和人民的思想感情。全诗运用美人香草的比喻、大量的神话传说和丰富的想象，形成绚烂的文采和宏伟的结构，表现出积极的浪漫主义精神，并开创了中国文学史上的“骚体”诗歌形式，对后世产生了深远的影响。

九　辩

宋玉

悲哉秋之为气也！萧瑟兮草木摇落而变衰，憭慄兮若在远行，登山临水兮送将归。泬寥兮天高而气清，寂寥兮收潦而水清，憯凄增欷兮薄寒之中人。怆怳圹悢兮，去故而就新，坎廪兮贫士失职而志不平。廓落兮羁旅而无友生。惆怅兮而私自怜。燕翩翩其辞归兮，蝉宋漠而无声。雁廱廱而南游兮，鹍鸡啁哳而悲鸣。独申旦而不寐兮，哀蟋蟀之宵征。时亹亹而过中兮，蹇淹留而无成。

悲忧穷戚兮独处廓，有美一人兮心不绎。去乡离家兮徕远客，超逍遥兮今焉薄？专思君兮不可化，君不知兮可奈何！蓄怨兮积思，心烦憺兮忘食事。愿一见兮道余意，君之心兮与余异。车既驾兮朅而归，不得见兮心伤悲。倚结軨兮长太息，涕潺湲兮下沾轼。忼慨绝兮不得，中瞀乱兮迷惑。私自怜兮何极，心怦怦兮谅直。

皇天平分四时兮，窃独悲此廪秋。白露既下百草兮，奄离披此梧楸。去白日之昭昭兮，袭长夜之悠悠。离芳蔼之方壮兮，余萎约而悲愁。秋既先戒以白露兮，冬又申之以严霜。收恢台之孟夏兮，然欿傺而沉藏。叶菸邑而无色兮，枝烦挐而交横；颜淫溢而将罢兮，柯彷佛而萎黄；萷櫹椮之可哀兮，形销铄而瘀伤。惟其纷糅而将落兮，恨其失时而无当。揽騑辔而下节兮，聊逍遥以相佯。岁忽忽而遒尽兮，恐余寿之弗将。悼余生之不时兮，逢此世之俇攘。澹容与而独倚兮，蟋蟀鸣此西堂。心怵惕而震荡兮，何所忧之多方！卬明月而太息兮，步列星而极明。

窃悲夫蕙华之曾敷兮，纷旖旎乎都房。何曾华之无实兮，从风雨而飞飏。以为君独服此蕙兮，羌无以异于众芳。闵奇思之不通兮，将去君而高翔。心闵怜之惨悽兮，愿一见而有明。重无怨而生离兮，中结轸而增伤。岂不郁陶而思君兮？君之门以九重。猛犬狺狺而迎吠兮，关梁闭而不通。皇天淫溢而秋霖兮，后土何时而得漧！块独守此无泽兮，仰浮云而永叹。

何时俗之工巧兮，背绳墨而改错！却骐骥而不乘兮，策驽骀而取路。当世岂无骐骥兮，诚莫之能善御。见执辔者非其人兮，故駶跳而远去。凫雁皆唼夫梁藻兮，凤愈飘翔而高举。圜凿而方枘兮，吾固知其鉏铻而难入。众鸟皆有所登栖兮，凤独遑遑而无所集。愿衔枚而无言兮，尝被君之渥洽。太公九十乃显荣兮，诚未遇其匹合。谓骐骥兮安归？谓凤皇兮安栖？变古易俗兮世衰，今之相者兮举肥。骐骥伏匿而不见兮，凤皇高飞而不下。鸟兽犹知怀德兮，何云贤士之不处？骥不骤进而求服兮，凤亦不贪餧而妄食。君弃远而不察兮，虽愿忠其焉得？欲寂漠而绝端兮，窃不敢忘初之厚德。独悲愁其伤人兮，冯郁郁其何极！霜露惨悽而交下兮，心尚幸其弗济。霰雪雰糅其增加兮，乃知遭命之将至。愿徼幸而有待兮，泊莽莽与壄草同死。愿自往而径游兮，路壅绝而不通。欲循道而平驱兮，又未知其所从。然中路而迷惑兮，自压桉而学诵。性愚陋以褊浅兮，信未达乎从容。

窃美申包胥之气盛兮，恐时世之不固。何时俗之工巧兮？灭规矩而改凿。独耿介而不随兮，愿慕先圣之遗教。处浊世而显荣兮，非余心之所乐。与其无义而有名兮，宁穷处而守高。食不媮而为饱兮，衣不苟而为温。窃慕诗人之遗风兮，愿托志乎素餐。蹇充倔而无端兮，泊莽莽而无垠。无衣裘以御冬兮，恐溘死不得见乎阳春。

靓杪秋之遥夜兮，心缭悷而有哀。春秋逴逴而日高兮，然惆怅而自悲。四时遞来而卒岁兮，阴阳不可与俪偕。白日晼晚其将入兮，明月销铄而减毁。岁忽忽而道尽兮，老冉冉而愈弛。心摇悦而日幸兮，然怊怅而无冀。中憯恻之悽怆兮，长太息而增欷。年洋洋以日往兮，老嵺廓而无处。事亹亹而觊进兮，蹇淹留而踌躇。

何氾滥之浮云兮，猋壅蔽此明月！忠昭昭而愿见兮，然雰噎而莫达。愿皓日之显行兮，云蒙蒙而蔽之。窃不自聊而愿忠兮，或黕点而污之。尧舜之抗行兮，瞭冥冥而薄天。何险巇之嫉妒兮，被以不慈之伪名？彼日月之照明兮，尚黯黮而有瑕。何况一国之事兮，亦多端而胶加。

被荷裯之晏晏兮，然潢洋而不可带。既骄美而伐武兮，负左右之耿介。憎愠惀之修美兮，好夫人之慷慨。众踥蹀而日进兮，美超远而逾迈。农夫辍耕而容与兮，恐田野之芜秽。事绵绵而多私兮，窃悼后之危败。世雷同而炫曜兮，何毁誉之昧昧！今修饰而窥镜兮，后尚可以窜藏。愿寄言夫流星兮，羌倏忽而难当。卒壅蔽此浮云，下暗漠而无光。

尧舜皆有所举任兮，故高枕而自适。谅无怨于天下兮，心焉取此怵惕？乘骐骥之浏浏兮，驭安用夫强策？谅城郭之不足恃兮，虽重介之何益。邅翼翼而无终兮，忳惛惛而愁约。生天地之若过兮，功不成而无效。愿沉滞而不见兮，尚欲布名乎天下。然潢洋而不遇兮，直怐愗而自苦。莽洋洋而无极兮，忽翱翔之焉薄？国有骥而不知乘兮，焉皇皇而更索，宁戚讴于车下兮，桓公闻而知之。无伯乐之善相兮，今谁使乎誉之。罔流涕以聊虑兮，惟著意而得之。纷纯纯之愿忠兮，妒被离而鄣之。

愿赐不肖之躯而别离兮，放游志乎云中。乘精气之抟抟兮，骛诸神之湛湛。骖白霓之习习兮，历群灵之丰丰。左朱雀之茇茇兮，右苍龙之躣躣。属雷师之阗阗兮，通飞廉之衙衙。前轻辌之锵锵兮，后辎乘之从从。载云旗之委蛇兮，扈屯骑之容容。计专专之不可化兮，愿遂推而为臧。赖皇天之厚德兮，还及君之无恙。

《九辩》是战国时期楚国文学家宋玉创作的长篇抒情诗。此诗主要抒写的是“贫士失职而志不平”这种在中国古代社会中带有普遍性的感慨。它在一定程度上对现实的黑暗有所反映，并表达了诗人“处浊世而显荣兮，非余心之所乐；与其无义而有名兮，宁穷处而守高”的志向。全诗虽多有模仿屈原《离骚》之处，但也有自己的特色。作者善于借景抒情，融情于景，并且句法多变，能够巧妙地运用双声叠韵和叠字等修辞手法，音调节奏抑扬顿挫，富于音乐美，具有很强的艺术感染力。

三、汉赋

汉赋是汉代流行的文学体裁。它是吸取《楚辞》《诗经》、荀子《赋篇》的体制辞藻特点以及纵横家铺张的手法而形成的一种介于诗与散文之间的半诗半文的新文体。汉赋有小赋和大赋之分，小赋多为抒情作品，大赋多写京城、宫殿、苑囿、田猎、歌舞，在篇末有时寄寓讽谏之意。

吊屈原赋（节选）

贾谊

共承嘉惠兮，俟罪长沙。侧闻屈原兮，自沈汨罗。造托湘流兮，敬吊先生。遭世罔极兮，乃殒厥身。呜呼哀哉，逢时不祥！鸾凤伏窜兮，鸱枭翱翔。阘茸尊显兮，谗谀得志；贤圣逆曳兮，方正倒植。世谓伯夷贪兮，谓盗跖廉；莫邪为顿兮，铅刀为铦。于嗟嚜嚜兮，生之无故！斡弃周鼎兮宝康瓠，腾驾罢牛兮骖蹇驴，骥垂两耳服盐车。章甫荐屦兮，渐不可久；嗟苦先生兮，独离此咎！

讯曰：已矣！国其莫我知，独堙郁兮其谁语？凤漂漂其高逝兮，夫固自缩而远去。袭九渊之神龙兮，沕深潜以自珍。弥融爚以隐处兮，夫岂从蚁与蛭螾？所贵圣人之神德兮，远浊世而自藏。使骐骥可得系羁兮，岂云异夫犬羊！般纷纷其离此尤兮，亦夫子之辜也！瞝九州而相君兮，何必怀此都也？凤皇翔于千仞之上兮，览德辉而下之；见细德之险征兮，摇增翮逝而去之。彼寻常之汙渎兮，岂能容吞舟之鱼！横江湖之鳣鲟兮，固将制于蝼蚁。

《吊屈原赋》是汉代文学家贾谊的辞赋作品。汉文帝四年（公元前176年），贾谊被贬为长沙王太傅，及渡湘水，历屈原放逐所经之地，对前代这位竭诚尽忠以事其君的诗人的不幸遭遇深致伤悼，遂作此赋。此赋描写了一个善恶颠倒、是非混淆的黑暗世界，表达对屈原深深的同情。作者也流露出对自己无辜遭贬的愤慨，但他不赞同屈原以身殉国，认为屈原最终的不幸在于他未能“自引而远去”。作者主张“远浊世而自藏”，以此保全自己，这才合乎“圣人之神德”。全赋感情沉郁，气势激荡。此赋是汉初文坛的重要作品，是以骚体写成的抒怀之作，也是汉人最早的吊屈之作，开汉代辞赋家追怀屈原的先例。

刺世疾邪赋

赵壹

伊五帝之不同礼，三王亦又不同乐。数极自然变化，非是故相反驳。德政不能救世溷乱，赏罚岂足惩时清浊！春秋时祸败之始，战国愈复增其荼毒。秦汉无以相逾越，乃更加其怨酷。宁计生民之命？为利己而自足。

于兹迄今，情伪万方。佞谄日炽，刚克消亡。舐痔结驷，正色徒行。妪㜷名势，抚拍豪强。偃蹇反俗，立致咎殃。捷慑逐物，日富月昌。浑然同惑，孰温孰凉。邪夫显进，直士幽藏。

原斯瘼之攸兴，实执政之匪贤。女谒掩其视听兮，近习秉其威权。所好则钻皮出其毛羽，所恶则洗垢求其瘢痕。虽欲竭诚而尽忠，路绝险而靡缘。九重既不可启，又群吠之狺狺。安危亡于旦夕，肆嗜欲于目前。奚异涉海之失柂，积薪而待燃！荣纳由于闪揄，孰知辨其蚩妍！故法禁屈挠于势族，恩泽不逮于单门。宁饥寒于尧舜之荒岁兮，不饱暖于当今之丰年。乘理虽死而非亡，违义虽生而匪存。

有秦客者，乃为诗曰：河清不可俟，人命不可延。顺风激靡草，富贵者称贤。文籍虽满腹，不如一囊钱。伊优北堂上，抗脏倚门边。

鲁生闻此辞，系而作歌曰：势家多所宜，咳唾自成珠。被褐怀金玉，兰蕙化为刍。贤者虽独悟，所困在群愚。且各守尔分，勿复空驰驱。哀哉复哀哉，此是命矣夫！

《刺世疾邪赋》是汉代文学家赵壹的代表作，是一篇讽刺不合理的世事、憎恨社会上邪恶势力的作品，在几百字的篇幅中，层层深入地刻画出了具有东汉末世时代特点的从舐痔拍马的谄佞，到掌握大权的执政宦官，再到昏庸皇帝的那种极端腐败的政局，表达了作者绝不愿与邪恶势力同流合污以谋取个人荣华富贵的可贵精神。全赋写得感情强烈，语言犀利，具有极大的气势和高超的讽刺艺术。

别　赋

江淹

黯然销魂者，唯别而已矣。况秦吴兮绝国，复燕宋兮千里。或春苔兮始生，乍秋风兮暂起。是以行子肠断，百感凄恻。风萧萧而异响，云漫漫而奇色。舟凝滞于水滨，车逶迟于山侧。棹容与而讵前，马寒鸣而不息。掩金觞而谁御，横玉柱而沾轼。居人愁卧，怳若有亡。日下壁而沉彩，月上轩而飞光。见红兰之受露，望青楸之罹霜。巡层楹而空掩，抚锦幕而虚凉。知离梦之踯躅，意别魂之飞扬。

故别虽一绪，事乃万族。至若龙马银鞍，朱轩绣轴。帐饮东都，送客金谷。琴羽张兮箫鼓陈，燕赵歌兮伤美人。珠与玉兮艳暮秋，罗与绮兮娇上春。惊驷马之仰秣，耸渊鱼之赤鳞。造分手而衔涕，感寂寞而伤神。

乃有剑客惭恩，少年报士。韩国赵厕，吴宫燕市。割慈忍爱，离邦去里，沥泣共诀，抆血相视。驱征马而不顾，见行尘之时起。方衔感于一剑，非买价于泉里。金石震而色变，骨肉悲而心死。

或乃边郡未和，负羽从军。辽水无极，雁山参云。闺中风暖，陌上草薰。日出天而耀景，露下地而腾文。镜朱尘之照烂，袭青气之烟煴。攀桃李兮不忍别，送爱子兮沾罗裙。

至如一赴绝国，讵相见期。视乔木兮故里，决北梁兮永辞。左右兮魄动，亲朋兮泪滋。可班荆兮憎恨，惟樽酒兮叙悲。值秋雁兮飞日，当白露兮下时。怨复怨兮远山曲，去复去兮长河湄。

又若君居淄右，妾家河阳，同琼珮之晨照，共金炉之夕香。君结绶兮千里，惜瑶草之徒芳。惭幽闺之琴瑟，晦高台之流黄。春宫閟此青苔色，秋帐含兹明月光；夏簟清兮昼不暮，冬釭凝兮夜何长！织锦曲兮泣已尽，回文诗兮影独伤。

傥有华阴上士，服食还仙。术既妙而犹学，道已寂而未传。守丹灶而不顾，炼金鼎而方坚。驾鹤上汉，骖鸾腾天。暂游万里，少别千年。惟世间兮重别，谢主人兮依然。

下有芍药之诗，佳人之歌，桑中卫女，上宫陈娥。春草碧色，春水渌波，送君南浦，伤如之何！至乃秋露如珠，秋月如圭，明月白露，光阴往来。与子之别，思心徘徊。

是以别方不定，别理千名，有别必怨，有怨必盈。使人意夺神骇，心折骨惊，虽渊、云之墨妙，严、乐之笔精，金闺之诸彦，兰台之群英，赋有凌云之称，辨有雕龙之声，谁能摹暂离之状，写永诀之情者乎？

《别赋》是南朝文学家江淹创作的抒情小赋，此赋择取离别的七种类型摹写离愁别绪，有代表性，并曲折地映射出南北朝战乱频繁、聚散不定的社会状况。其题材和主旨在六朝抒情小赋中堪称新颖别致。赋作眉目清晰，秩序井然。其结构类似议论文，开宗明义，点出题目，列出论点："黯然销魂者，唯别而已矣。"首段总起，泛写人生离别之悲，"黯然销魂"四字为全文抒情定下基调。中间七段分别描摹富贵之别、侠客之别、从军之别、绝国之别、夫妻之别、方外之别、情侣之别，以"别虽一绪，事乃万族"铺陈各种别离的情状，写出了特定人物同中有异的别离之情。

四、乐府

乐府是中国古代民歌音乐。乐府本是古代的音乐行政机关。秦代时，朝廷设立了管理音乐的官署，汉时沿用了秦时的名称。公元前112年，即汉武帝时期，官府正式设立乐府，其任务是收集编纂各地民间音乐、整理改编与创作音乐、进行演唱及演奏等。

随着搜集的诗歌越来越多，乐府的人就把搜集到的诗歌编撰成册，形成了“乐府诗”。

上　邪

上邪！我欲与君相知，长命无绝衰。
山无陵，江水为竭，冬雷震震，
夏雨雪，天地合，乃敢与君绝！

这是一首民间情歌，是一首感情强烈、气势奔放的爱情诗。诗中女子为了表达她对情人忠贞不渝的感情，指天发誓，指地为证，要永远和情人相亲相爱。

木　兰　诗

唧唧复唧唧，木兰当户织。
不闻机杼声，唯闻女叹息。
问女何所思，问女何所忆。
女亦无所思，女亦无所忆。
昨夜见军帖，可汗大点兵，

军书十二卷，卷卷有爷名。
阿爷无大儿，木兰无长兄，
愿为市鞍马，从此替爷征。
东市买骏马，西市买鞍鞯，
南市买辔头，北市买长鞭。
旦辞爷娘去，暮宿黄河边。
不闻爷娘唤女声，但闻黄河流水鸣溅溅。
旦辞黄河去，暮至黑山头。
不闻爷娘唤女声，但闻燕山胡骑鸣啾啾。
万里赴戎机，关山度若飞。
朔气传金柝，寒光照铁衣。
将军百战死，壮士十年归。
归来见天子，天子坐明堂。
策勋十二转，赏赐百千强。
可汗问所欲，木兰不用尚书郎，
愿驰千里足，送儿还故乡。
爷娘闻女来，出郭相扶将；
阿姊闻妹来，当户理红妆；
小弟闻姊来，磨刀霍霍向猪羊。
开我东阁门，坐我西阁床。
脱我战时袍，著我旧时裳。
当窗理云鬓，对镜帖花黄。
出门看火伴，火伴皆惊忙：
同行十二年，不知木兰是女郎。
雄兔脚扑朔，雌兔眼迷离；

双兔傍地走，安能辨我是雄雌？

这首诗具有浓郁的民歌特色。全诗以“木兰是女郎”来构思木兰的传奇故事，富有浪漫色彩，繁简安排极具匠心，虽然写的是战争题材，但着墨较多的却是生活场景和儿女情态，富有生活气息。诗中以人物问答来刻画人物心理，生动细致；以众多的铺陈排比来描述行为情态，神气跃然；以风趣的比喻来收束全诗，令人回味。这使作品具有强烈的艺术感染力。

孔雀东南飞（节选）

孔雀东南飞，五里一徘徊。
“十三能织素，十四学裁衣，
十五弹箜篌，十六诵诗书。
十七为君妇，心中常苦悲。
君既为府吏，守节情不移，
贱妾留空房，相见常日稀。
鸡鸣入机织，夜夜不得息。
三日断五匹，大人故嫌迟。
非为织作迟，君家妇难为！
妾不堪驱使，徒留无所施，
便可白公姥，及时相遣归。”
府吏得闻之，堂上启阿母：
“儿已薄禄相，幸复得此妇，
结发同枕席，黄泉共为友。
共事二三年，始尔未为久，

女行无偏斜，何意致不厚？”
阿母谓府吏：“何乃太区区！
此妇无礼节，举动自专由。
吾意久怀忿，汝岂得自由！
东家有贤女，自名秦罗敷，
可怜体无比，阿母为汝求。
便可速遣之，遣去慎莫留！”
府吏长跪告：“伏惟启阿母，
今若遣此妇，终老不复取！”

通过有个性的人物对话塑造鲜明的人物形象，是这个作品最大的艺术成就。全诗“共一千七百八十五字，古今第一首长诗也。淋淋漓漓，反反复复，杂述十数人口中语，而各肖其声音面目，岂非化工之笔[①]”。

陌　上　桑

日出东南隅，照我秦氏楼。
秦氏有好女，自名为罗敷。
罗敷喜蚕桑，采桑城南隅。
青丝为笼系，桂枝为笼钩。
头上倭堕髻，耳中明月珠。
缃绮为下裙，紫绮为上襦。
行者见罗敷，下担捋髭须。
少年见罗敷，脱帽着帩头。

①　《古诗源》卷四，沈德潜按语。

耕者忘其犁，锄者忘其锄。
来归相怒怨，但坐观罗敷。
使君从南来，五马立踟蹰。
使君遣吏往，问是谁家姝？
“秦氏有好女，自名为罗敷。”
“罗敷年几何？”“二十尚不足，十五颇有馀。”
使君谢罗敷：“宁可共载不？”
罗敷前置辞：“使君一何愚！
使君自有妇，罗敷自有夫。”
“东方千馀骑，夫婿居上头。
何用识夫婿？白马从骊驹。
青丝系马尾，黄金络马头。
腰中鹿卢剑，可值千万馀。
十五府小吏，二十朝大夫；
三十侍中郎，四十专城居。
为人洁白皙，鬑鬑颇有须。
盈盈公府步，冉冉府中趋。
坐中数千人，皆言夫婿殊。”

罗敷的美是平淡中含着典雅、质朴中透着高贵、清丽中显露美艳，不同身份的人能从不同的角度看到自己所欣赏的不同的美，这便是所谓的“雅俗共赏”。

十五从军征

十五从军征，八十始得归。

道逢乡里人："家中有阿谁？"
"遥看是君家，松柏冢累累。"
兔从狗窦入，雉从梁上飞。
中庭生旅谷，井上生旅葵。
舂谷持作饭，采葵持作羹。
羹饭一时熟，不知贻阿谁。
出门东向看，泪落沾我衣。

全诗突出写了"十五从军征，八十始得归"的老士兵形象，也着力刻画了"家"的形象，同时，只写了一笔的"乡里人"形象也很鲜明。饱经风霜、苍老惶切的老人，直言不讳的乡亲，衰草古柏荒坟的家园，共同构成了一幅真实动人的具有社会意义的画面，典型地反映了汉代社会的一个侧面。

有所思

有所思，乃在大海南。
何用问遗君？双珠玳瑁簪，
用玉绍缭之。闻君有他心，拉杂摧烧之。
摧烧之，当风扬其灰。
从今以往，勿复相思！相思与君绝！
鸡鸣狗吠，兄嫂当知之。
妃呼狶！
秋风肃肃晨风飔，东方须臾高知之。

这是汉代《铙歌十八曲》之一。铙歌本为"建威扬德，劝士讽敌"

的军乐，不过现今流传的十八曲内容庞杂，叙战阵、记祥瑞、表武功、写爱情者皆有。清人庄述祖云："短箫铙歌之为军乐，特其声耳；其辞不必皆序战阵之事。"（《汉铙歌句解》）本篇就是用第一人称表现一位女子在遭到爱情波折前后的复杂情绪。

长　歌　行

青青园中葵，朝露待日晞。
阳春布德泽，万物生光辉。
常恐秋节至，焜黄华叶衰。
百川东到海，何时复西归？
少壮不努力，老大徒伤悲！

这首诗从"园中葵"说起，再用水流到海不复回打比方，说明光阴如流水，一去不再回；最后劝导人们，要珍惜青春年华，发愤努力，不要等老了再后悔。此诗由眼前青春美景想到人生易逝，鼓励青年人要珍惜时光，出言警策，催人奋起。

上山采蘼芜

上山采蘼芜，下山逢故夫。
长跪问故夫："新人复何如？"
"新人虽言好，未若故人姝。
颜色类相似，手爪不相如。"
"新人从门入，故人从阁去。"
"新人工织缣，故人工织素。
织缣日一匹，织素五丈余，

将缣来比素，新人不如故。”

这是一首写弃妇的诗。全篇是弃妇和故夫偶尔重逢时的一番简短对话。弃妇向故夫打听“新人”的情况：“新人复何如？”一个“复”字用得意味深长，既透露出弃妇心中的无限委屈怨恨，又带着一丝本能的妒意。

五、近体诗

近体诗，又称今体诗、格律诗，指初唐之后形成的又一种诗歌体裁。其讲究平仄、对仗和押韵，为有别于古体诗而取近体之名。近体诗是唐代以后的主要诗体，句数、字数、平仄、押韵都有严格的限制。近体诗著名的代表诗人有：李白、杜甫、李商隐、陆游等。

近体诗分五绝、五律、七绝、七律、排律。

（一）五绝

五绝就是五言绝句，是五言四句而又合乎律诗规范的小诗，属于近体诗范畴。此体源于汉代乐府小诗，深受六朝民歌影响，于唐代成熟定型。

和张仆射塞下曲·其二

卢纶

林暗草惊风，将军夜引弓。

平明寻白羽，没在石棱中。

（二）五律

五言律诗是中国传统诗歌的一种体裁，简称五律，属于近体诗范畴。其发源于南朝齐永明年间，到初唐时期定型，成为一种重要的诗歌体裁。全篇共八句，每句五个字，有仄起、平起两种基本形式，中间两联须作对仗。

送　友　人

李白

青山横北郭，白水绕东城。
此地一为别，孤蓬万里征。
浮云游子意，落日故人情。
挥手自兹去，萧萧班马鸣。

（三）七绝

七言绝句是中国传统诗歌的一种体裁，简称七绝，属于近体诗范畴。此体全诗四句，每句七言，在押韵、粘对等方面有严格的格律要求。这种诗体起源于南朝乐府歌行或北朝乐府民歌，或可追溯到西晋的民谣，定型、成熟于唐代。

从　军　行

王昌龄

青海长云暗雪山，孤城遥望玉门关。
黄沙百战穿金甲，不破楼兰终不还！

（四）七律

七律指的是七言律诗，是中国传统诗歌的一种体裁，属于近体诗范畴，起源于南朝齐永明时沈约等讲究声律、对偶的新体诗，至初唐沈佺期、宋之问等进一步发展定型，至盛唐杜甫手中成熟。

左迁至蓝关示侄孙湘

韩愈

一封朝奏九重天，夕贬潮州路八千。
欲为圣明除弊事，肯将衰朽惜残年！
云横秦岭家何在？雪拥蓝关马不前。
知汝远来应有意，好收吾骨瘴江边。

（五）排律

排律又叫长律，是指十行或十行以上、合乎粘对规律的格律诗。

风疾舟中伏枕书怀三十六韵奉呈湖南亲友

杜甫

轩辕休制律，虞舜罢弹琴。
尚错雄鸣管，犹伤半死心。
圣贤名古邈，羁旅病年侵。
舟泊常依震，湖平早见参。
如闻马融笛，若倚仲宣襟。
故国悲寒望，群云惨岁阴。
水乡霾白屋，枫岸叠青岑。
郁郁冬炎瘴，濛濛雨滞淫。

鼓迎非祭鬼，弹落似鸮禽。
兴尽才无闷，愁来遽不禁。
生涯相汩没，时物自萧森。
疑惑尊中弩，淹留冠上簪。
牵裾惊魏帝，投阁为刘歆。
狂走终奚适，微才谢所钦。
吾安藜不糁，汝贵玉为琛。
乌几重重缚，鹑衣寸寸针。
哀伤同庾信，述作异陈琳。
十暑岷山葛，三霜楚户砧。
叨陪锦帐座，久放白头吟。
反朴时难遇，忘机陆易沈。
应过数粒食，得近四知金。
春草封归恨，源花费独寻。
转蓬忧悄悄，行药病涔涔。
瘗夭追潘岳，持危觅邓林。
蹉跎翻学步，感激在知音。
却假苏张舌，高夸周宋镡。
纳流迷浩汗，峻址得嵚崟。
城府开清旭，松筠起碧浔。
披颜争倩倩，逸足竞骎骎。
朗鉴存愚直，皇天实照临。
公孙仍恃险，侯景未生擒。
书信中原阔，干戈北斗深。
畏人千里井，问俗九州箴。

战血流依旧，军声动至今。
葛洪尸定解，许靖力还任。
家事丹砂诀，无成涕作霖。

这首排律是唐代诗人杜甫的绝笔诗。作者在诗中叙述了自己的病情，回顾了半生颠沛流离之苦，并向亲友托付了后事，充满了凄切动人的家国之忧。全诗结构层次清晰，依照标题划分为四个层次，即风疾舟中、伏枕抒怀、家国伤痛与奉呈湖南亲友，每层紧扣忧苦的基调，从不同的角度抒发了自己的忧思愁苦，气势沉雄，艺术精妙。本诗额外将首联对仗，仅尾联两句不对仗。

六、歌行体

歌行体是我国古诗的一种体裁，音节、格律比较自由，采用五言、七言、杂言的古体形式，富于变化。

岑参的《白雪歌送武判官归京》共十八句，杜甫的《茅屋为秋风所破歌》有二十四句，杜甫的《兵车行》有三十五句，白居易的《琵琶行》则有八十八句，白居易的《长恨歌》竟有一百二十句。唐代最长的歌行体诗歌是韦庄的《秦妇吟》，共有二百三十八句。

歌行体始于汉乐府，到唐朝时开始成为正式诗体。歌行体有古乐府叙事的特点，把记人物、记言谈、发议论、抒感慨融为一体，内容充实而生动。

燕歌行·并序

高适

开元二十六年，客有从元戎出塞而还者，作《燕歌行》以示，适感征戍之事，因而和焉。

汉家烟尘在东北，汉将辞家破残贼。
男儿本自重横行，天子非常赐颜色。
摐金伐鼓下榆关，旌旆逶迤碣石间。
校尉羽书飞瀚海，单于猎火照狼山。
山川萧条极边土，胡骑凭陵杂风雨。
战士军前半死生，美人帐下犹歌舞。
大漠穷秋塞草腓，孤城落日斗兵稀。
身当恩遇常轻敌，力尽关山未解围。
铁衣远戍辛勤久，玉箸应啼别离后。
少妇城南欲断肠，征人蓟北空回首。
边庭飘飖那可度，绝域苍茫无所有。
杀气三时作阵云，寒声一夜传刁斗。
相看白刃血纷纷，死节从来岂顾勋！
君不见沙场征战苦，至今犹忆李将军。

这首诗是在诗人过去北游幽燕的生活基础上，加上张守珪军中之事的触发而创作的，实际上概括了开元年间唐军将士的戍边生活。作者通过一次行军出征的描写，高度赞扬了士兵奋不顾身、杀敌立功的精神，也表现了他们长期戍边的思乡之情，抨击了边防将领的骄奢。

兵　车　行

杜甫

车辚辚，马萧萧，行人弓箭各在腰。
耶娘妻子走相送，尘埃不见咸阳桥。
牵衣顿足拦道哭，哭声直上干云霄。
道旁过者问行人，行人但云点行频。
或从十五北防河，便至四十西营田。
去时里正与裹头，归来头白还戍边。
边庭流血成海水，武皇开边意未已。
君不闻汉家山东二百州，千村万落生荆杞。
纵有健妇把锄犁，禾生陇亩无东西。
况复秦兵耐苦战，被驱不异犬与鸡。
长者虽有问，役夫敢申恨？
且如今年冬，未休关西卒。
县官急索租，租税从何出？
信知生男恶，反是生女好。
生女犹得嫁比邻，生男埋没随百草。
君不见青海头，古来白骨无人收。
新鬼烦冤旧鬼哭，天阴雨湿声啾啾。

《兵车行》是唐代大诗人杜甫创作的叙事诗。全诗以“道旁过者问行人”为界分为两段：首段摹写送别的惨状，是纪事；次段传达征夫的苦楚，是纪言。此诗具有深刻的思想内容，借征夫对老人的答话，倾诉人民对战争的痛恨，揭露唐玄宗长期以来的穷兵黩武，连年征战，给人民造成了巨大的灾难。全诗寓情于叙事之中，在叙述秩序上参差错落，前后呼应，变化开阖，井然有序，并巧妙运用过渡句和习用词语，营造了荡气回肠的艺术效果。

葬花吟（节选）

曹雪芹

花谢花飞花满天，红消香断有谁怜？
游丝软系飘春榭，落絮轻沾扑绣帘。
闺中女儿惜春暮，愁绪满怀无释处。
手把花锄出绣帘，忍踏落花来复去。
柳丝榆荚自芳菲，不管桃飘与李飞；
桃李明年能再发，明年闺中知有谁？
三月香巢已垒成，梁间燕子太无情！
明年花发虽可啄，却不道人去梁空巢也倾。
一年三百六十日，风刀霜剑严相逼；
明媚鲜妍能几时，一朝漂泊难寻觅。
花开易见落难寻，阶前愁杀葬花人，
独倚花锄泪暗洒，洒上空枝见血痕。
杜鹃无语正黄昏，荷锄归去掩重门；
青灯照壁人初睡，冷雨敲窗被未温。
怪奴底事倍伤神？半为怜春半恼春。
怜春忽至恼忽去，至又无言去未闻。
昨宵庭外悲歌发，知是花魂与鸟魂？
花魂鸟魂总难留，鸟自无言花自羞；
愿侬此日生双翼，随花飞到天尽头。
天尽头，何处有香丘？

未若锦囊收艳骨，一抔净土掩风流。
质本洁来还洁去，强于污淖陷渠沟。
尔今死去侬收葬，未卜侬身何日丧？
侬今葬花人笑痴，他年葬侬知是谁？
试看春残花渐落，便是红颜老死时；
一朝春尽红颜老，花落人亡两不知！

这首诗在风格上仿效初唐体的歌行体。全诗血泪怨怒凝聚，通过暗淡而凄清的画面、浓烈而忧伤的情调，展现了黛玉多愁善感的性格、内心的矛盾与痛苦、细微而复杂的心理活动，表达了其在生与死、爱与恨等复杂的斗争过程中所产生的一种对自身存在焦虑不安的体验和对生命迷茫的情感。

第二节 词曲

一、宋词

宋词是宋代盛行的一种文学体裁，是相对于古体诗的新体诗歌，体现了宋代儒客文人的智慧精华，标志宋代文学的最高成就。宋词句子有长有短，便于歌唱。因是合乐的歌词，故又称曲子词、乐府、乐章、长短句、诗余、琴趣等。它始于南朝梁代，形成于唐代而极盛于宋代。

宋词是继唐诗之后的又一种文学体裁，按照风格基本分为婉约派（包括花间派）、豪放派两大类。

婉约派的特点，主要是内容侧重儿女风情，结构深细缜密，重视音律谐婉，语言圆润、清新绮丽，具有一种柔婉之美。由于宋代的词多趋于婉转柔美，因此人们形成了以婉约为正宗的观念。比如，李煜、柳永、周邦彦等词家被视为“词之正宗”，就代表了这种看法。婉约词风长期支配词坛，直到南宋，姜夔、吴文英、张炎等大批词家无不受其影响。

豪放派的特点，大体是创作视野较为广阔，气象恢宏雄放，喜用诗文的手法、句法和字法写词，语词宏博，用事较多，不拘守音律，北宋黄庭坚、晁补之、贺铸等人都有这类风格的作品。宋室南渡以后，由于时代巨变，悲壮慷慨的高亢之调应运发展，蔚然成风，辛弃疾更成为创作豪放词的一代巨擘。豪放词派不但屹然别立一宗，震烁宋代词坛，而且广泛地沾溉词林后学，从宋、金直到清代，都有标举豪放旗帜，大力学习苏轼、辛弃疾的词人。

（一）宋词的分类

宋词的分类有四种。

1. 按长短规模分

词大致可分为小令（58字以内）、中调（59～90字以内）和长调（91字以上，最长的词达240字）。一首词，有的只有一段，称为单调；有的分两段，称为双调；有的分三段或四段，称为三叠或四叠。

2. 按音乐性质分

词可分为令、引、慢、三台、序子、法曲、大曲、缠令、诸宫调九种。

3. 按拍节分

常见有四种：令，也称小令，指拍节较短、语言最为简约的词；引，是将小令稍稍引长之，歌章规模比令词要长；近，音调和歌曲规模与引差不多；慢，引而愈长，指声调延长、词句也较长的词。

4. 按词牌分

词牌，也称词格，是填词用的曲调名。清朝舒白香《白香词谱》收100调；龙榆生《唐宋词格律》收150调；王力《汉语诗律学·词谱举要》收206调；清朝万树《词律》收825调，1670体；清朝王奕清等《钦定词谱》收826调，2306体。

（二）宋词诵读示例

菩萨蛮·平林漠漠烟如织

李白

平林漠漠烟如织，寒山一带伤心碧。暝色入高楼，有人楼上愁。

玉阶空伫立，宿鸟归飞急。何处是归程？长亭更短亭。

这首词相传为李白所作。词上下两片采用了不同的手法，上片偏于客观景物的渲染，下片着重主观心理的描绘。然而，景物的渲染中带有浓厚的主观色彩，主观心理的描绘又糅合在客观景物之中，因而从整体上来说，情与景、主观与客观融为一体。

念奴娇·赤壁怀古

苏轼

大江东去，浪淘尽，千古风流人物。故垒西边，人道是：三国周郎赤壁。乱石穿空，惊涛拍岸，卷起千堆雪。江山如画，一时多少豪杰。

遥想公瑾当年，小乔初嫁了，雄姿英发。羽扇纶巾，谈笑间，樯橹灰飞烟灭。故国神游，多情应笑我，早生华发。人生如梦，一尊还酹江月。

这篇作品是宋代文学家苏轼的词作，是豪放词的代表作之一。此词通过对月夜江上壮美景色的描绘，借对古代战场的凭吊和对风流人物才略、气度、功业的追念，曲折地表达了作者怀才不遇、功业未就、老大无成的忧愤之情，表现了作者对历史的独到见解和对人生际遇的旷达之心。全词借古抒怀，雄浑苍凉，大气磅礴，笔力遒劲，境界宏阔，将写景、咏史、抒情融为一体，给人以撼魂荡魄的艺术力量，曾被誉为“古今绝唱”。

八声甘州·对潇潇暮雨洒江天

柳永

对潇潇暮雨洒江天，一番洗清秋。渐霜风凄紧，关河冷落，残照当楼。是处红衰翠减，苒苒物华休。惟有长江水，无语东流。

不忍登高临远，望故乡渺邈，归思难收。叹年来踪迹，何事苦淹留？想佳人妆楼颙望，误几回、天际识归舟。争知我，倚栏杆处，正恁凝愁！

这首词抒写了作者漂泊江湖的愁思和仕途失意的悲慨。上片描绘了雨后清秋的傍晚，关河冷落、夕阳斜照的凄凉之景；下片抒写了词人久客他乡、思念归家急切之情。全词语浅而情深，融写景、抒情为一体，通过描写羁旅行役之苦，表达了强烈的思归情绪，写出了封建社会知识分子怀才不遇的典型感受，从而成为传诵千古的名篇。

一剪梅·红藕香残玉簟秋

李清照

红藕香残玉簟秋，轻解罗裳，独上兰舟。云中谁寄锦书来？雁字回时，月满西楼。

花自飘零水自流，一种相思，两处闲愁。此情无计可消除，才下眉头，却上心头。

这首词作于词人与丈夫赵明诚离别之后，先写清秋时节与爱人别后，独上兰舟以排遣愁怀，西楼望月恨雁来无书，再以两地相思之情如同花飘零、水流东那样出之自然来说明此情无由消除，寄寓着词人不忍离别的一腔深情，反映了初婚少妇沉溺于情海之中的纯洁心灵。全词不事雕饰，明白如话，以女性特有的深挚情感以及丝毫不落俗套的表现方式，展示出一种婉约之美。其格调清新、意境幽美，称得上是一首精工细作的别情佳作。

水龙吟·登建康赏心亭

辛弃疾

楚天千里清秋，水随天去秋无际。遥岑远目，献愁供恨，玉簪螺髻。落日楼头，断鸿声里，江南游子。把吴钩看了，栏杆拍遍，无人会，登临意。

休说鲈鱼堪脍，尽西风，季鹰归未？求田问舍，怕应羞见，刘郎才气。可惜流年，忧愁风雨，树犹如此！倩何人唤取，红巾翠袖，揾英雄泪！

这首词就登临所见挥发，由写景进而抒情，情和景融合无间，将内心的感情写得既含蓄又淋漓尽致。虽然出语沉痛悲愤，但整首词的基调还是激昂慷慨的，表现出辛词豪放的风格特色。

二、元曲

元曲是盛行于元代的一种文学艺术形式，包括杂剧和散曲，有时专指杂剧。杂剧是宋代时以滑稽搞笑为特点的一种表演形式，元代发展成戏曲形式。每本以四折为主，在开头或折间另加楔子，每折以同宫调同韵的北曲套曲和宾白组成。如关汉卿的《窦娥冤》等。元朝时流行于大都（今北京）一带。明清两代也有杂剧，但每本不限四折。

散曲是盛行于元、明、清三代的没有宾白的曲子形式，内容以抒情为主，分小令和套曲两种类型。

元曲中的小令是指单支的曲子，相当于一首单调的词。

套曲是散曲的一种体裁，又名套数，指在同一宫调内，连接许多曲牌组成一组曲，歌咏一个主题，可写景抒情，也可叙述故事。

元曲代表作品如下：

天净沙·秋思

马致远

枯藤老树昏鸦，小桥流水人家，古道西风瘦马。夕阳西下，断肠人在天涯。

马致远是元曲四大家之一，这首元曲小令应该是大家最熟知的了。

马致远年轻时热衷功名，但由于元统治者实行民族高压政策，因而一直未能得志。他的一生几乎都过着漂泊无定的生活，也因之而郁郁不得志，困窘潦倒一生，这首小令便是在旅途中所作的。全曲无一秋字，却描绘出一幅凄凉动人的秋郊夕照图，且准确地传达出旅人凄苦的心境。

山坡羊·潼关怀古

张养浩

峰峦如聚，波涛如怒，山河表里潼关路。望西都，意踌躇。

伤心秦汉经行处，宫阙万间都做了土。兴，百姓苦；亡，百姓苦！

张养浩为官清廉，爱民如子，公元1329年，因关中旱灾，他被任命为陕西行台中丞，以赈灾民。他命驾西秦过程中，亲睹人民的深重灾难，感慨叹喟，遂散尽家财，尽心尽力去救灾，终因过分操劳而殉职。这首元曲便作于“关中大旱”之际，这是对历史的概括，也是对元代现实生活的写照，怀古实乃伤今，沉重实乃责任。

卖花声·怀古

张可久

阿房舞殿翻罗袖，金谷名园起玉楼，隋堤古柳缆龙舟。不堪回首，东风还又，野花开暮春时候。

美人自刎乌江岸，战火曾烧赤壁山，将军空老玉门关。伤心秦汉，生民涂炭，读书人一声长叹。

这是由两首小令组成的怀古组曲，无论是抨击社会现实，还是审视历史，都称得上是佳作。全曲共引用六个历史典故之后，再由此引出作者的感慨。

终　身　误

曹雪芹

都道是金玉良姻，俺只念木石前盟。空对着，山中高士晶莹雪；终不忘，世外仙姝寂寞林。叹人间，美中不足今方信：纵然是齐眉举案，到底意难平。

曹雪芹把《终身误》放在《红楼梦》十二首曲子的第一位，从贾宝玉婚后仍不忘怀死去的黛玉，写薛宝钗徒有“金玉良缘”的虚名而实际上寂寞终身，曲名“终身误”就是这个意思。

一枝花·不伏老

关汉卿

攀出墙朵朵花，折临路枝枝柳；花攀红蕊嫩，柳折翠条柔。浪子风流。凭着我折柳攀花手，直煞得花残柳败休。半生来折柳攀花，一世里眠花卧柳。

［梁州］我是个普天下郎君领袖，盖世界浪子班头。愿朱颜不改常依旧，花中消遣，酒内忘忧。分茶攧竹，打马，藏阄，通五音六律滑熟，甚闲愁到我心头？伴的是银筝女，银台前、理银筝、笑倚银屏，伴的是玉天仙，携玉手、并玉肩、同登玉楼，伴的是金钗容，歌金缕、捧金樽、满泛金瓯。你道我老也，暂休。占排场风月功名首，更玲珑又剔透，我是个锦阵

花营都帅头，曾玩府游州。

［隔尾］子弟每是个茅草冈、沙土窝、初生的兔羔儿，乍向围场上走；我是个经笼罩、受索网、苍翎毛老野鸡，蹅踏得阵马儿熟。经了些窝弓冷箭镴枪头，不曾落人后，恰不道人到中年万事休，我怎肯虚度了春秋。

［尾］我是个蒸不烂、煮不熟、捶不匾、炒不爆、响当当一粒铜豌豆；恁子弟每谁教你钻入他锄不断、斫不下、解不开、顿不脱、慢腾腾千层锦套头。我玩的是梁园月，饮的是东京酒，赏的是洛阳花，攀的是章台柳。我也会围棋、会蹴踘、会打围、会插科、会歌舞、会吹弹、会咽作、会吟诗、会双陆。你便是落了我牙，歪了我嘴，瘸了我腿，折了我手，天赐与我这几般儿歹症候，尚兀自不肯休。则除是阎王亲自唤，神鬼自来勾，三魂归地府，七魄丧冥幽，天哪，那其间才不向烟花路儿上走！

这首套曲是关汉卿的代表作，以“第一人称”直接出面，用生动活泼的比喻，以酣畅的语言，写出了作者的浪漫生活和品行才华，具有民间曲词那种辛辣恣肆和诙谐滑稽的风格，体现了“不伏老”的主题。

第三节　散文

古典散文是用文言文撰写而不必押韵排偶的文章。若以实用性作为散文分类依据，则有议论、序跋、书信、碑志、游记、传记、日记等。散文具有叙事议史、评论政策、记录风土民情或抒写心志的功能，内涵多与文化现象及社会现实有所关联。

古代各种体类的文章都可归入散文，有论说文、杂记文、序跋文、赠序文、书牍文、箴铭文、哀祭文、碑志文、公牍文，还有笔记文、语录体、八股文、连珠文等。

一、论说文

论说文就是说理的文章，是古代散文的大宗。论说文通过对客观事物现象的深入观察，推究隐藏在现象后的道理。

诵读论说文，要捋清文章的脉络层次，逻辑鲜明地来表达。

过秦论·上篇

贾谊

秦孝公据崤函之固，拥雍州之地，君臣固守以窥周室，有席卷天下，包举宇内，囊括四海之意，并吞八荒之心。当是时也，商君佐之，内立法度，务耕织，修守战之具，外连衡而斗诸侯。于是秦人拱手而取西河之外。

孝公既没，惠文、武、昭襄蒙故业，因遗策，南取汉中，西举巴、蜀，东割膏腴之地，北收要害之郡。诸侯恐惧，会盟而谋弱秦，不爱珍器重宝肥饶之地，以致天下之士，合从缔交，相与为一。当此之时，齐有孟尝，赵有平原，楚有春申，魏有信陵。此四君者，皆明智而忠信，宽厚而爱人，尊贤而重士，约从离衡，兼韩、魏、燕、楚、齐、赵、宋、卫、中山之众。于是六国之士，有甯越、徐尚、苏秦、杜赫之属为之谋，齐明、周最、陈轸、召滑、楼缓、翟景、苏厉、乐毅之徒通其意，吴起、孙膑、带佗、倪良、王廖、田忌、廉颇、赵奢之伦制其兵。尝以十倍之地，百万之众，叩关而攻秦。秦人开关延敌，九国之师，逡巡而不敢进。秦无亡矢遗镞（zú）之费，而天下诸侯已困矣。于是从散约败，争割地而赂秦。秦有余力而制其弊，追亡逐北，伏尸百万，流血漂橹。因利乘便，宰割天下，分裂山河。强国请服，弱国入朝。延及孝文王、庄襄王，享国之日浅，国家无事。

及至始皇，奋六世之余烈，振长策而御宇内，吞二周而亡诸侯，履至尊而制六合，执敲扑而鞭笞天下，威振四海。南取百越之地，以为桂林、象郡；百越之君，俯首系颈，委命下吏。乃使蒙恬北筑长城而守藩篱，却匈奴七百余里；胡人不敢南下而牧马，士不敢弯弓而报怨。于是废先王之道，焚百家之言，以愚黔首；隳（huī）名城，杀豪杰；收天下之兵，聚之咸阳，销锋镝（dí），铸以为金人十二，以弱天下之民。然后践华为城，因河为池，据亿丈之城，临不测之渊，以为固。良将劲弩守要害之处，信臣精卒陈利兵而谁何。天下已定，始皇之心，自以为关中之固，金城千里，子孙帝王万世之业也。

始皇既没，余威震于殊俗。然陈涉瓮牖（yǒu）绳枢之子，氓（méng）隶之人，而迁徙之徒也；才能不及中人，非有仲尼、墨翟（dí）之贤，陶朱、猗（yī）顿之富；蹑足行伍之间，而倔起阡陌之中，率疲弊之卒，将数百之众，转而攻秦；斩木为兵，揭竿为旗，天下云集响应，赢粮而景从。山东豪俊遂并起而亡秦族矣。

且夫天下非小弱也，雍州之地，崤函之固，自若也。陈涉之位，非尊于齐、楚、燕、赵、韩、魏、宋、卫、中山之君也；锄櫌（yōu）棘矜（qín），非铦（xiān）于钩戟长铩也；谪戍之众，非抗于九国之师也；深谋远虑，行军用兵之道，非及乡时之士也。然而成败异变，功业相反，何也？试使山东之国与陈涉度长絜大，比权量力，则不可同年而语矣。然秦以区区之地，致万乘之势，序八州而朝同列，百有余年矣；然后以六合为家，崤函为宫；一夫作难而七庙隳，身死人手，为天下笑者，何也？仁义不施而攻守之势异也。

《过秦论》分上、中、下三篇。全文从各个方面分析秦王朝的过失，故名为《过秦论》。此文旨在总结秦速亡的历史教训，以作为汉王朝建立制度、巩固统治的借鉴，是一组见解深刻而又极富艺术感染力的文章。

二、杂记文

古代将以“记”名篇的文章称为杂记体。杂记内容芜杂，包括一切记事、记物之文。

诵读杂记文，要条理清晰，讲述要富有趣味。

黄州新建小竹楼记

王禹偁

黄冈之地多竹，大者如椽。竹工破之，刳（kū）去其节，用代陶瓦。比屋皆然，以其价廉而工省也。

子城西北隅，雉堞圮（pǐ）毁，蓁莽荒秽，因作小楼二间，与月波楼通。远吞山光，平挹江濑，幽阒辽敻（xiòng），不可具状。夏宜急雨，有瀑布声；冬宜密雪，有碎玉声；宜鼓琴，琴调虚畅；宜咏诗，诗韵清绝；宜围棋，子声丁丁然；宜投壶，矢声铮铮然；皆竹楼之所助也。

公退之暇，被鹤氅（chǎng）衣，戴华阳巾，手执《周易》一卷，焚香默坐，消遣世虑。江山之外，第见风帆沙鸟，烟云竹树而已。待其酒力醒，茶烟歇，送夕阳，迎素月，亦谪居之胜概也。

彼齐云、落星，高则高矣；井干、丽谯，华则华矣；止于贮妓女，藏歌舞，非骚人之事，吾所不取。

吾闻竹工云，竹之为瓦，仅十稔。若重覆之，得二十稔。噫，吾以至道乙未岁自翰林出滁上，丙申移广陵，丁酉又入西掖，戊戌岁除日，有齐安之命，己亥闰三月到郡。四年之间，奔走不暇，未知明年又在何处，岂惧竹楼之易朽乎！幸后之人与我同志，嗣而葺之，庶斯楼之不朽也！

咸平二年八月十五日记。

这篇文章通过描绘竹楼的特点和作者寓居竹楼所领略的独特风光和雅趣，集中表现了作者遭贬后怅惘落寞、茫然无奈而又不甘沉沦、刚正不阿的复杂感情。全文文字清丽，寄寓深远，不仅结构严谨、构思巧妙、层次分明、多用排比，而且寓情于景，轻快自然。

三、序跋文

序跋是古代一种文体名。序跋是“序”与“跋”的合称。序也作“叙”，称“引”，一般置于书籍或文章前面，置于书后的则称为

“跋”，或“后序”。这类文章是用来说明书籍著述或出版宗旨、编辑体例和作者情况的，也包括对作家作品的评论及有关问题的研究阐发。这类文章按不同的内容和表达方式分别属于说明文或议论文，描写编写目的、简单介绍编写体例和内容的属于说明文。

五代史伶官传序

欧阳修

呜呼！盛衰之理，虽曰天命，岂非人事哉！原庄宗之所以得天下，与其所以失之者，可以知之矣。

世言晋王之将终也，以三矢赐庄宗而告之曰：“梁，吾仇也，燕王吾所立，契丹与吾约为兄弟，而皆背晋以归梁。此三者，吾遗恨也。与尔三矢，尔其无忘乃父之志！”庄宗受而藏之于庙。其后用兵，则遣从事以一少牢告庙，请其矢，盛以锦囊，负而前驱，及凯旋而纳之。

方其系燕父子以组，函梁君臣之首，入于太庙，还矢先王，而告以成功，其意气之盛，可谓壮哉！及仇雠已灭，天下已定，一夫夜呼，乱者四应，仓皇东出，未及见贼而士卒离散，君臣相顾，不知所归；至于誓天断发，泣下沾襟，何其衰也！岂得之难而失之易欤？抑本其成败之迹而皆自于人欤？《书》曰：“满招损，谦得益。”忧劳可以兴国，逸豫可以亡身，自然之理也。

故方其盛也，举天下之豪杰，莫能与之争；及其衰也，数十伶人困之，而身死国灭，为天下笑。夫祸患常积于忽微，而智勇多困于所溺，岂独伶人也哉？作《伶官传》。

指南录后序

文天祥

德祐二年二月十九日，予除右丞相兼枢密使，都督诸路军马。时北兵已迫修门外，战、守、迁皆不及施。缙绅、大夫、士萃于左丞相府，莫知计所出。会使辙交驰，北邀当国者相见，众谓予一行为可以纾祸。国事至此，予不得爱身，意北亦尚可以口舌动也。初，奉使往来，无留北者，予更欲一觇北，归而求救国之策；于是辞相印不拜，翌日，以资政殿学士行。

初至北营，抗词慷慨，上下颇惊动，北亦未敢遽轻吾国。不幸吕师孟构恶于前，贾余庆献谄于后，予羁縻不得还，国事遂不可收拾。予自度不得脱，则直前诟虏帅失信，数吕师孟叔侄为逆，但欲求死，不复顾利害。此虽貌敬，实则愤怒。二贵酋名曰“馆伴”，夜则以兵围所寓舍，而予不得归矣。

未几，贾余庆等以祈请使诣北，北驱予并往，而不在使者之目。予分当引决，然而隐忍以行，昔人云：“将以有为也。”

至京口，得间奔真州，即具以北虚实告东西二阃，约以连兵大举。中兴机会，庶几在此。留二日，维扬帅下逐客之令，不得已，变姓名，诡踪迹，草行露宿，日与北骑相出没于长淮间。穷饿无聊，追购又急，天高地迥，号呼靡及。已而得舟，避渚洲，出北海，然后渡扬子江，入苏州洋，展转四明、天台，以至于永嘉。

呜呼！予之及于死者，不知其几矣！诋大酋当死；骂逆贼当死；与贵酋处二十日，争曲直，屡当死；去京口，挟匕首以备不测，几自到死；经北舰十余里，为巡船所物色，几从鱼腹死；真州逐之城门外，几旁徨死；如扬州，过瓜洲扬子桥，竟使遇哨，无不死；扬州城下，进退不由，殆例送死；坐桂公塘土围中，骑数千过其门，几落贼手死；贾家庄几为巡徼所陵迫死；夜趋高邮，迷失道，几陷死；质明，避哨竹林中，逻者数十骑，几无所逃死；至高邮，制府檄下，几以捕系死；行城子河，出入乱尸中，舟与哨相后先，几邂逅死；至海陵，如高沙，常恐无辜死；道海安、如皋，凡三百里，北与寇往来其间，无日而非可死；至通州，几以不纳死；以小舟涉鲸波出，无可奈何，而死固付之度外矣。呜呼！死生，昼夜事也。死而死矣，而境界危恶，层见错出，非人世所堪。痛定思痛，痛何如哉！

予在患难中，间以诗记所遭。今存其本不忍废，道中手自抄录。使北营，留北关外，为一卷；发北关外，历吴门、毗陵，渡瓜洲，复还京口，为一卷；脱京口，趋真州、扬州、高邮、泰州、通州，为一卷；自海道至永嘉、来三山，为一卷。将藏之于家，使来者读之，悲予志焉。

呜呼！予之生也幸，而幸生也何为？所求乎为臣，主辱，臣死有余僇；所求乎为子，以父母之遗体行殆，而死有余责。将请罪于君，君不许；请罪于母，母不许。请罪于先人之墓，生无以救国难，死犹为厉鬼以击贼，义也；赖天之灵，宗庙之福，修我戈矛，从王于师，以为前驱。雪九庙之耻，复高祖之业，所谓誓不与贼俱生，所谓鞠躬尽力，死而后已，亦义也。嗟夫！若予者，将无往而不得死所矣。向也使予委骨于草莽，予虽浩然无所愧怍，然微以自文于君亲，君亲其谓予何！诚不自意返吾衣冠，重见日月，使旦夕得正丘首，复何憾哉！复何憾哉！

是年夏五，改元景炎。庐陵文天祥自序其诗，名曰《指南录》。

四、赠序文

古代以“序”名篇的文章，有赠序一类，这是专门为了送别亲友而写的。

诵读赠序要感情真挚。

早春于江夏送蔡十还家云梦序

李白

吾观蔡侯，奇人也。尔其才高气远，有四方之志。不然，何周流宇宙太多耶？白遐穷冥搜，亦已早矣。海草三绿，不归国门。又更逢春，再结乡思。一见夫子，冥心道存，穷朝晚以作宴，驱烟霞以辅赏。朗笑明月，时眠落花。斯游无何，寻告睽索。来暂观我，去还愁人。乃浮汉阳，入云梦，乡枻（yì）云叩，归魂亦飞。且青山绿枫，累道相接，遇胜因赏，利君前行。既非远离，曷足多叹？秋七月，结游镜湖，无愆（qiān）我期，先子而往。敬慎好去，终当早来。无使耶川白云不得复弄尔。乡中廖公及诸才子为诗略谢之。

这篇赠序，首赞有四方之志的蔡侯与李白相识之后，两人同游共处的友谊；接着写蔡侯即将离去，也祝愿他旅途顺利；最后表示愿他慎行早来，以期复聚。全文叙友谊，慰离情。

送董邵南游河北序

韩愈

燕、赵古称多感慨悲歌之士。董生举进士，连不得志于有司，怀抱利器，郁郁适兹土。吾知其必有合也。董生勉乎哉！

夫以子之不遇时，苟慕义强仁者皆爱惜焉；矧燕、赵之士出乎其性者哉！然吾尝闻风俗与化移易，吾恶知其今不异于古所云邪？聊以吾子之行卜之也。董生勉乎哉！

吾因子有所感矣。为我吊望诸君之墓，而观于其市，复有昔时屠狗者乎？为我谢曰："明天子在上，可以出而仕矣。"

这篇文章表面上一直是送董生游河北，但送之正是为了留之，微情妙旨，全寄于笔墨之外。韩愈是文章大家，倡导"惟陈言之务去"的他，写文章常常因难见巧，以巧取胜。这篇赠序的构思、用语就颇为精巧。

五、书牍文

古代臣子向皇帝陈词进言所写的公文和与亲朋间往来的私人信件，均称为"书"。前者称为"上书"或"奏书"，属公文；后者称为"书牍""书札""书简"，属应用文。

公文的诵读要庄重，有庙堂之气；应用文的诵读要接地气，感情真挚。

出师表

诸葛亮

先帝创业未半而中道崩殂，今天下三分，益州疲弊，此诚危急存亡之秋也。然侍卫之臣不懈于内，忠志之士忘身于外者，盖追先帝之殊遇，欲报之于陛下也。诚宜开张圣听，以光先帝遗德，恢弘志士之气，不宜妄自菲薄，引喻失义，以塞忠谏之路也。

宫中府中，俱为一体，陟罚臧否，不宜异同。若有作奸犯科及为忠善者，宜付有司论其刑赏，以昭陛下平明之理，不宜偏私，使内外异法也。

侍中、侍郎郭攸之、费祎、董允等，此皆良实，志虑忠纯，是以先帝简拔以遗陛下。愚以为宫中之事，事无大小，悉以咨之，然后施行，必能裨补阙漏，有所广益。

将军向宠，性行淑均，晓畅军事，试用于昔日，先帝称之曰能，是以众议举宠为督。愚以为营中之事，悉以咨之，必能使行阵和睦，优劣得所。

亲贤臣，远小人，此先汉所以兴隆也；亲小人，远贤臣，此后汉所以倾颓也。先帝在时，每与臣论此事，未尝不叹息痛恨于桓、灵也。侍中、尚书、长史、参军，此悉贞良死节之臣，愿陛下亲之信之，则汉室之隆，可计日而待也。

臣本布衣，躬耕于南阳，苟全性命于乱世，不求闻达于诸侯。先帝不以臣卑鄙，猥自枉屈，三顾臣于草庐之中，咨臣以当世之事，由是感激，遂许先帝以驱驰。后值倾覆，受任于败军之际，奉命于危难之间，尔来二十有一年矣。

先帝知臣谨慎，故临崩寄臣以大事也。受命以来，夙夜忧叹，恐托付不效，以伤先帝之明，故五月渡泸，深入不毛。今南方已定，兵甲已足，当奖率三军，北定中原，庶竭驽钝，攘除奸凶，兴复汉室，还于旧都。此臣所以报先帝而忠陛下之职分也。至于斟酌损益，进尽忠言，则攸之、祎、允之任也。

愿陛下托臣以讨贼兴复之效；不效，则治臣之罪，以告先帝之灵。若无兴德之言，则责攸之、祎、允等之慢，以彰其咎。陛下亦宜自谋，以咨诹善道，察纳雅言，深追先帝遗诏。臣不胜受恩感激。今当远离，临表涕零，不知所言。

这是三国时期蜀汉丞相诸葛亮在决定北上伐魏、克复中原之前给后主刘禅上书的表文。这篇表文以议论为主，兼用记叙和抒情。全文以恳切委婉的言辞劝勉后主要广开言路、严明赏罚、亲贤远佞，以此兴复汉室，还于旧都（洛阳）；同时也表达自己以身许国、忠贞不贰的思想。文章既不借助华丽的辞藻，也不引用古老的典故，多以四字句行文。

报任安书

司马迁

太史公牛马走司马迁，再拜言，少卿足下：

曩者辱赐书，教以慎于接物，推贤进士为务，意气勤勤恳恳。若望仆不相师，而用流俗人之言。仆非敢如此也。仆虽罢驽，亦尝侧闻长者之遗风矣。顾自以为身残处秽，动而见尤，欲益反损，是以独郁悒而无谁语！谚曰：“谁为为之？孰令听之？”盖钟子期死，伯牙终身不复鼓琴。何则？士为知己者用，女为悦己者容。若仆大质已亏缺矣，虽才怀随、和，行若由、夷，终不可以为荣，适足以见笑而自点耳。

书辞宜答，会东从上来，又迫贱事，相见日浅，卒卒无须臾之间，得竭指意。今少卿抱不测之罪，涉旬月，迫季冬，仆又薄从上雍，恐卒然不可为讳，是仆终已不得舒愤懑以晓左右，则长逝者魂魄私恨无穷，请略陈固陋。阙然久不报，幸勿为过。

仆闻之：修身者，智之符也；爱施者，仁之端也；取予者，义之表也；耻辱者，勇之决也；立名者，行之极也。士有此五者，然后可以托于世，列于君子之林矣。故祸莫憯于欲利，悲莫痛于伤心，行莫丑于辱先，诟莫大于宫刑。刑余之人，无所比数，非一世也，所从来远矣。昔卫灵公与雍渠同载，孔子适陈；商鞅因景监见，赵良寒心；同子参乘，袁丝变色，自古而耻之。夫中材之人，事有关于宦竖，莫不伤气，而况于慷慨之士乎！如今朝廷虽乏人，奈何令刀锯之余，荐天下之豪俊哉！仆赖先人绪业，得待罪辇毂下，二十余年矣。所以自惟：上之不能纳忠效信，有奇策材力之誉，自结明主；次之又不能拾遗补阙，招贤进能，显岩穴之士；外之不能备行伍，攻城野战，有斩将搴旗之功；下之不能积日累劳，取尊官厚禄，以为宗族交游光宠。四者无一遂，苟合取容，无所短长之效，可见于此矣。乡者，仆亦尝厕下大夫之列，陪奉外廷末议。不以此时引维纲，尽思虑，今已亏形为扫除之隶，在阘茸之中，乃欲仰首伸眉，论列是非，不亦轻朝廷、羞当世之士邪？嗟乎！嗟乎！如仆，尚何言哉，尚何言哉！

且事本末未易明也。仆少负不羁之才，长无乡曲之誉。主上幸以先人之故，使得奉薄伎，出入周卫之中。仆以为戴盆何以望天，故绝宾客之知，亡室家之业，日夜思竭其不肖之材力，务一心营职，以求亲媚于主上。而事乃有大谬不然者！

夫仆与李陵俱居门下，素非能相善也。趣舍异路，未尝衔杯酒，接殷勤之余欢。然仆观其为人，自守奇士，事亲孝，与士信，临财廉，取予义，分别有让，恭俭下人，常思奋不顾身，以殉国家之急，其素所蓄积也，仆以为有国士之风。夫人臣出万死不顾一生之计，赴公家之难，斯已奇矣。今举事一不当，而全躯保妻子之臣，随而媒孽其短，仆诚私心痛之。且李陵提步卒不满五千，深践戎马之地，足历王庭，垂饵虎口，横挑强胡，仰亿万之师，与单于连战十有余日，所杀过当。虏救死扶伤不给，旃裘之君长咸震怖，乃悉征其左、右贤王，举引弓之人，一国共攻而围之。转斗千里，矢尽道穷，救兵不至，士卒死伤如积。然陵一呼劳军，士无不起，躬自流涕，沬血饮泣，更张空弮，冒白刃，北首争死敌者。陵未没时，使有来报，汉公卿王侯皆奉觞上寿。后数日，陵败书闻，主上为之食不甘味，听朝不怡。大臣忧惧，不知所出。仆窃不自料其卑贱，见主上惨怆怛悼，诚欲效其款款之愚，以为李陵素与士大夫绝甘分少，能得人之死力，虽古之名将，不能过也。身虽陷败，彼观其意，且欲得其当而报于汉。事已无可奈何，其所摧败，功亦足以暴于天下矣。仆怀欲陈之而未有路，适会召问，即以此指推言陵之功，欲以广主上之意，塞睚眦之辞。未能尽明，明主不晓，以为仆沮贰师，而为李陵游说，遂下于理。拳拳之忠，终不能自列。因为诬上，卒从吏议。家贫，货赂不足以自赎；交游莫救，左右亲近不为一言。身非木石，独与法吏为伍，深幽囹圄之中，谁可告愬者！此真少卿所亲见，仆行事岂不然乎？李陵既生降，隤其家声，而仆又佴之蚕室，重为天下观笑。悲夫！悲夫！事未易一二为俗人言也。

仆之先，非有剖符丹书之功，文史星历，近乎卜祝之间。固主上所戏弄，倡优所畜，流俗之所轻也。假令仆伏法受诛，若九牛亡一毛，与蝼蚁何以异？而世又不与能死节者比，特以为智穷罪极，不能自免，卒就死耳。何也？素所自树立使然也。人固有一死，或重于泰山，或轻于鸿毛，用之所趋异也。太上不辱先，其次不辱身，其次不辱理色，其次不辱辞令，其次诎体受辱，其次易服受辱，其次关木索、被箠楚受辱，其次剔毛发、婴金铁受辱，其次毁肌肤、断肢体受辱，最下腐刑极矣！传曰“刑不上大夫”。此言士节不可不勉励也。猛虎在深山，百兽震恐，及在槛阱之中，摇尾而求食，积威约之渐也。故士有画地为牢，势不可入；削木为吏，议不可对，定计于鲜也。今交手足，受木索，暴肌肤，受榜箠，幽于圜墙之中。当此之时，见狱吏则头抢地，视徒隶则心惕息。何者？积威约之势也。及以至是，言不辱者，所谓强颜耳，曷足贵乎！且西伯，伯也，拘于羑里；李斯，相也，具于五刑；淮阴，王也，受械于陈；彭越、张敖，南面称孤，系狱抵罪；绛侯诛诸吕，权倾五伯，囚于请室；魏其，大将也，衣赭衣，关三木；季布为朱家钳奴，灌夫受辱于居室。此人皆身至王侯将相，声闻邻国，及罪至罔加，不能引决自裁，在尘埃之中。古今一体，安在其不辱也？由此言之，勇怯，势也；强弱，形也。审矣，何足怪乎！夫人不能早自裁绳墨之外，以稍陵迟，至于鞭箠之间，乃欲引节，斯不亦远乎！古人所以重施刑于大夫者，殆为此也。

夫人情莫不贪生恶死，念父母，顾妻子。至激于义理者不然，乃有所不得已也。今仆不幸，早失父母，无兄弟之亲，独身孤立，少卿视仆于妻子何如哉！且勇者不必死节，怯夫慕义，何处不勉焉！仆虽怯懦，欲苟活，亦颇识去就之分矣，何至自沉溺缧绁之辱哉！且夫臧获婢妾，犹能引决，况仆之不得已乎？所以隐忍苟活，幽于粪土之中而不辞者，恨私心有所不尽，鄙陋没世而文采不表于后也。

古者富贵而名摩灭，不可胜记，惟倜傥非常之人称焉。盖文王拘而演《周易》；仲尼厄而作《春秋》；屈原放逐，乃赋《离骚》；左丘失明，厥有《国语》；孙子膑脚，《兵法》修列；不韦迁蜀，世传《吕览》；韩非囚秦，《说难》《孤愤》；《诗》三百篇，大底圣贤发愤之所为作也。此人皆意有所郁结，不得通其道，故述往事、思来者。乃如左丘无目，孙子断足，终不可用，退而论书策以舒其愤，思垂空文以自见。仆窃不逊，近自托于无能之辞，网罗天下放失旧闻，略考其事，综其终始，稽其成败兴坏之纪，上计轩辕，下至于兹，为十表、本纪十二、书八章、世家三十、列传七十，凡百三十篇、亦欲以究天人之际，通古今之变，成一家之言。草创未就，会遭此祸，惜其不成，是以就极刑而无愠色。仆诚以著此书，藏之名山，传之其人，通邑大都，则仆偿前辱之责，虽万被戮，岂有悔哉！然此可为智者道，难为俗人言也。

且负下未易居，下流多谤议。仆以口语遇遭此祸，重为乡党所笑，以污辱先人，亦何面目复上父母之丘墓乎！虽累百世，垢弥甚耳。是以肠一日而九回，居则忽忽若有所亡，出则不知其所往。每念斯耻，汗未尝不发背沾衣也。身直为闺阁之臣，宁得自引深藏岩穴邪？故且从俗浮沉，与时俯仰，以通其狂惑。今少卿乃教以推贤进士，无乃与仆私心剌谬乎？今虽欲自雕琢，曼辞以自饰，无益，于俗不信，适足取辱耳。要之，死日然后是非乃定。书不能悉意，略陈固陋。谨再拜。

该文是一封写给友人任安的回信，司马迁通过陈述自己的不幸遭遇，抒发了内心的痛苦。

该文大量运用典故，排比的句式一气呵成，对偶、引用、夸张的修辞手法穿插其中，气势宏伟，是司马迁最重要的散文作品，堪为“千古奇文”。

六、箴铭文

古代有箴文、戒文、规文一类文章，其内容均属规劝、告诫的性质，后世统称为箴体。古代与箴文性质相近的文字，还有“铭文”，相当于座右铭，书警戒性的文字。

知名箴

韩愈

内不足者，急于人知；霈焉有馀，厥闻四驰。今日告汝，知名之法：勿病无闻，病其晔晔。昔者子路，惟恐有闻，赫然千载，德誉愈尊。矜汝文章，负汝言语，乘人不能，掩以自取。汝非其父，汝非其师，不请而教，谁云不欺？欺以贾憎，掩以媒怨，汝曾不寤，以及于难。小人在辱，亦克知悔，及其既宁，终莫能戒。既出汝心，又铭汝前，汝如不顾，祸亦宜然？

作者以这篇箴文自戒不要急于求名，更不要好为人师，否则容易招怨致祸。

陋室铭

刘禹锡

山不在高，有仙则名。水不在深，有龙则灵。斯是陋室，惟吾德馨。苔痕上阶绿，草色入帘青。谈笑有鸿儒，往来无白丁。可以调素琴，阅金经。无丝竹之乱耳，无案牍之劳形。南阳诸葛庐，西蜀子云亭。孔子云：何陋之有？

这篇仅81字的短文，立意新颖，布局严谨，语言精巧。以记写自己的陋室，来自述其志，表明自己安于朴素的生活，实际上是劝诫自己修德自好，不必去羡慕什么荣华富贵。

七、哀祭文

祭文是古代为祭奠死者而写的哀悼文章。它是由古时祝文演变而来，其辞有散文，有韵语，有俪语。

诵读祭文表现的是沉痛、追思。

泷冈阡表

欧阳修

呜呼！惟我皇考崇公卜吉于泷冈之六十年，其子修始克表于其阡。非敢缓也，盖有待也。

修不幸，生四岁而孤。太夫人守节自誓，居穷，自力于衣食，以长以教，俾至于成人。太夫人告之曰："汝父为吏廉，而好施与，喜宾客，其俸禄虽薄，常不使有余，曰：'毋以是为我累。'故其亡也，无一瓦之覆、一垅之植，以庇而为生，吾何恃而能自守耶？吾于汝父，知其一二，以有待于汝也。自吾为汝家妇，不及事吾姑，然知汝父之能养也；汝孤而幼，吾不能知汝之必有立，然知汝父之必将有后也。吾之始归也，汝父免于母丧方逾年，岁时祭祀，则必涕泣曰：'祭而丰不如养之薄也。'间御酒食，则又涕泣曰：'昔常不足而今有余，其何及也！'吾始一二见之，以为新免于丧适然耳。既而其后常然，至其终身未尝不然。吾虽不及事姑，而以此知汝父之能养也。汝父为吏，尝夜烛治官书，屡废而叹。吾问之，则曰：'此死狱也，我求其生不得尔。'吾曰：'生可求乎？'曰：'求其生而不得，则死者与我皆无恨也。矧（shěn）求而有得邪！以其有得，则知不求而死者有恨也。夫常求其生，犹失之死，而世常求其死也。'回顾乳者抱汝而立于旁，因指而叹曰：'术者谓我岁行在戌将死，使其言然，吾不及见儿之立也。后当以我语告之。'其平居教他子弟常用此语。吾耳熟焉，故能详也。其施于外事，吾不能知；其居于家无所矜饰，而所为如此，是真发于中者邪。呜呼！其心厚于仁者邪，此吾知汝父之必将有后也，汝其勉之！夫养不必丰，要于孝；利虽不得博于物，要其心之厚于仁。吾不能教汝，此汝父之志也。"修泣而志之，不敢忘。

先公少孤力学，咸平三年进士及第，为道州判官，泗、绵二州推官，又为泰州判官，享年五十有九，葬沙溪之泷冈。太夫人姓郑氏，考讳德仪，世为江南名族。太夫人恭俭仁爱而有礼，初封福昌县太君，进封乐安、安康、彭城三郡太君。自其家少微时，治其家以俭约，其后常不使过之，曰："吾儿不能苟合于世，俭薄所以居患难也。"其后修贬夷陵，太夫人言笑自若，曰："汝家故贫贱也，吾处之有素矣，汝能安之，吾亦安矣。"

自先公之亡二十年，修始得禄而养。又十有二年，列官于朝，始得赠封其亲。又十年，修为龙图阁直学士、尚书吏部郎中，留守南京，太夫人以疾终于官舍，享年七十有二。又八年，修以非才，入副枢密，遂参政事，又七年而罢。自登二府，天子推恩，褒其三世，盖自嘉祐以来，逢国大庆，必加宠锡。皇曾祖府君累赠金紫光禄大夫、太师、中书令，曾祖妣累封楚国太夫人。皇祖府君累赠金紫光禄大夫、太师、中书令兼尚书令，祖妣累封吴国太夫人。皇考崇公累赠金紫光禄大夫、太师、中书令兼尚书令，皇妣累封越国太夫人。今上初郊，皇考赐爵为崇国公，太夫人进号魏国。

于是，小子修泣而言曰：呜呼！为善无不报，而迟速有时，此理之常也。惟我祖考，积善成德，宜享其隆，虽不克有于其躬，而赐爵受封，显荣褒大，实有三朝之锡命。是足以表见于后世，而庇赖其子孙矣。乃列其世谱，具刻于碑，既又载我皇考崇公之遗训，太夫人之所以教而有待于修者，并揭于阡。俾知夫小子修之德薄能鲜，遭时窃位，而幸全大节，不辱其先者，其来有自。

熙宁三年岁次庚戌四月辛酉朔十有五日乙亥，男推诚保德崇仁翊戴功臣、观文殿学士、特进、行兵部尚书、知青州军州事、兼管内劝农使、充京东路安抚使、上柱国、乐安郡开国公，食邑四千三百户，食实封一千二百户修表。

这篇祭文是欧阳修在其父下葬六十年之后所写的一篇追悼文章，是他精心创制的一篇力作。全文平易质朴，情真意切，如话家常，历来被视为欧阳修的代表作品。

八、碑志文

碑志文是刻在石碑上的文字，是古代记载死者生前事迹的文章。碑是墓碑，多在碑前；志是墓志，写在碑后。这类文章记述死者生平事迹，高度概括，用语极精简；内涵丰富，言尽而意无穷。

碑志文主要分为纪功碑、宫室神庙碑和墓志铭三种类型。纪功碑为韵文体，是西周时期歌功颂德的碑文。宫室神庙碑是纪宗庙建立的碑文。用散文文体写成的墓志铭称为“志”，用韵文形式写成的墓志铭称为“铭”。

碑志文的诵读应正式庄重。

平淮西碑

韩愈

天以唐克肖其德，圣子神孙，继继承承，于千万年，敬戒不怠。全付所覆，四海九州，罔有内外，悉主悉臣。高祖、太宗，既除既治；高宗、中、睿，休养生息；至于玄宗，受报收功，极炽而丰，物众地大，孽牙其间；肃宗、代宗，德祖、顺考，以勤以容。大慝适去，稂莠不薅，相臣将臣，文恬武嬉，习熟见闻，以为当然。

睿圣文武皇帝既受群臣朝，乃考图数贡，曰："呜呼！天既全付予有家，今传次在予；予不能事事，其何以见于郊庙。"群臣震慑，奔走率职。明年平夏；又明年平蜀；又明年平江东；又明年平泽潞，遂定易定，致魏、博、贝、卫、澶、相，无不从志。皇帝曰："不可究武，予其少息。"

九年，蔡将死，蔡人立其子元济。以请，不许，遂烧舞阳、犯叶、襄城，以动东都，放兵四劫。皇帝历问于朝，一二臣外，皆曰："蔡帅之不廷授，于今五十年，传三姓四将，其树本坚，兵利卒顽，不与他等；因抚而有，顺且无事。"大官臆决唱声，万口和附，并为一谈，牢不可破。

皇帝曰："惟天惟祖宗所以付予任者，庶其在此。予何敢不力？况一二臣同，不为无助。"曰："光颜，汝为陈许帅，维是河东、魏博、郃阳三军之在行者，汝皆将之。"曰："重胤，汝故有河阳、怀，今益以汝，维是朔方、义成、陕、益、凤翔、延、庆七军之在行者，汝皆将之。"曰："弘，汝以卒万二千属而子公武往讨之。"曰："文通，汝守寿，维是宣武、淮南、宣歙、浙西四军之行于寿者，汝皆将之。"曰："道古，汝其观察鄂岳。"曰："愬，汝帅唐、邓、随，各以其兵进战。"曰："度，汝长御史，其往视师。"曰："度，惟汝予同，汝遂相予，以赏罚用命不用命。"曰："弘，汝其以节都统诸军。"曰："守谦，汝出入左右，汝惟近臣，其往抚师。"曰："度，汝其往，衣服、饮食予士，无寒无饥，以既厥事，遂生蔡人。赐汝节、斧、通天御带，卫卒三百。凡兹廷臣，汝择自从，惟其贤能，无惮大吏。庚申，予其临门送汝。"曰："御史，予闵士大夫战甚苦，自今以往，非郊庙祠祀，其无用乐。”

颜、胤、武合攻其北，大战十六，得栅、城、县二十三，降人卒四万。道古攻其东南，八战，降万三千。再入申，破其外城。文通战其东，十余遇，降万二千。愬人其西，得贼将，辄释不杀，用其策，战比有功。十二年八月，丞相度至师。都统弘责战益急，颜、胤、武合战，益用命。元济尽并其众洄曲以备。十月壬申，愬用所得贼将，自文城因天大雪，疾驰百二十里，用夜半到蔡，破其门，取元济以献。尽得其属人卒。辛巳，丞相度入蔡，以皇帝命赦其人。淮西平，大飨赉功。师还之日，因以其食赐蔡人。凡蔡卒三万五千，其不乐为兵愿归为农者十九，悉纵之。斩元济京师。

册功：弘加侍中，愬为左仆射帅山南东道，颜、胤皆加司空，公武以散骑常侍帅鄜坊、丹、延，道古进大夫，文通加散骑常侍；丞相度朝京师，道封晋国公，进阶金紫光禄大夫，以旧官相；而以其副总为工部尚书，领蔡任。既还奏，群臣请纪圣功，被之金石。皇帝以命臣愈。臣愈再拜稽首而献文曰：

唐承天命，遂臣万邦，孰居近土，袭盗以狂。往在玄宗，崇极而圮，河北骄悍，河南附起。四圣不宥，屡兴师征，有不能克，益戍以兵。夫耕不食，妇织不裳，输之以车，为卒赐粮。外多失朝，旷不岳狩，百隶怠官，事忘其旧。帝时继位，顾瞻咨嗟，惟汝文武，孰恤予家。既斩吴、蜀，旋取山东，魏将首义，六州降从。淮蔡不顺，自以为强，提兵叫谁，欲事故常。始命讨之，遂连奸邻，阴遣刺客，来贼相臣。方战未利，内惊京师，群公上言，莫若惠来。帝为不闻，与神为谋，乃相同德，以讫天诛。乃敕颜、胤、愬、武、古、通，咸统于弘，各奏汝功。三方分攻，五万其师，大军北乘，厥数倍之。常兵时曲，军士蠢蠢，既翦陵云，蔡卒大窘。胜之邵陵，郾城来降，自夏入秋，复屯相望。兵顿不励，告功不时，帝哀征夫，命相往釐。士饱而歌，马腾于槽，试之新城，贼遇败逃。尽抽其有，聚以防我，西师跃入，道无留者。额额察城，其疆千里，既入而有，莫不顺俟。帝有恩言，相度来宣，诛止其魁，释其下人。蔡之卒夫，投甲呼舞，蔡之妇女，迎门笑语。蔡人告饥，船粟往哺，蔡人告寒，赐以缯布。始时蔡人，禁不往来，今相从戏，里门夜开。始时蔡人，进战退戮，今旰而起，左飧右粥。为之择人，以收余惫，选吏赐牛，教而不税。蔡人有言，始迷不知，今乃大觉，羞前之为。蔡人有言，天子明圣，不顺族诛，顺保性命。汝不吾信，视此蔡方，孰为不顺，往斧其吭。凡叛有数，声势相倚，吾强不支，汝弱奚恃？其告而长，而父而兄，奔走偕来，同我太平。淮蔡为乱，天子伐之，既伐而饥，天子活之。始议伐蔡，卿士莫随，既伐四年，小大并疑。不赦不疑，由天子明，凡此蔡功，惟断乃成。既定淮蔡，四夷毕来，遂开明堂，坐以治之。

这篇碑文一向被视为纪功碑文的名篇。其记述了唐宪宗平定藩镇吴元济之乱。文章先述唐朝上承天命，取得中央统治地位以及开国以来历代皇帝的功绩，为这篇讨逆文字定下了基调。

柳子厚墓志铭

韩愈

子厚讳宗元，七世祖庆，为拓跋魏侍中，封济阴公。曾伯祖奭，为唐宰相，与褚遂良、韩瑗，俱得罪武后，死高宗朝。皇考讳镇，以事母，弃太常博士，求为县令江南。其后以不能媚权贵，失御史。权贵人死，乃复拜侍御史，号为刚直，所与游皆当世名人。

子厚少精敏，无不通达。逮其父时，虽少年，已自成人，能取进士第，崭然见头角，众谓柳氏有子矣。其后以博学宏词，授集贤殿正字。俊杰廉悍，议论证据今古，出入经史百子，踔厉风发，率常屈其座人，名声大振，一时皆慕与之交，诸公要人争欲令出我门下，交口荐誉之。

贞元十九年，由蓝田尉拜监察御史。顺宗即位，拜礼部员外郎，遇用事者得罪，例出为刺史；未至，又例贬永州司马。

居闲，益自刻苦，务记览，为词章，泛滥停蓄，为深博无涯涘，而自肆于山水间。元和中，尝例召至京师，又偕出为刺史，而子厚得柳州。既至，叹曰："是岂不足为政邪？"因其土俗，为设教禁，州人顺赖。其俗以男女质钱，约，不时赎，子本相侔，则没为奴婢。子厚与设方计，悉令赎归。其尤贫力不能者，令书其佣，足相当，则使归其质。观察使下其法于他州，比一岁，免而归者且千人。衡湘以南为进士者，皆以子厚为师，其经承子厚口讲指画为文词者，悉有法度可观。

其召至京师而复为刺史也，中山刘梦得禹锡亦在遣中，当诣播州。子厚泣曰："播州非人所居，而梦得亲在堂，吾不忍梦得之穷，无辞以白其大人。且万无母子俱往理。"请于朝，将拜疏，愿以柳易播，虽重得罪死不恨。遇有以梦得事白上者，梦得于是改刺连州。呜呼，士穷乃见节义，今夫平居里巷相慕悦，酒食游戏相征逐，诩诩强笑语以相取下，握手出肺肝相示，指天日涕泣，誓生死不相背负，真若可信；一旦临小利害，仅如毛发比，反眼若不相识；落陷阱，不一引手救，反挤之又下石焉者，皆是也。此宜禽兽夷狄所不忍为，而其人自视以为得计。闻子厚之风，亦可以少愧矣。

子厚前时少年，勇于为人，不自贵重，顾籍谓功业可立就，故坐废退；既退，又无相知有气力得位者推挽，故卒死于穷裔。材不为世用，道不行于时也！使子厚在台省时，自持其身，已能如司马、刺史时，亦自不斥；斥时有人力能举之，且必复用不穷。然子厚斥不久，穷不极，虽有出于人，其文学辞章，必不能自力以致必传于后如今无疑也。虽使子厚得所愿，为将相于一时，以彼易此，孰得孰失，必有能辨之者。

子厚以元和十四年十一月八日卒，年四十七。以十五年七月十日归葬万年先人墓侧。子厚有子男二人，长曰周六，始四岁；季曰周七，子厚卒乃生。女子二人皆幼。其得归葬也，费皆出观察使河东裴君行立。行立有节概，重然诺，与子厚结交，子厚亦为之尽，竟赖其力。葬子厚于万年之墓者，舅弟卢遵。遵，涿人，性谨慎，学问不厌。自子厚之斥，遵从而家焉，逮其死不去。既往葬子厚，又将经纪其家，庶几有始终者。

铭曰："是惟子厚之室，既固既安，以利其嗣人。

这篇墓志铭讲述了柳宗元的家世、为人、政绩等，包括世系、卒葬、子嗣等墓志铭应该有的内容。通过对柳宗元生平事迹的综合概述，作者高度赞扬了柳宗元的文章学问、政治才能和道德品行，对柳宗元受排挤、长期遭贬、穷困潦倒的经历给予深切的同情，同时对柳宗元的一生给予了高度的评价。

九、公牍文

公牍文是指古代朝廷、官府通常使用的公事文，简称“公文”。公文分为上行公文和下行公文两类。上行公文指臣下给帝王的上书，下行公文指帝王给臣民的指令。

论贵粟疏

晁错

圣王在上而民不冻饥者，非能耕而食之、织而衣之也，为开其资财之道也。故尧、禹有九年之水，汤有七年之旱，而国亡捐瘠者，以畜积多而备先具也。今海内为一，土地人民之众不避汤、禹，加以亡天灾数年之水旱，而畜积未及者，何也？地有遗利，民有余力，生谷之土未尽垦，山泽之利未尽出也，游食之民未尽归农也。民贫则奸邪生。贫生于不足，不足生于不农，不农则不地著，不地著则离乡轻家，民如鸟兽，虽有高城深池、严法重刑，犹不能禁也。

夫寒之于衣，不待轻暖；饥之于食，不待甘旨。饥寒至身，不顾廉耻。人情一日不再食则饥，终岁不制衣则寒。夫腹饥不得食，肤寒不得衣，虽慈母不能保其子，君安能以有其民哉！明主知其然也，故务民于农桑，薄赋敛，广畜积，以实仓廪，备水旱，故民可得而有也。

民者，在上所以牧之，趋利如水走下，四方亡择也。夫珠玉金银，饥不可食，寒不可衣，然而众贵之者，以上用之故也。其为物轻微易臧，在于把握，可以周海内而无饥寒之患。此令臣轻背其主，而民易去其乡，盗贼有所劝，亡逃者得轻资也。粟米布帛生于地，长于时，聚于力，非可一日成也；数石之重，中人弗胜，不为奸邪所利，一日弗得而饥寒至。是故明君贵五谷而贱金玉。

今农夫五口之家，其服役者不下二人，其能耕者不过百亩，百亩之收不过百石。春耕夏耘，秋获冬藏，伐薪樵，治官府，给徭役；春不得避风尘，夏不得避署热，秋不得避阴雨，冬不得避寒冻，四时之间亡日休息；又私自送往迎来，吊死问疾，养孤长幼在其中。勤苦如此，尚复被水旱之灾，急政暴赋，赋敛不时，朝令而暮改。当具，有者半贾而卖，无者取倍称之息，于是有卖田宅、鬻子孙以偿债者矣。而商贾大者积贮倍息，小者坐列贩卖，操其奇赢，日游都市，乘上之急，所卖必倍。故其男不耕耘，女不蚕织，衣必文采，食必粱肉；亡农夫之苦，有仟伯之得。因其富厚，交通王侯，力过吏势，以利相倾；千里游敖，冠盖相望，乘坚策肥，履丝曳缟。此商人所以兼并农人，农人所以流亡者也。今法律贱商人，商人已富贵矣；尊农夫，农夫已贫贱矣。故俗之所贵，主之所贱也；吏之所卑，法之所尊也。上下相反，好恶乖迕，而欲国富法立，不可得也。

方今之务，莫若使民务农而已矣。欲民务农，在于贵粟；贵粟之道，在于使民以粟为赏罚。今募天下入粟县官，得以拜爵，得以除罪。如此，富人有爵，农民有钱，粟有所渫。夫能入粟以受爵，皆有馀者也。取于有馀，以供上用，则贫民之赋可损，所谓“损有余、补不足”，令出而民利者也。顺于民心，所补者三：一曰主用足，二曰民赋少，三曰劝农功。今令民有车骑马一匹者，复卒三人。车骑者，天下武备也，故为复卒。神农之教曰："有石城十仞，汤池百步，带甲百万，而无粟，弗能守也。"以是观之，粟者，王者大用，政之本务。令民入粟受爵，至五大夫以上，乃复一人耳，此其与骑马之功相去远矣。爵者，上之所擅，出于口而亡穷；粟者，民之所种，生于地而不乏。夫得高爵与免罪，人之所甚欲也。使天下人入粟于边，以受爵免罪，不过三岁，塞下之粟必多矣。

陛下幸使天下入粟塞下以拜爵，甚大惠也。窃窃恐塞卒之食不足用大渫天下粟。边食足以支五岁，可令入粟郡县矣；足支一岁以上，可时赦，勿收农民租。如此，德泽加于万民，民俞勤农。时有军役，若遭水旱，民不困乏，天下安宁；岁孰且美，则民大富乐矣。

《论贵粟疏》是西汉政治家晁错向汉文帝提出的关于重视粮食储备、发展农业生产的一篇奏疏，出自《汉书·食货志》。该奏疏采用正反对比的方式，围绕"贵粟"展开论述。文章首先谈到尧、舜时期连年遭遇水旱之灾，而西汉因"畜积多而备先具"而未遭遇水旱灾荒，借此提出粮食储蓄不充足的严重性，论述了农业对国计民生的重要性；接着描写百姓因为缺粮而流离失所，分析农民的生活境遇和商人的不劳而获，论证了社会现状的黑暗；最后陈述劝农务本、奖励粮食生产及发展农业生产的具体办法。

诵读这篇文章和诵读论说文一样，重在说理。

为徐敬业讨武曌檄

骆宾王

伪临朝武氏者，性非和顺，地实寒微。昔充太宗下陈，曾以更衣入侍。洎乎晚节，秽乱春宫。潜隐先帝之私，阴图后房之嬖。入门见嫉，蛾眉不肯让人；掩袖工谗，狐媚偏能惑主。践元后于翚翟，陷吾君于聚麀。加以虺蜴为心，豺狼成性，近狎邪僻，残害忠良，杀姊屠兄，弑君鸩母。人神之所同嫉，天地之所不容。犹复包藏祸心，窥窃神器。君之爱子，幽之于别宫；贼之宗盟，委之以重任。呜呼！霍子孟之不作，朱虚侯之已亡。燕啄皇孙，知汉祚之将尽；龙漦帝后，识夏庭之遽衰。

敬业皇唐旧臣，公侯冢子。奉先君之成业，荷本朝之厚恩。宋微子之兴悲，良有以也；袁君山之流涕，岂徒然哉！是用气愤风云，志安社稷。因天下之失望，顺宇内之推心，爰举义旗，以清妖孽。南连百越，北尽三河，铁骑成群，玉轴相接。海陵红粟，仓储之积靡穷；江浦黄旗，匡复之功何远。班声动而北风起，剑气冲而南斗平。喑鸣则山岳崩颓，叱咤则风云变色。以此制敌，何敌不摧？以此图功，何功不克？

公等或居汉地，或叶周亲，或膺重寄于话言，或受顾命于宣室。言犹在耳，忠岂忘心？一抔之土未干，六尺之孤何托！倘能转祸为福，送往事居，共立勤王之勋，无废旧君之命，凡诸爵赏，同指山河。若其眷恋穷城，徘徊歧路，坐昧先几之兆，必贻后至之诛。请看今日之域中，竟是谁家之天下！移檄州郡，咸使知闻。

这是骆宾王创作的一篇檄文。此文开篇即历数武则天之累累罪恶，层层揭露，有如贯珠，事昭理辨，并点明武氏乃亡国之祸根，从而道出讨伐武氏之必要性；再写起兵讨武之正义性，气盛而辞断；最后向敌方晓以赏罚诱胁。全文综合运用对仗、用典、夸张等表现手法来烘托文章气势，对人晓之以理，动之以情，表现出强有力的说服力和号召力。

第四节　小说

小说是文学的一种样式，一般描写人物故事，塑造多种多样的人物形象，但亦有例外。它是拥有完整布局、发展及主题的文学作品，以刻画人物为中心，通过完整的故事情节和具体的环境描写来反映社会生活。

上古到先秦两汉的古代神话传说、寓言故事促成了小说的孕育和形成；魏晋南北朝时期，出现了志人、志怪小说，其情节结构比较简单、粗略；唐传奇的出现，标志着中国古代小说的成熟；宋代的话本、明代的拟话本的出现，推动了古代小说的发展，拟话本的题材更加广泛，情节更加曲折，描写更加细腻；明清章回体小说将古代小说逐渐推向顶峰，这些小说包括《三国演义》《水浒传》《西游记》《金瓶梅》《聊斋志异》《儒林外史》《红楼梦》《镜花缘》等，而《红楼梦》则是古代小说的顶峰。

《柳毅传》（节选）

李朝威

仪凤中，有儒生柳毅者，应举下第，将还湘滨。念乡人有客于泾阳者，遂往告别。至六七里，鸟起马惊，疾逸道左。又六七里，乃止。见有妇人，牧羊于道畔。毅怪视之，乃殊色也。然而蛾脸不舒，巾袖无光，凝听翔立，若有所伺。毅诘之曰："子何苦而自辱如是？"妇始楚而谢，终泣而对曰："贱妾不幸，今日见辱问于长者。然而恨贯肌骨，亦何能愧避？幸一闻焉。妾，洞庭龙君小女也。父母配嫁泾川次子，而夫婿乐逸，为婢仆所惑，日以厌薄。既而将诉于舅姑，舅姑爱其子，不能御。迨诉频切，又得罪舅姑。舅姑毁黜以至此。"言讫，歔欷流涕，悲不自胜。又曰："洞庭于兹，相远不知其几多也？长天茫茫，信耗莫通，心目断尽，无所知哀。闻君将还吴，密通洞庭。或以尺书寄托侍者，未卜将以为可乎？"毅曰："吾义夫也。闻子之说，气血俱动，恨无毛羽，不能奋飞，是何可否之谓乎！然而洞庭深水也。吾行尘间，宁可致意耶？惟恐道途显晦，不相通达，致负诚托，又乖恳愿。子有何术可导我邪？"女悲泣且谢，曰："负载珍重，不复言矣。脱获回耗，虽死必谢。君不许，何敢言。既许而问，则洞庭之与京邑，不足为异也。"毅请闻之。女曰："洞庭之阴，有大橘树焉，乡人谓之'社橘'。君当解去兹带，束以他物。然后叩树三发，当有应者。因而随之，无有碍矣。幸君子书叙之外，悉以心诚之话倚托，千万无渝！"毅曰："敬闻命矣。"女遂于襦间解书，再拜以进。东望愁泣，若不自胜。毅深为之戚，乃致书囊中，因复谓曰："吾不知子之牧羊，何所用哉？神祇岂宰杀乎？"女曰："非羊也，雨工也。""何为雨工？"曰："雷霆之类也。"毅顾视之，则皆矫顾怒步，饮龁甚异，而大小毛角，则无别羊焉。毅又曰："吾为使者，他日归洞庭，幸勿相避。"女曰："宁止不避，当如亲戚耳。"语竟，引别东去。不数十步，回望女与羊，俱亡所见矣。

这是一个爱情神话故事，讲述了在唐代仪凤年间，有个落第书生柳毅，在回乡途中路过泾阳，遇见龙女在荒野牧羊。龙女向他诉说了受丈夫泾川君次子和公婆虐待的情形，请求柳毅带信给她的父亲洞庭君。柳毅激于义愤，替她投书。洞庭君之弟钱塘君闻知此事，大怒，飞向泾阳，把侄婿杀掉，救回了龙女。钱塘君深感柳毅为人高义，就要龙女嫁给他，但因言语傲慢，遭到柳毅的严词拒绝。其后柳毅续娶范阳卢氏，实际是龙女化身。他俩终于成了幸福夫妇。

红楼梦　第七十七回
俏丫鬟抱屈夭风流　美优伶斩情归水月
（节选）

晴雯给王夫人赶出大观园，宝玉伤心痛哭不已。一时，他将一切人稳住，便独自出了后角门，央求老婆子带他到晴雯家去。那婆子先是百般不肯，只说怕人知道，“回了太太，我还吃饭不吃饭！”无奈宝玉死活央告，又许给些钱，那婆子才带了他去了。再说晴雯被赶出大观园之后，就住在她姑舅哥哥家。她嫂子哪有心思照管，吃了饭便自己串门去了，就留下晴雯一个人，在外间屋子趴着。宝玉来了，就叫那婆子在门外瞭望，自己便掀开布帘进去，一看晴雯睡在一个芦席土炕上，幸而被褥还是旧日她自己盖的。宝玉心中不知怎么才好，就含泪上前伸手轻轻地拉晴雯，悄悄地唤两声。当下晴雯又因着了风，又受了他哥嫂的气，病上加病，咳了一日，才朦胧睡了。忽听有人唤她，便勉强睁开双眼，一见是宝玉，又惊又喜，又悲又痛，便一把死攥着宝玉的手。哽咽了半天才说：“我以为再也看不见你了。”宝玉也只有哽咽的份。晴雯道：“阿弥陀佛，你来得正好，且把那茶倒半碗我喝。渴了半日，叫半个人也叫不到。”宝玉擦着眼泪问：“茶在哪儿？”晴雯道：“在炉台上。”宝玉看时，虽有个黑煤乌嘴的吊子，却不像个茶壶。只得在桌上拿起一个碗来，还没拿到手，先闻得一股油膻味。宝玉只得用水洗了两次，又用自己的手绢擦了，闻一闻还有些气味。没奈何，提起壶来斟了半碗。一看茶，绛红色的，也不大像茶啊。晴雯扶着枕头说：“快给我喝一口罢！这就是茶了。哪里比得上咱们的茶呢！”宝玉听说，忙自己先尝了一尝，咸涩不堪，且无茶味，只得递给晴雯。谁知晴雯竟像得了甘露一般，一气都灌下去了。宝玉看了眼泪直流，竟不知道自己的身子为何物了。宝玉说：“你有什么说的，趁没人快告诉我。”晴雯呜咽道：“我还有什么可说的！不过挨一刻是一刻，挨一日是一日。我自己知道横竖不过三五日的光景，我就可以回去了。只是一件，我死也想不通：虽说我比别人生得好些，可是并没有私情勾引你，怎么一口死咬定说我是狐狸精！如今不是我说一句后悔的话，早知如此，我当日……”说到这儿，晴雯气往上咽，便说不下去，手脚都已经冰冷。宝玉又急又痛又害怕，便歪在席上，一手拉着晴雯的手，一手轻轻地给她拍打着，又不敢大声叫唤，真正是万千攒心了。好一会儿，晴雯才哭出声来。宝玉拉着她的手，只觉瘦如枯柴，腕上还戴着四个银镯，宝玉说：“快取下来，等好了再戴上去。”晴雯一边擦着眼泪一边把那只手缩了回来，搁在口边狠命一咬，只听咯吱一声，把两根葱管一般的指甲齐根咬了下来，晴雯把指甲递给宝玉，又回手扎挣着，连揪带脱把贴身穿着的那件红绫旧小袄脱下来，递给宝玉说："这个你拿着，见它如见我一般。快，快把你的袄儿脱了我穿。将来我在棺材里独自躺着，也就好像还在怡红院一样。论理不该如此，只是既担了虚名，我也是无可如何了。"宝玉听说，忙宽衣换上，藏了指甲。晴雯又说："回去他们看见要问，不必撒谎，就说是我的。既担了虚名，越性如此，也不过是这样了。"这时候天色已晚，两人自是依依不舍，也少不得一别，晴雯知道宝玉难以离去，便用被子蒙着头，总不理他，宝玉这才去了。

第十八章 传世经典

第一节 《易经》

《易经》被誉为诸经之首，含盖万有，纲纪群伦，广大精微，包罗万象，是中华文明的源头。其内容涉及政治、经济、生活、文学、医学、艺术、科学等诸多领域，是各家共同的经典。

泰卦 第十一

泰，小往大来，吉亨。

《彖》曰："泰，小往大来，吉亨"，则是天地交而万物通也；上下交而其志同也。内阳而外阴，内健而外顺，内君子而外小人，君子道长，小人道消也。

《象》曰：天地交，泰。后以财成天地之道，辅相天地之宜，以左右民。

初九：拔茅茹，以其汇。征吉。

《象》曰："拔茅""征吉"，志在外也。

九二，包荒，用冯河，不遐遗。朋亡，得尚于中行。

《象》曰："包荒""得尚于中行"，以光大也。

九三：无平不陂，无往不复。艰贞无咎。勿恤其孚，于食有福。

《象》曰："无往不复"，天地际也。

六四：翩翩，不富，以其邻，不戒以孚。

《象》曰："翩翩，不富"，皆失实也。"不戒以孚"，中心愿也。

六五：帝乙归妹，以祉元吉。

《象》曰："以祉元吉"，中以行愿也。

上六：城复于隍。勿用师，自邑告命，贞吝。

《象》曰："城复于隍"，其命乱也。

泰卦，为《易经》六十四卦之第十一卦。泰卦展示"泰"形势下的各种可能性。"泰"是安定的意思。泰卦的主卦是乾卦，卦象是天，阳数是七；客卦是坤卦，卦象是地，阳数是零。

系辞上传　第一章

天尊地卑，乾坤定矣。卑高以陈，贵贱位矣。动静有常，刚柔断矣。方以类聚，物以群分，吉凶生矣。在天成象，在地成形，变化见矣。是故刚柔相摩，八卦相荡。鼓之以雷霆，润之以风雨；日月运行，一寒一暑。乾道成男，坤道成女。乾知大始，坤作成物。

乾以易知，坤以简能。易则易知，简则易从；易知则有亲，易从则有功。有亲则可久，有功则可大。可久则贤人之德，可大则贤人之业。易简而天下之理得矣。天下之理得而成位乎其中矣。

《系辞》是后代解说《易》的七种《传》之一，分上、下两篇，大约写成于汉代初期。它对《易》的内容作了全面分析和论述，并提出了自己的看法，具有一定的代表性。这里选录其中一部分。实际上《系辞传》第一章就是阐释太极生两仪，两仪生四象，四象生八卦，八卦生吉凶。

第二节 《尚书》

《尚书》，最早书名为《书》，是一部追述上古事迹著作的汇编，分为《虞书》《夏书》《商书》《周书》。

尧典

曰若稽古帝尧，曰放勋，钦、明、文、思、安安。允恭克让。光被四表，格于上下。克明俊德，以亲九族；九族既睦，平章百姓；百姓昭明，协和万邦；黎民于变时雍。

乃命羲和，钦若昊天历象——日月星辰，敬授民时。

分命羲仲宅嵎夷曰旸谷，寅宾出日，平秩东作。日中，星鸟，以殷仲春。厥民析，鸟兽孳尾。

申命羲叔宅南交，平秩南为，敬致。日永，星火，以正仲夏。厥民因，鸟兽希革。

分命和仲宅西曰昧谷。寅饯纳日，平秩西成。宵中、星虚，以殷仲秋。厥民夷，鸟兽毛毨。

申命和叔宅朔方曰幽都。平在朔易。日短、星昴，以正仲冬。厥民隩，鸟兽氄毛。

帝曰："咨汝羲暨和，期三百有六旬有六日，以闰月定四时成岁。"

允厘百工，庶绩咸熙。帝曰："畴咨若时登庸？"放齐曰："胤子朱启明。"帝曰："吁！嚚讼可乎？"

帝曰："畴咨若予采？"驩兜曰："都！共工方鸠僝功。"帝曰："吁！静言庸违，象恭滔天。"

帝曰："咨！四岳。汤汤洪水方割，荡荡怀山襄陵，浩浩滔天，下民其咨，有能俾乂？"佥曰："于！鲧哉。"帝曰："吁！咈哉，方命圮族。"岳曰："异哉！试可乃已。"帝曰，"往，钦哉！"九载，绩用弗成。

帝曰："咨！四岳。朕在位七十载，汝能庸命巽朕位。"岳曰："否德，忝帝位。"曰："明明扬侧陋。"师锡帝曰："有鳏在下，曰虞舜。"帝曰："俞！予闻，如何？"岳曰："瞽子，父顽母嚚，象傲；克谐以孝，烝烝乂，不格奸。"帝曰："我其试哉！"

女于时，观厥刑于二女，厘降二女于妫汭，嫔于虞。

帝曰："钦哉！"

盘庚 下

盘庚迁于殷，民不适有居，率吁众戚出矢言。曰："我王来，既爰宅于兹，重我民，无尽刘。不能胥匡以生，卜稽曰其如台？先王有服，恪谨天命，兹犹不常宁；不常厥邑，于今五邦。今不承于古，罔知天之断命，矧曰其克从先王之烈！若颠木之有由蘖，天其永我命于兹新邑，绍复先王之大业，厎绥四方。"

盘庚敩（xiào）于民由乃在位，以常旧服正法度。曰："无或敢伏小人之攸箴！”王命众悉至于庭。

王若曰：“格汝众，予告汝训汝，猷黜乃心；无傲从康。

“古我先王亦惟图任旧人共政。王播告之，修不匿厥指，王用丕钦；罔有逸言，民用丕变。今汝聒聒，起信险肤，予弗知乃所讼！非予自荒兹德，惟汝含德，不惕予一人。予若观火，予亦拙谋作乃逸。

“若网在纲，有条而不紊。若农服田力穑，乃亦有秋。汝克黜乃心，施实德于民，至于婚友，丕乃敢大言，汝有积德。乃不畏戎毒于远迩，惰农自安，不昏作劳，不服田亩，越其罔有黍稷。

“汝不和吉言于百姓，惟汝自生毒。乃败祸奸宄。以自灾于厥身，乃既先恶于民，乃奉其恫，汝悔身何及！相时憸民，犹胥顾于箴言，其发有逸口；矧予制乃短长之命！汝曷弗告朕而胥动以浮言，恐沉于众？若火之燎于原，不可向迩，其犹可扑灭。则惟汝众自作弗靖，非予有咎！”

“迟任有言曰：‘人惟求旧；器非求旧，惟新。’古我先王暨乃祖乃父胥及逸勤，予敢动用非罚？世选尔劳，予不掩尔善。兹予大享于先王，尔祖其从与享之。作福、作灾，予亦不敢动用非德。

“予告汝于难，若射之有志。汝无侮老成人，无弱孤有幼；各长于厥居，勉出乃力，听予一人之作猷。

“无有远迩：用罪伐厥死，用德彰厥善。邦之臧，惟汝众；邦之不臧，惟予一人有佚罚。

“凡尔众，其惟致告：自今至于后日，各共尔事，齐乃位，度乃口。罚及尔身，弗可悔！”

第三节　《道德经》

《道德经》，春秋时期老子所著的哲学作品，又称《道德真经》《老子》《五千言》《老子五千文》，是中国古代先秦诸子分家前的一部著作，是道家哲学思想的重要来源。《道德经》分上、下两篇，共81章，上篇前37章《道经》，下篇38章以后为《德经》。

道可道，非常道；名可名，非常名。
无名，万物之始；有名，万物之母。
故常无欲，以观其妙；常有欲，以观其徼。
此两者，同出而异名，同谓之玄，玄之又玄，众妙之门。

——《道德经》（第一章）

不尚贤，使民不争；不贵难得之货，使民不为盗；不见可欲，使民心不乱。是以圣人之治，虚其心，实其腹，弱其志，强其骨，常使民无知无欲。使夫智者不敢为也。为无为，则无不治。

——《道德经》（第三章）

上善若水，水善利万物而不争。处众人之所恶，故几于道。居善地，心善渊，与善仁，言善信，正善治，事善能，动善时。夫唯不争，故无尤。

——《道德经》（第八章）

五色令人目盲，五音令人耳聋，五味令人口爽，驰骋畋猎令人心发狂，难得之货令人行妨。是以圣人为腹不为目，故去彼取此。

——《道德经》（第十二章）

知其雄，守其雌，为天下谿。为天下谿，常德不离，复归于婴儿。知其白，守其黑，为天下式。为天下式，常德不忒，复归于无极。知其荣，守其辱，为天下谷。为天下谷，常德乃足，复归于朴。朴散则为器，圣人用之，则为官长。故大制不割。

——《道德经》（第二十八章）

其安易持，其未兆易谋，其脆易泮，其微易散。为之于未有，治之于未乱。合抱之木，生于毫末；九层之台，起于累土；千里之行，始于足下。为者败之，执者失之，是以圣人无为故无败，无执故无失。民之从事，常于几成而败之。慎终如始，则无败事。

——《道德经》（第六十四章）（节选）

小国寡民。使有什伯人之器而不用；使民重死而不远徙；虽有舟舆，无所乘之；虽有甲兵，无所陈之；使民复结绳而用之。甘其食，美其服，安其居，乐其俗。邻国相望，鸡犬之声相闻，民至老死，不相往来。

——《道德经》（第八十章）

第四节　《庄子》

《庄子》又名《南华经》，是战国中后期庄子及其后学所著道家学说汇总。《庄子》对工具理性也进行了深刻批判。《庄子》进一步提出了“得意忘言”的观点。到了汉代以后，尊庄子为南华真人，因此《庄子》亦称《南华经》。其书与《老子》《周易》合称“三玄”。《庄子》一书主要反映了庄子的批判哲学、艺术、美学、审美观等。其内容丰富，博大精深，涉及哲学、人生、政治、社会、艺术、宇宙生成论等诸多方面。

逍遥游

北冥有鱼，其名为鲲。鲲之大，不知其几千里也。化而为鸟，其名为鹏。鹏之背，不知其几千里也。怒而飞，其翼若垂天之云。是鸟也，海运则将徙于南冥。南冥者，天池也。

《齐谐》者，志怪者也。《谐》之言曰：“鹏之徙于南冥也，水击三千里，抟扶摇而上者九万里，去以六月息者也。”野马也，尘埃也，生物之以息相吹也。天之苍苍，其正色邪？其远而无所至极邪？其视下也，亦若是则已矣。

且夫水之积也不厚，则其负大舟也无力。覆杯水于坳堂之上，则芥为之舟，置杯焉则胶，水浅而舟大也。风之积也不厚，则其负大翼也无力。故九万里则风斯在下矣，而后乃今培风；背负青天而莫之夭阏者，而后乃今将图南。

蜩与学鸠笑之曰：“我决起而飞，抢榆枋，时则不至而控于地而已矣，奚以之九万里而南为？”适莽苍者，三飡而反，腹犹果然；适百里者，宿舂粮；适千里者，三月聚粮。之二虫又何知！

小知不及大知，小年不及大年。奚以知其然也？朝菌不知晦朔，蟪蛄不知春秋，此小年也。楚之南有冥灵者，以五百岁为春，五百岁为秋；上古有大椿者，以八千岁为春，八千岁为秋，此大年也。而彭祖乃今以久特闻，众人匹之，不亦悲乎？

汤之问棘也是已：“穷发之北，有冥海者，天池也。有鱼焉，其广数千里，未有知其修者，其名为鲲。有鸟焉，其名为鹏，背若太山，翼若垂天之云；抟扶摇羊角而上者九万里，绝云气，负青天，然后图南，且适南冥也。斥鴳笑之曰：‘彼且奚适也？我腾跃而上，不过数仞而下，翱翔蓬蒿之间，此亦飞之至也！而彼且奚适也？’”此小大之辩也。

故夫知效一官，行比一乡，德合一君而征一国者，其自视也，亦若此矣。而宋荣子犹然笑之。且举世而誉之而不加劝，举世而非之而不加沮，定乎内外之分，辩乎荣辱之境，斯已矣。彼其于世，未数数然也。虽然，犹有未树也。

夫列子御风而行，泠然善也，旬有五日而后反。彼于致福者，未数数然也。此虽免乎行，犹有所待者也。

若夫乘天地之正，而御六气之辩，以游无穷者，彼且恶乎待哉！故曰：至人无己，神人无功，圣人无名。

此文主题是追求绝对自由的人生观。作者认为，只有忘却物我的界限，达到无己、无功、无名的境界，无所依凭而游于无穷，才是真正的“逍遥游”。文章先是通过大鹏与蜩、学鸠等小动物的对比，阐述了

“小”与“大”的区别；在此基础上，作者指出，无论是不善飞翔的蜩与学鸠，还是能借风力飞到九万里高空的大鹏，甚至是可以御风而行的列子，它们都是“有所待”而不自由的，从而引出并阐述了“至人无己，神人无功，圣人无名”的道理；最后通过惠子与庄子的“有用”“无用”之辩，说明不为世所用才能“逍遥”。全文想象丰富，构思新颖，雄奇怪诞，汪洋恣肆，字里行间洋溢着浪漫主义精神。

第五节　《论语》

《论语》是春秋时期思想家、教育家孔子的弟子及再传弟子记录孔子及其弟子言行而编成的语录文集，成书于战国前期。全书共20篇492章，以语录体为主，叙事体为辅，较为集中地体现了孔子及儒家学派的政治主张、伦理思想、道德观念、教育原则等。

子曰：“学而时习之，不亦说乎？有朋自远方来，不亦乐乎？人不知而不愠，不亦君子乎？”

曾子曰：“吾日三省吾身：为人谋而不忠乎？与朋友交而不信乎？传不习乎？”

子曰：“弟子入则孝，出则弟，谨而信，泛爱众，而亲仁。行有余力，则以学文。

曾子曰：“慎终，追远，民德归厚矣！”

——《论语·学而篇》（节选）

子曰：“吾十有五而志于学，三十而立，四十而不惑，五十而知天命，六十而耳顺，七十而从心所欲，不逾矩。”

子曰：“温故而知新，可以为师矣。”

子曰：“君子周而不比，小人比而不周。”

子曰：“学而不思则罔，思而不学则殆。”

哀公问曰：“何为则民服？”孔子对曰：“举直错诸枉，则民服；举枉错诸直，则民不服。”

——《论语·为政篇》（节选）

子曰：“回也，其心三月不违仁；其余则日月至焉而已矣。”

子曰：“贤哉！回也。一箪食，一瓢饮，在陋巷，人不堪其忧，回也不改其乐。贤哉！回也。”

子曰：“知之者不如好之者，好之者不如乐之者。”

子曰：“中人以上，可以语上也；中人以下，不可以语上也。”

——《论语·雍也篇》（节选）

子曰：“饭疏食，饮水，曲肱而枕之，乐亦在其中矣！不义而富且贵，于我如浮云。”

子曰：“我非生而知之者，好古，敏以求之者也。”

子曰：“三人行，必有我师焉！择其善者而从之，其不善者而改之。”

子曰：“君子坦荡荡，小人长戚戚。”

——《论语·述而篇》（节选）

颜渊喟然叹曰："仰之弥高，钻之弥坚，瞻之在前，忽焉在后！夫子循循然善诱人，博我以文，约我以礼，欲罢不能。既竭吾才，如有所立卓尔。虽欲从之，末由也已！"

子在川上曰："逝者如斯夫！不舍昼夜。"

子曰："吾未见好德如好色者也。"

子曰："三军可夺帅也，匹夫不可夺志也。"

——《论语·子罕篇》（节选）

子张曰："士见危致命，见得思义，祭思敬，丧思哀，其可已矣。"

子夏曰："博学而笃志，切问而近思，仁在其中矣。"

子夏曰："仕而优则学，学而优则仕。"

子贡曰："君子之过也，如日月之食焉：过也，人皆见之；更也，人皆仰之。"

叔孙武叔毁仲尼。子贡曰："无以为也！仲尼不可毁也。他人之贤者，丘陵也，犹可逾也；仲尼，日月也，无得而逾焉。人虽欲自绝，其何伤于日月乎？多见其不知量也！"

——《论语·子张篇》节选）

第六节　《孟子》

《孟子》一书是孟子的言论汇编，由孟子及其弟子共同编写而成，记录了孟子的语言、政治观点（仁政、王霸之辨、民本、格君心之非、民贵君轻）和政治行动，属儒家经典著作。南宋时朱熹将《孟子》与

《论语》《大学》《中庸》合在一起称“四书”。自宋、元、明、清以来，四书都是家传户诵的典籍，直到清末，都是科举必考内容。《孟子》是四书中篇幅最大、部头最重的一本，有35000字左右。

梁惠王上

孟子见梁惠王。王曰：“叟！不远千里而来，亦将有以利吾国乎？”

孟子对曰：“王！何必曰利？亦有仁义而已矣。王曰：‘何以利吾国？’大夫曰：‘何以利吾家？’士庶人曰：‘何以利吾身？’上下交征利而国危矣。万乘之国，弑其君者，必千乘之家；千乘之国，弑其君者，必百乘之家。万取千焉，千取百焉，不为不多矣。苟为后义而先利，不夺不餍。未有仁而遗其亲者也，未有义而后其君者也。王亦曰仁义而已矣，何必曰利？”

孟子见梁惠王，王立于沼上，顾鸿雁麋鹿，曰：“贤者亦乐此乎？”

孟子对曰：“贤者而后乐此，不贤者，虽有此不乐也。《诗》云：‘经始灵台，经之营之，庶民攻之，不日成之。经始勿亟，庶民子来。王在灵囿，麀鹿攸伏，麀鹿濯濯，白鸟鹤鹤。王在灵沼，於牣鱼跃。’文王以民力为台为沼，而民欢乐之，谓其台曰灵台，谓其沼曰灵沼，乐其有麋鹿鱼鳖。古之人与民偕乐，故能乐也。《汤誓》曰：‘时日害丧，予及女偕亡。’民欲与之偕亡，虽有台池鸟兽，岂能独乐哉？”

梁惠王曰：“寡人之于国也，尽心焉耳矣。河内凶，则移其民于河东，移其粟于河内。河东凶亦然。察邻国之政，无如寡人之用心者。邻国之民不加少，寡人之民不加多，何也？”

孟子对曰：“王好战，请以战喻。填然鼓之，兵刃既接，弃甲曳兵而走。或百步而后止，或五十步而后止。以五十步笑百步，则何如？”

曰：“不可，直不百步耳，是亦走也。”

曰：“王如知此，则无望民之多于邻国也。不违农时，谷不可胜食也；数罟不入洿池，鱼鳖不可胜食也；斧斤以时入山林，材木不可胜用也。谷与鱼鳖不可胜食，材木不可胜用，是使民养生丧死无憾也。养生丧死无憾，王道之始也。”

“五亩之宅，树之以桑，五十者可以衣帛矣。鸡豚狗彘之畜，无失其时，七十者可以食肉矣。百亩之田，勿夺其时，数口之家可以无饥矣。谨庠序之教，申之以孝悌之义，颁白者不负戴于道路矣。七十者衣帛食肉，黎民不饥不寒，然而不王者，未之有也。

“狗彘食人食而不知检，涂有饿莩而不知发；人死，则曰：‘非我也，岁也。’是何异于刺人而杀之，曰：‘非我也，兵也。’王无罪岁，斯天下之民至焉。”

梁惠王曰：“寡人愿安承教。”孟子对曰：“杀人以梃与刃，有以异乎？”曰：“无以异也。”“以刃与政，有以异乎？”曰：“无以异也。”曰：“庖有肥肉，厩有肥马，民有饥色，野有饿莩，此率兽而食人也。兽相食，且人恶之；为民父母，行政，不免于率兽而食人，恶在其为民父母也？仲尼曰：‘始作俑者，其无后乎！’为其象人而用之也。如之何其使斯民饥而死也？”

梁惠王曰：“晋国，天下莫强焉，叟之所知也。及寡人之身，东败于齐，长子死焉；西丧地于秦七百里；南辱于楚。寡人耻之，愿比死者壹洒之，如之何则可？” 孟子对曰：“地方百里而可以王。王如施仁政于民，省刑罚，薄税敛，深耕易耨，壮者以暇日修其孝悌忠信，入以事其父兄，出以事其长上，可使制梃以挞秦、楚之坚甲利兵矣。彼夺其民时，使不得耕耨以养其父母。父母冻饿，兄弟妻子离散。彼陷溺其民，王往而征之，夫谁与王敌？故曰：‘仁者无敌。’王请勿疑！”

孟子见梁襄王，出，语人曰：“望之不似人君，就之而不见所畏焉。卒然问曰：‘天下恶乎定？’吾对曰：‘定于一。’‘孰能一之？’对曰：‘不嗜杀人者能一之。’‘孰能与之？’对曰：‘天下莫不与也。王知夫苗乎？七八月之间旱，则苗槁矣。天油然作云，沛然下雨，则苗浡然兴之矣。其如是，孰能御之？今夫天下之人牧，未有不嗜杀人者也。如有不嗜杀人者，则天下之民皆引领而望之矣。诚如是也，民归之，由水之就下，沛然谁能御之？’”

齐宣王问曰：“齐桓、晋文之事，可得闻乎？”孟子对曰：“仲尼之徒无道桓文之事者，是以后世无传焉，臣未之闻也。无以，则王乎？”曰：“德何如则可以王矣？”曰：“保民而王，莫之能御也。”曰：“若寡人者，可以保民乎哉？”曰：“可。”曰：“何由知吾可也？”曰：“臣闻之胡龁曰，王坐于堂上，有牵牛而过堂下者，王见之，曰：‘牛何之？’对曰：‘将以衅钟。’王曰：‘舍之！吾不忍其觳觫，若无罪而就死地。’对曰：‘然则废衅钟与？’曰：‘何可废也？以羊易之！’——不识有诸？”曰：“有之。”

曰：“是心足以王矣。百姓皆以王为爱也，臣固知王之不忍也。”王曰：“然。诚有百姓者。齐国虽褊小，吾何爱一牛？即不忍其觳觫，若无罪而就死地，故以羊易之也。”曰：“王无异于百姓之以王为爱也。以小易大，彼恶知之？王若隐其无罪而就死地，则牛羊何择焉？”王笑曰：“是诚何心哉？我非爱其财，而易之以羊也，宜乎百姓之谓我爱也。”

曰：“无伤也，是乃仁术也，见牛未见羊也。君子之于禽兽也，见其生，不忍见其死；闻其声，不忍食其肉。是以君子远庖厨也。”王说，曰：“《诗》云：‘他人有心，予忖度之。’夫子之谓也。夫我乃行之，反而求之，不得吾心。夫子言之，于我心有戚戚焉。此心之所以合于王者，何也？”曰：“有复于王者曰：‘吾力足以举百钧，而不足以举一羽；明足以察秋毫之末，而不见舆薪。’则王许之乎？”曰：“否。”

“今恩足以及禽兽，而功不至于百姓者，独何与？然则一羽之不举，为不用力焉；舆薪之不见，为不用明焉；百姓之不见保，为不用恩焉。故王之不王，不为也，非不能也。”曰：“不为者与不能者之形何以异？”曰：“挟太山以超北海，语人曰：‘我不能。’是诚不能也。为长者折枝，语人曰：‘我不能。’是不为也，非不能也。故王之不王，非挟太山以超北海之类也；王之不王，是折枝之类也。”

“老吾老，以及人之老；幼吾幼，以及人之幼。天下可运于掌。《诗》云：‘刑于寡妻，至于兄弟，以御于家邦。’言举斯心加诸彼而已。故推恩足以保四海，不推恩无以保妻子。古之人所以大过人者，无他焉，善推其所为而已矣。今恩足以及禽兽，而功不至于百姓者，独何与？权，然后知轻重；度，然后知长短。物皆然，心为甚。王请度之！抑王兴甲兵，危士臣，构怨于诸侯，然后快于心与？”

王曰：“否；吾何快于是？将以求吾所大欲也。”曰：“王之所大欲，可得闻与？”王笑而不言。曰：“为肥甘不足于口与？轻暖不足于体与？抑为采色不足视于目与？声音不足听于耳与？便嬖不足使令于前与？王之诸臣皆足以供之，而王岂为是哉？”曰：“否；吾不为是也。”曰：“然则王之所大欲可知已，欲辟土地，朝秦、楚，莅中国而抚四夷也。以若所为，求若所欲，犹缘木而求鱼也。”王曰：“若是其甚与？”曰：“殆有甚焉。缘木求鱼，虽不得鱼，无后灾。以若所为求若所欲，尽心力而为之，后必有灾。”

曰：“可得闻与？”曰：“邹人与楚人战，则王以为孰胜？”曰：“楚人胜。”曰：“然则小固不可以敌大，寡固不可以敌众，弱固不可以敌强。海内之地方千里者九，齐集有其一。以一服八，何以异于邹敌楚哉？盖亦反其本矣。今王发政施仁，使天下仕者皆欲立于王之朝，耕者皆欲耕于王之野，商贾皆欲藏于王之市，行旅皆欲出于王之途，天下之欲疾其君者，皆欲赴愬于王。其若是，孰能御之？”王曰：“吾惛，不能进于是矣。愿夫子辅吾志，明以教我。我虽不敏，请尝试之。”

曰：“无恒产而有恒心者，惟士为能。若民，则无恒产，因无恒心。苟无恒心，放辟邪侈，无不为已。及陷于罪，然后从而刑之，是罔民也。焉有仁人在位罔民而可为也？是故明君制民之产，必使仰足以事父母，俯足以畜妻子，乐岁终身饱，凶年免于死亡。然后驱而之善，故民之从之也轻。今也制民之产，仰不足以事父母，俯不足以畜妻子；乐岁终身苦，凶年不免于死亡。此惟救死而恐不赡，奚暇治礼义哉？”

“王欲行之，则盍反其本矣！五亩之宅，树之以桑，五十者可以衣帛矣。鸡豚狗彘之畜，无失其时，七十者可以食肉矣。百亩之田，勿夺其时，八口之家可以无饥矣。谨庠序之教，申之以孝悌之义，颁白者不负戴于道路矣。老者衣帛食肉，黎民不饥不寒，然而不王者，未之有也。”

第七节　《大学》

《大学》是一篇论述儒家修身齐家治国平天下思想的散文，原是《小戴礼记》第四十二篇，相传为春秋战国时期曾子所作，实为秦汉时儒家作品，是一部中国古代讨论教育理论的重要著作。

大学篇（节选）

大学之道，在明明德，在亲民，在止于至善。知止而后有定，定而后能静，静而后能安，安而后能虑，虑而后能得。物有本末，事有终始，知所先后，则近道矣。

古之欲明明德于天下者，先治其国；欲治其国者，先齐其家；欲齐其家者，先修其身；欲修其身者，先正其心；欲正其心者，先诚其意；欲诚其意者，先致其知；致知在格物。物格而后知至，知至而后意诚，意诚而后心正，心正而后身修，身修而后家齐，家齐而后国治，国治而后天下平。

自天子以至于庶人，壹是皆以修身为本。其本乱，而末治者否矣。其所厚者薄，而其所薄者厚，未之有也。

——《大学·第一章》

《康诰》曰："克明德。"《大甲》曰："顾諟天之明命。"《帝典》曰："克明峻德。"皆自明也。

——《大学·第二章》

汤之盘铭曰："苟日新，日日新，又日新。"《康诰》曰："作新民。"《诗》曰："周虽旧邦，其命惟新。"是故君子无所不用其极。

——《大学·第三章》

《诗》云："瞻彼淇澳，菉竹猗猗。有斐君子，如切如磋，如琢如磨。瑟兮僩兮，赫兮喧兮。有斐君子，终不可諠兮！"如切如磋者，道学也；如琢如磨者，自修也。瑟兮僩兮者，恂傈也；赫兮喧兮者，威仪也；有斐君子，终不可諠兮者，道盛德至善，民之不能忘也。

《诗》云："於戏！前王不忘。"君子贤其贤而亲其亲，小人乐其乐而利其利，此以没世不忘也。

——《大学·第四章》

子曰："听讼，吾犹人也，必也使无讼乎！"无情者不得尽其辞。大畏民志，此谓知本。

——《大学·第五章》

所谓诚其意者，毋自欺也。如恶恶臭，如好好色，此之谓自谦。故君子必慎其独也。小人闲居为不善，无所不至，见君子而后厌然，掩其不善，而著其善。

人之视己，如见其肺肝然，则何益矣。此谓诚于中，形于外，故君子必慎其独也。

曾子曰："十目所视，十手所指，其严乎！"富润屋，德润身，心广体胖，故君子必诚其意。

——《大学·第七章》

所谓修身在正其心者，身有所忿懥，则不得其正；有所恐惧，则不得其正；有所好乐，则不得其正；有所忧患，则不得其正。心不在焉，视而不见，听而不闻，食而不知其味。此谓修身在正其心。

——《大学·第八章》

所谓齐其家在修其身者，人之其所亲爱而辟焉，之其所贱恶而辟焉，之其所畏敬而辟焉，之其所哀矜而辟焉，之其所敖惰而辟焉。故好而知其恶，恶而知其美者，天下鲜矣！故谚有之曰："人莫知其子之恶，莫知其苗之硕。"此谓身不修不可以齐其家。

——《大学·第九章》

所谓治国必先齐其家者，其家不可教而能教人者，无之。故君子不出家而成教于国。孝者，所以事君也；弟者，所以事长也；慈者，所以使众也。《康诰》曰："如保赤子。"心诚求之，虽不中不远矣。未有学养子而后嫁者也。一家仁，一国兴仁；一家让，一国兴让；一人贪戾，一国作乱。其机如此。此谓一言偾事，一人定国。尧、舜率天下以仁，而民从之；桀、纣率天下以暴，而民从之。其所令反其所好，而民不从。是故君子有诸己而后求诸人，无诸己而后非诸人。所藏乎身不恕，而能喻诸人者，未之有也。故治国在齐其家。

《诗》云："桃之夭夭，其叶蓁蓁。之子于归，宜其家人。"宜其家人，而后可以教国人。

《诗》云："宜兄宜弟。"宜兄宜弟，而后可以教国人。

《诗》云："其仪不忒，正是四国。"其为父子兄弟足法，而后民法之也。此谓治国在齐其家。

——《大学·第十章》

所谓平天下在治其国者，上老老而民兴孝，上长长而民兴弟，上恤孤而民不倍。是以君子有絜矩之道也。

所恶于上，毋以使下；所恶于下，毋以事上；所恶于前，毋以先后；所恶于后，毋以从前；所恶于右，毋以交于左；所恶于左，毋以交于右。此之谓絜矩之道。

《诗》云："乐只君子，民之父母。"民之所好好之，民之所恶恶之，此之谓民之父母。《诗》云："节彼南山，维石岩岩。赫赫师尹，民具尔瞻。"有国者不可以不慎，辟则为天下僇矣。《诗》云："殷之未丧师，克配上帝。仪监于殷，峻命不易。"道得众则得国，失众则失国。

是故君子先慎乎德。有德此有人，有人此有土，有土此有财，有财此有用。

德者，本也；财者，末也。外本内末，争民施夺。是故财聚则民散，财散则民聚。是故言悖而出者，亦悖而入；货悖而入者，亦悖而出。

《康诰》曰："惟命不于常。"道善则得之，不善则失之矣。

《楚书》曰："楚国无以为宝，惟善以为宝。"舅犯曰："亡人无以为宝，仁亲以为宝。"

《秦誓》曰："若有一个臣，断断兮无他技，其心休休焉，其如有容焉。人之有技，若己有之。人之彦圣，其心好之，不啻若自其口出，实能容之。以能保我子孙黎民，尚亦有利哉！人之有技，媢嫉以恶之；人之彦圣，而违之俾不通，实不能容。以不能保我子孙黎民，亦曰殆哉！"唯仁人放流之，迸诸四夷，不与同中国。此谓唯仁人为能爱人，能恶人。见贤而不能举，举而不能先，命也。见不善而不能退，退而不能远，过也。好人之所恶，恶人之所好，是谓拂人之性，灾必逮夫身。是故君子有大道，必忠信以得之，骄泰以失之。

生财有大道：生之者众，食之者寡，为之者疾，用之者舒，则财恒足矣。仁者以财发身，不仁者以身发财。未有上好仁而下不好义者也，未有好义其事不终者也，未有府库财非其财者也。孟献子曰："畜马乘，不察于鸡豚；伐冰之家，不畜牛羊；百乘之家，不畜聚敛之臣。与其有聚敛之臣，宁有盗臣。"此谓国不以利为利，以义为利也。长国家而务财用者，必自小人矣。彼为善之，小人之使为国家，灾害并至。虽有善者，亦无如之何矣！此谓国不以利为利，以义为利也。

——《大学·第十一章》

第八节 《中庸》

《中庸》是中国古代论述人生修养境界的一部道德哲学专著，是儒家经典之一，原属《礼记》第三十一篇，相传为战国时期子思所作。其内容肯定“中庸”是道德行为的最高标准，认为“至诚”则达到人生的最高境界，并提出“博学之，审问之，慎思之，明辨之，笃行之”的学习过程和认识方法。

天命之谓性，率性之谓道，修道之谓教。道也者，不可须臾离也，可离非道也。是故君子戒慎乎其所不睹，恐惧乎其所不闻。莫见乎隐，莫显乎微，故君子慎其独也。喜怒哀乐之未发，谓之中；发而皆中节，谓之和。中也者，天下之大本也；和也者，天下之达道也。致中和，天地位焉，万物育焉。

——《中庸·第一章》

仲尼曰：“君子中庸，小人反中庸。君子之中庸也，君子而时中；小人之反中庸也，小人而无忌惮也。”

——《中庸·第二章》

子曰：“中庸其至矣乎！民鲜能久矣！”

——《中庸·第三章》

子曰："道之不行也，我知之矣：知者过之，愚者不及也。道之不明也，我知之矣：贤者过之，不肖者不及也。人莫不饮食也，鲜能知味也。"

——《中庸·第四章》

子曰："道其不行矣夫。"

——《中庸·第五章》

子曰："舜其大知也与！舜好问而好察迩言，隐恶而扬善。执其两端，用其中于民，其斯以为舜乎！"

——《中庸·第六章》

子曰："人皆曰予知，驱而纳诸罟（gǔ）擭（huò）陷阱之中，而莫之知辟也。人皆曰予知，择乎中庸而不能期月守也。"

——《中庸·第七章》

子曰："回之为人也，择乎中庸，得一善，则拳拳服膺而弗失之矣。"

——《中庸·第八章》

子曰："天下国家可均也，爵禄可辞也，白刃可蹈也，中庸不可能也。"

——《中庸·第九章》

子路问强。子曰："南方之强与？北方之强与？抑而强与？宽柔以教，不报无道，南方之强也，君子居之。衽（rèn）金革，死而不厌，北方之强也，而强者居之。故君子和而不流，强哉矫！中立而不倚，强哉矫！国有道，不变塞焉，强哉矫！国无道，至死不变，强哉矫！"

——《中庸·第十章》

子曰："素隐行怪，后世有述焉，吾弗为之矣。君子遵道而行，半途而废，吾弗能已矣。君子依乎中庸，遁世不见知而不悔，唯圣者能之。"

——《中庸·第十一章》

君子之道费而隐。夫妇之愚，可以与知焉，及其至也，虽圣人亦有所不知焉。夫妇之不肖，可以能行焉，及其至也，虽圣人亦有所不能焉。天地之大也，人犹有所憾。故君子语大，天下莫能载焉；语小，天下莫能破焉。《诗》云："鸢飞戾天，鱼跃于渊。"言其上下察也。君子之道，造端乎夫妇，及其至也，察乎天地。

——《中庸·第十二章》

子曰："道不远人。人之为道而远人，不可以为道。《诗》云：'伐柯伐柯，其则不远。'执柯以伐柯，睨而视之，犹以为远。故君子以人治人，改而止。忠恕违道不远，施诸己而不愿，亦勿施于人。君子之道四，丘未能一焉：所求乎子，以事父未能也；所求乎臣，以事君未能也；所求乎弟，以事兄未能也；所求乎朋友，先施之未能也。庸德之行，庸言之谨，有所不足，不敢不勉，有余不敢尽。言顾行，行顾言，君子胡不慥（zào）慥尔！”

——《中庸·第十三章》

君子素其位而行，不愿乎其外。素富贵，行乎富贵；素贫贱，行乎贫贱；素夷狄，行乎夷狄；素患难，行乎患难。君子无入而不自得焉。在上位不陵下，在下位不援上，正己而不求于人，则无怨。上不怨天，下不尤人。故君子居易以俟命，小人行险以徼幸。子曰：“射有似乎君子，失诸正鹄，反求诸其身。”

——《中庸·第十四章》

君子之道，辟如行远必自迩，辟如登高必自卑。《诗》曰：“妻子好合，如鼓瑟琴。兄弟既翕（xī），和乐且耽。宜尔室家，乐尔妻帑（nú）。”子曰：“父母其顺矣乎！”

——《中庸·第十五章》

子曰：“鬼神之为德，其盛矣乎！视之而弗见，听之而弗闻，体物而不可遗。使天下之人齐明盛服，以承祭祀，洋洋乎如在其上，如在其左右。《诗》曰：‘神之格思，不可度思，矧可射思。’夫微之显，诚之不可揜如此夫！”

——《中庸·第十六章》

子曰：“舜其大孝也与。德为圣人，尊为天子，富有四海之内，宗庙飨之，子孙保之。故大德必得其位，必得其禄，必得其名，必得其寿。故天之生物，必因其材而笃焉，故栽者培之，倾者覆之。《诗》曰：‘嘉乐君子，宪宪令德。宜民宜人，受禄于天。保佑命之，自天申之。’故大德者必受命。”

——《中庸·第十七章》

子曰：“无忧者其惟文王乎！以王季为父，以武王为子；父作之，子述之。武王缵大王、王季、文王之绪，壹戎衣而有天下。身不失天下之显名，尊为天子，富有四海之内，宗庙飨之，子孙保之。武王末受命，周公成文、武之德，追王大王、王季，上祀先公以天子之礼。斯礼也，达乎诸侯大夫，及士庶人。父为大夫，子为士，葬以大夫，祭以士。父为士，子为大夫，葬以士，祭以大夫。期之丧，达乎大夫。三年之丧，达乎天子。父母之丧，无贵贱一也。”

——《中庸·第十八章》

子曰：“武王、周公，其达孝矣乎！夫孝者：善继人之志，善述人之事者也。春秋修其祖庙，陈其宗器，设其裳衣，荐其时食。宗庙之礼，所以序昭穆也；序爵，所以辨贵贱也；序事，所以辨贤也；旅酬下为上，所以逮贱也；燕毛，所以序齿也。践其位，行其礼，奏其乐，敬其所尊，爱其所亲，事死如事生，事亡如事存，孝之至也。郊社之礼，所以事上帝也。宗庙之礼，所以祀乎其先也。明乎郊社之礼、禘尝之义，治国其如示诸掌乎！”

——《中庸·第十九章》

哀公问政。子曰："文、武之政，布在方策。其人存，则其政举；其人亡，则其政息。人道敏政，地道敏树。夫政也者，蒲卢也。故为政在人；取人以身，修身以道，修道以仁。仁者，人也，亲亲为大。义者，宜也，尊贤为大。亲亲之杀，尊贤之等，礼所生也。在下位不获乎上，民不可得而治矣。故君子不可以不修身。思修身，不可以不事亲；思事亲，不可以不知人；思知人，不可以不知天。"

天下之达道五，所以行之者三。曰君臣也，父子也，夫妇也，昆弟也，朋友之交也：五者，天下之达道也。知、仁、勇三者，天下之达德也，所以行之者一也。或生而知之，或学而知之，或困而知之，及其知之一也。或安而行之，或利而行之，或勉强而行之，及其成功一也。子曰："好学近乎知，力行近乎仁，知耻近乎勇。知斯三者，则知所以修身；知所以修身，则知所以治人；知所以治人，则知所以治天下国家矣。"

凡为天下国家有九经，曰：修身也，尊贤也，亲亲也，敬大臣也，体群臣也，子庶民也，来百工也，柔远人也，怀诸侯也。修身则道立，尊贤则不惑，亲亲则诸父昆弟不怨，敬大臣则不眩，体群臣则士之报礼重，子庶民则百姓劝，来百工则财用足，柔远人则四方归之，怀诸侯则天下畏之。

齐明盛服，非礼不动，所以修身也。去谗远色，贱货而贵德，所以劝贤也。尊其位，重其禄，同其好恶，所以劝亲亲也。官盛任使，所以劝大臣也。忠信重禄，所以劝士也。时使薄敛，所以劝百姓也。日省月试，既禀称事，所以劝百工也。送往迎来，嘉善而矜不能，所以柔远人也。继绝世，举废国，治乱持危，朝聘以时，厚往而薄来，所以怀诸侯也。

凡为天下国家有九经，所以行之者一也。凡事豫则立，不豫则废；言前定则不跲（jiá），事前定则不困，行前定则不疚，道前定则不穷。

在下位不获乎上，民不可得而治矣。获乎上有道：不信乎朋友，不获乎上矣。信乎朋友有道：不顺乎亲，不信乎朋友矣。顺乎亲有道：反诸身不诚，不顺乎亲矣。诚身有道：不明乎善，不诚乎身矣。

诚者，天之道也；诚之者，人之道也。诚者，不勉而中，不思而得，从容中道，圣人也。诚之者，择善而固执之者也。

博学之，审问之，慎思之，明辨之，笃行之。有弗学，学之弗能弗措也；有弗问，问之弗知弗措也；有弗思，思之弗得弗措也；有弗辨，辨之弗明弗措也；有弗行，行之弗笃弗措也。人一能之，己百之；人十能之，己千之。果能此道矣，虽愚必明，虽柔必强。”

——《中庸·第二十章》

自诚明，谓之性；自明诚，谓之教。诚则明矣，明则诚矣。

——《中庸·第二十一章》

唯天下至诚，为能尽其性；能尽其性，则能尽人之性；能尽人之性，则能尽物之性；能尽物之性，则可以赞天地之化育；可以赞天地之化育，则可以与天地参矣。

——《中庸·第二十二章》

其次致曲，曲能有诚，诚则形，形则著，著则明，明则动，动则变，变则化，唯天下至诚为能化。

——《中庸·第二十三章》

至诚之道，可以前知。国家将兴，必有祯祥；国家将亡，必有妖孽。见乎蓍（shī）龟，动乎四体。祸福将至：善，必先知之；不善，必先知之。故至诚如神。

——《中庸·第二十四章》

诚者自成也，而道自道也。诚者物之终始，不诚无物。是故君子诚之为贵。诚者，非自成己而已也，所以成物也。成己，仁也；成物，知也。性之德也，合外内之道也，故时措之宜也。

——《中庸·第二十五章》

故至诚无息。不息则久，久则征，征则悠远，悠远则博厚，博厚则高明。博厚，所以载物也；高明，所以覆物也；悠久，所以成物也。博厚配地，高明配天，悠久无疆。如此者，不见而章，不动而变，无为而成。

天地之道，可一言而尽也：其为物不贰，则其生物不测。天地之道：博也，厚也，高也，明也，悠也，久也。今夫天，斯昭昭之多，及其无穷也，日月星辰系焉，万物覆焉。今夫地，一撮土之多，及其广厚，载华岳而不重，振河海而不泄，万物载焉。今夫山，一卷石之多，及其广大，草木生之，禽兽居之，宝藏兴焉。今夫水，一勺之多，及其不测，鼋（yuán）

鼍（tuó）蛟龙鱼鳖生焉，货财殖焉。

《诗》云："维天之命，於穆不已。"盖曰天之所以为天也。"於乎不显，文王之德之纯！"盖曰文王之所以为文也，纯亦不已。

——《中庸·第二十六章》

大哉圣人之道！洋洋乎！发育万物，峻极于天。优优大哉！礼仪三百，威仪三千，待其人然后行。故曰苟不至德，至道不凝焉。故君子尊德性而道问学，致广大而尽精微，极高明而道中庸。温故而知新，敦厚以崇礼。是故居上不骄，为下不倍。国有道其言足以兴，国无道其默足以容。《诗》曰："既明且哲，以保其身。"其此之谓与？

——《中庸·第二十七章》

子曰："愚而好自用，贱而好自专，生乎今之世，反古之道。如此者，灾及其身者也。"非天子，不议礼，不制度，不考文。今天下，车同轨，书同文，行同伦。虽有其位，苟无其德，不敢作礼乐焉；虽有其德，苟无其位，亦不敢作礼乐焉。

子曰："吾说夏礼，杞不足征也；吾学殷礼，有宋存焉；吾学周礼，今用之，吾从周。"

——《中庸·第二十八章》

王天下有三重焉，其寡过矣乎！上焉者，虽善无征，无征不信，不信民弗从。下焉者，虽善不尊，不尊不信，不信民弗从。

故君子之道，本诸身，征诸庶民，考诸三王而不缪，建诸天地而不悖，质诸鬼神而无疑，百世以俟圣人而不惑。质诸鬼神而无疑，知天也；百世以俟圣人而不惑，知人也。是故君子动而世为天下道，行而世为天下法，言而世为天下则。远之则有望，近之则不厌。

《诗》曰："在彼无恶，在此无射。庶几夙夜，以永终誉。"君子未有不如此而蚤有誉于天下者也。

——《中庸·第二十九章》

仲尼祖述尧、舜，宪章文、武，上律天时，下袭水土。辟如天地之无不持载，无不覆帱（dào）；辟如四时之错行，如日月之代明。万物并育而不相害，道并行而不相悖。小德川流，大德敦化。此天地之所以为大也！

——《中庸·第三十章》

唯天下至圣，为能聪明睿知，足以有临也；宽裕温柔，足以有容也；发强刚毅，足以有执也；齐庄中正，足以有敬也；文理密察，足以有别也。溥博渊泉，而时出之。溥博如天，渊泉如渊。见而民莫不敬，言而民莫不信，行而民莫不说。是以声名洋溢乎中国，施及蛮貊（mò），舟车所至，人力所通，天之所覆，地之所载，日月所照，霜露所队，凡有血气者，莫不尊亲，故曰配天。

——《中庸·第三十一章》

唯天下至诚，为能经纶天下之大经，立天下之大本，知天地之化育。夫焉有所倚？肫（zhūn）肫其仁！渊渊其渊！浩浩其天！苟不固聪明圣知达天德者，其孰能知之？

——《中庸·第三十二章》

《诗》曰：“衣锦尚䌹（jiǒng）。”恶其文之著也。故君子之道，暗然而日章；小人之道，的然而日亡。君子之道，淡而不厌，简而文，温而理，知远之近，知风之自，知微之显，可与入德矣。

《诗》云：“潜虽伏矣，亦孔之昭！”故君子内省不疚，无恶于志。君子所不可及者，其唯人之所不见乎？

《诗》云：“相在尔室，尚不愧于屋漏。”故君子不动而敬，不言而信。

《诗》曰：“奏假无言，时靡有争。”是故君子不赏而民劝，不怒而民威于𫓧（fū）钺（yuè）。

《诗》曰：“不显惟德！百辟其刑之。”是故君子笃恭而天下平。

《诗》云：“予怀明德，不大声以色。”子曰：“声色之于以化民，末也。”

《诗》曰：“德輶（yóu）如毛。”毛犹有伦。“上天之载，无声无臭。”至矣。

——《中庸·第三十三章》

第九节 《礼记》

《礼记》又名《小戴礼记》《小戴记》，成书于汉代，相传为西汉礼学家戴圣所编。《礼记》是中国古代一部重要的典章制度选集，共24卷49篇，书中内容主要写先秦的礼制，体现了先秦儒家的哲学思想（如天道观、宇宙观、人生观）、教育思想（如个人修身、教育制度、教学方法、学校管理）、政治思想（如以教化政、大同社会、礼制与刑律）、美学思想（如物动心感说、礼乐中和说），是研究先秦社会的重要资料，是一部儒家思想的资料汇编。

学　记

发虑宪，求善良，足以谀闻，不足以动众。就贤体远，足以动众，未足以化民。君子如欲化民成俗，其必由学乎！

玉不琢，不成器；人不学，不知道。是故古之王者建国君民，教学为先。《兑命》曰："念终始典于学。"其此之谓乎！

虽有嘉肴，弗食，不知其旨也；虽有至道，弗学，不知其善也。是故学然后知不足，教然后知困。知不足，然后能自反也；知困，然后能自强也。故曰：教学相长也。《兑命》曰："学学半。"其此之谓乎！

古之教者，家有塾，党有庠，术有序，国有学。比年入学，中年考校：一年视离经辨志，三年视敬业乐群，五年视博习亲师，七年视论学取友，谓之"小成"。九年知类通达，强立而不反，谓之"大成"。夫然后足以化民易俗，近者说服而远者怀之，此大学之道也。《记》曰："蛾子时术之。"其此之谓乎！

大学始教，皮弁祭菜，示敬道也。《宵雅》肄三，官其始也。入学鼓箧，孙其业也。夏、楚二物，收其威也。未卜禘不视学，游其志也。时观而弗语，存其心也。幼者听而弗问，学不躐等也。此七者，教之大伦也。《记》曰："凡学，官先事，士先志。"其此之谓乎！

大学之教也，时教必有正业，退息必有居学。不学操缦，不能安弦；不学博依，不能安《诗》；不学杂服，不能安礼。不兴其艺，不能乐学。故君子之于学也，藏焉，修焉，息焉，游焉。夫然，故安其学而亲其师，乐其友而信其道。是以虽离师辅而不反也。《兑命》曰："敬孙务时敏，厥修乃来。"其此之谓乎！

今之教者，呻其佔毕，多其讯言，及于数进，而不顾其安，使人不由其诚，教人不尽其材。其施之也悖，其求之也佛。夫然，故隐其学而疾其师，苦其难而不知其益也。虽终其业，其去之必速。教之不刑，其此之由乎！

大学之法：禁于未发之谓豫，当其可之谓时，不陵节而施之谓孙，相观而善之谓摩。此四者，教之所由兴也。

发然后禁，则扞格而不胜；时过然后学，则勤苦而难成；杂施而不孙，则坏乱而不修；独学而无友，则孤陋而寡闻；燕朋逆其师；燕辟废其学。此六者，教之所由废也。

君子既知教之所由兴，又知教之所由废，然后可以为人师也。故君子之教喻也，道而弗牵，强而弗抑，开而弗达。道而弗牵则和，强而弗抑则易，开而弗达则思。和、易以思，可谓善喻矣。

学者有四失，教者必知之。人之学也，或失则多，或失则寡，或失则易，或失则止。此四者，心之莫同也。知其心，然后能救其失也。教也者，长善而救其失者也。

善歌者，使人继其声；善教者，使人继其志。其言也约而达，微而臧，罕譬而喻，可谓继志矣。

君子知至学之难易，而知其美恶，然后能博喻。能博喻然后能为师，能为师然后能为长，能为长然后能为君，故师也者，所以学为君也。是故择师不可不慎也。《记》曰："三王、四代唯其师。"此之谓乎！

凡学之道，严师为难。师严然后道尊，道尊然后民知敬学。是故君之所不臣于其臣者二：当其为尸，则弗臣也；当其为师，则弗臣也。大学之礼，虽诏于天子，无北面，所以尊师也。

善学者，师逸而功倍，又从而庸之；不善学者，师勤而功半，又从而怨之。善问者，如攻坚木，先其易者，后其节目，及其久也，相说以解；不善问者反此。善待问者，如撞钟，叩之以小者则小鸣，叩之以大者则大鸣，待其从容，然后尽其声；不善答问者反此。此皆进学之道也。

记问之学，不足以为人师，必也其听语乎！力不能问，然后语之；语之而不知，虽舍之可也。

良冶之子，必学为裘；良弓之子，必学为箕；始驾马者反之，车在马前。君子察于此三者，可以有志于学矣。

古之学者，比物丑类。鼓无当于五声，五声弗得不和；水无当于五色，五色弗得不章；学无当于五官，五官弗得不治；

师无当于五服，五服弗得不亲。

君子曰：“大德不官，大道不器，大信不约，大时不齐。察于此四者，可以有志于本矣。”三王之祭川也，皆先河而后海，或源也，或委也，此之谓务本！

《学记》是中国古代一篇教育论文，选自《礼记》，是世界历史上最早专门论述教育和教学问题的文献。

第十节 《左传》

《左传》，旧传为春秋时期左丘明著，近人认为是战国时人所编，是中国古代第一部叙事完备的编年体史书，更是先秦散文著作的代表。作品原名为《左氏春秋》，汉代改称《春秋左氏传》《春秋内传》《左氏》，汉朝以后多称《左传》。它是儒家重要经典之一。《左传》实质上是一部独立撰写的记史文学作品，起自鲁隐公元年（公元前722年），迄于鲁哀公二十七年（公元前468年），以《春秋》为本，通过记述春秋时期的具体史实来说明《春秋》的纲目。

曹刿论战

十年春，齐师伐我。公将战，曹刿请见。其乡人曰：“肉食者谋之，又何间焉？”刿曰：“肉食者鄙，未能远谋。”乃入见。问：“何以战？”公曰：“衣食所安，弗敢专也，必以分人。”对曰：“小惠未徧，民弗从也。”公曰：“牺牲玉帛，弗敢加也，必以信。”对曰：“小信未孚，神弗福也。”公曰：

“小大之狱，虽不能察，必以情。”对曰：“忠之属也。可以一战。战则请从。”

公与之乘，战于长勺。公将鼓之。刿曰：“未可。”齐人三鼓。刿曰：“可矣。”齐师败绩。公将驰之。刿曰：“未可。”下视其辙，登轼而望之，曰：“可矣。”遂逐齐师。

既克，公问其故。对曰：“夫战，勇气也。一鼓作气，再而衰，三而竭。彼竭我盈，故克之。夫大国，难测也，惧有伏焉。吾视其辙乱，望其旗靡，故逐之。”

《曹刿论战》讲述了曹刿在长勺之战中对此次战争的一番评论，并在战时活用“一鼓作气，再而衰，三而竭”的原理击退强大的齐军的史实。文章说明了在战争中如何正确运用战略防御原则——只有“取信于民”，实行“敌疲我打”的正确方针，选择反攻和追击的有利时机，才能以小敌大，以弱胜强。

诵读这段文字要有故事感，有张有弛。

烛之武退秦师

晋侯、秦伯围郑，以其无礼于晋，且贰于楚也。晋军函陵，秦军氾南。

佚之狐言于郑伯曰：“国危矣，若使烛之武见秦君，师必退。”公从之。辞曰：“臣之壮也，犹不如人；今老矣，无能为也已。”公曰：“吾不能早用子，今急而求子，是寡人之过也。然郑亡，子亦有不利焉。”许之。

夜缒而出，见秦伯，曰：“秦、晋围郑，郑既知亡矣。若亡郑而有益于君，敢以烦执事。越国以鄙远，君知其难也。焉用亡郑以陪邻？邻之厚，君之薄也。若舍郑以为东道主，行李之往来，共其乏困，君亦无所害。且君尝为晋君赐矣，许君焦、瑕，朝济而夕设版焉，君之所知也。夫晋，何厌之有？既东封郑，又欲肆其西封，若不阙秦，将焉取之？阙秦以利晋，唯君图之。”秦伯说，与郑人盟。使杞子、逢孙、杨孙戍之，乃还。

子犯请击之，公曰：“不可。微夫人之力不及此。因人之力而敝之，不仁；失其所与，不知；以乱易整，不武。吾其还也。”亦去之。

此文记述的是秦晋联合攻打郑国之前开展的一场外交斗争，烛之武以一己之力，凭借对时局的洞若观火和过人的辩才，终于使郑国免于灭亡，其临危不惧、解除国难的精神以及能言善辩的杰出外交才能，为人赞叹。全文形象鲜明，语言优美，层次分明，组织严密，说理透彻，逻辑有力。

诵读这段文字，既要有逻辑性又要有故事性。

第十一节 《荀子》

《荀子》是战国后期儒家学派重要的著作，是战国时期荀子和弟子们整理或记录他人言行的哲学著作。全书一共32篇，其观点与荀子的一贯主张是一致的。在前27篇中，也有几篇，如《议兵》《大略》等可能是他的学生整理而成的。文章擅长说理，组织严密，分析透彻，善于取譬，常用排比句增强议论的气势，语言富赡精练，有很强的说服力和感染力。

劝　学

君子曰：学不可以已。青，取之于蓝而青于蓝；冰，水为之而寒于水。木直中绳，輮以为轮，其曲中规，虽有槁暴，不复挺者，輮使之然也。故木受绳则直，金就砺则利。君子博学而日参省乎己，则知明而行无过矣。

故不登高山，不知天之高也；不临深溪，不知地之厚也；不闻先王之遗言，不知学问之大也。干（hán）、越、夷、貉（mò）之子，生而同声，长而异俗，教使之然也。《诗》曰："嗟尔君子，无恒安息。靖共尔位，好是正直。神之听之，介尔景福。"

神莫大于化道，福莫长于无祸。

吾尝终日而思矣，不如须臾之所学也；吾尝跂而望矣，不如登高之博见也。登高而招，臂非加长也，而见者远；顺风而呼，声非加疾也，而闻者彰。假舆马者，非利足也，而致千里；假舟楫者，非能水也，而绝江河。君子生非异也，善假于物也。

南方有鸟焉，名曰蒙鸠，以羽为巢而编之以发，系之苇、苕。风至苕折，卵破子死。巢非不完也，所系者然也。西方有木焉，名曰射干，茎长四寸，生于高山之上而临百仞之渊；木茎非能长也，所立者然也。蓬生麻中，不扶而直。白沙在涅，与之俱黑。兰槐之根是为芷。其渐之滫，君子不近，庶人不服。其质非不美也，所渐者然也。故君子居必择乡，游必就士，所以防邪僻而近中正也。

物类之起，必有所始。荣辱之来，必象其德。肉腐出虫，鱼枯生蠹。怠慢忘身，祸灾乃作。强自取柱，柔自取束。邪秽在身，怨之所构。施薪若一，火就燥也；平地若一，水就湿也。草木畴生，禽兽群焉，物各从其类也。是故质的张而弓矢至焉，林木茂而斧斤至焉，树成荫而众鸟息焉，醯酸而蚋聚焉。故言有招祸也，行有招辱也，君子慎其所立乎！

积土成山，风雨兴焉；积水成渊，蛟龙生焉；积善成德，而神明自得，圣心备焉。故不积跬步，无以至千里；不积小流，无以成江海。骐骥一跃，不能十步；驽马十驾，功在不舍。锲而舍之，朽木不折；锲而不舍，金石可镂。螾无爪牙之利，筋骨之强，上食埃土，下饮黄泉，用心一也。蟹六跪而二螯，非蛇蟮之穴无可寄托者，用心躁也。是故无冥冥之志者无昭昭之明，无惛惛之事者无赫赫之功。行衢道者不至，事两君者不容。目不能两视而明，耳不能两听而聪。螣蛇无足而飞，鼫鼠五技而穷。《诗》曰："尸鸠在桑，其子七兮。淑人君子，其仪一兮。其仪一兮，心如结兮。"故君子结于一也。

昔者瓠巴鼓瑟而流鱼出听，伯牙鼓琴而六马仰秣。故声无小而不闻，行无隐而不形。玉在山而草木润，渊生珠而崖不枯。为善不积邪，安有不闻者乎？学恶乎始？恶乎终？曰：其数则始乎诵经，终乎读《礼》；其义则始乎为士，终乎为圣人。真积力久则入，学至乎没而后止也。故学数有终，若其义则不可须臾舍也。为之，人也；舍之，禽兽也。故《书》者，政事之纪也；《诗》者，中声之所止也；《礼》者，法之大分、类之纲纪也；故学至乎《礼》而止矣！夫是之谓道德之极。《礼》之敬文也，《乐》之中和也，《诗》、《书》之博也，《春秋》之微也，在天地之间者毕矣。君子之学也，入乎耳，箸乎心，布乎四体，形乎动静。端而言，蝡而动，一可以为法则。小人之学也，入乎耳，出乎口。口耳之间则四寸耳，曷足以美七尺之躯哉！古之学者为己，今之学者为人。君子之学也，以美其身；小人之学也，以为禽犊。故不问而告谓之傲，问一而告二谓之囋。傲，非也；囋，非也；君子如向矣。

学莫便乎近其人。《礼》、《乐》法而不说，《诗》、《书》故而不切，《春秋》约而不速。方其人之习君子之说，则尊以遍矣，周于世矣。故曰：学莫便乎近其人。

学之经莫速乎好其人，隆礼次之。上不能好其人，下不能隆礼，安特将学杂识志，顺《诗》、《书》而已耳，则末世穷年，不免为陋儒而已。将原先王，本仁义，则礼正其经纬蹊径也。若挈裘领，诎五指而顿之，顺者不可胜数也。不道礼宪，以《诗》、《书》为之，譬之犹以指测河也，以戈舂黍也，以锥餐壶也，不可以得之矣。故隆礼，虽未明，法士也；不隆礼，虽察辩，散儒也。

问楛者勿告也，告楛者勿问也，说楛者勿听也，有争气者勿与辩也。故必由其道至，然后接之，非其道则避之。故礼恭而后可与言道之方，辞顺而后可与言道之理，色从而后可与言道之致。故未可与言而言谓之傲，可与言而不言谓之隐，不观气色而言谓之瞽。故君子不傲，不隐，不瞽，谨顺其身。《诗》曰："匪交匪舒，天子所予。"此之谓也。

百发失一，不足谓善射。千里跬步不至，不足谓善御。伦类不通，仁义不一，不足谓善学。学也者，固学一之也。一出焉，一入焉，涂巷之人也。其善者少，不善者多，桀、纣、盗跖也。全之尽之，然后学者也。君子知夫不全不粹之不足以为美也，故诵数以贯之，思索以通之，为其人以处之，除其害者以持养之。使目非是无欲见也，使耳非是无欲闻也，使口非是无欲言也，使心非是无欲虑也。及至其致好之也，目好之五色，耳好之五声，口好之五味，心利之有天下。是故权利不能倾也，群众不能移也，天下不能荡也。生乎由是，死乎由是，夫是之谓德操。德操然后能定，能定然后能应。能定能应，夫是之谓成人。天见其明，地见其光，君子贵其全也。

第十二节 《吕氏春秋》

《吕氏春秋》又称《吕览》，是在秦国相邦吕不韦的主持下，集合门客编撰的一部杂家名著，成书于秦始皇统一六国前夕。此书以“道家学说”为主干，以名家、法家、儒家、墨家、农家、兵家、阴阳家思想学说为素材，熔诸子百家学说于一炉。

孟春纪·本生

始生之者，天也；养成之者，人也。能养天之所生而勿撄之谓天子。天子之动也，以全天为故者也。此官之所自立也。立官者，以全生也。今世之惑主，多官而反以害生，则失所为立之矣。譬之若修兵者，以备寇也；今修兵而反以自攻，则亦失所为修之矣。夫水之性清，土者扫之，故不得清。人之性寿，物者扫之，故不得寿。物也者，所以养性也，非所以性养也。今世之人，惑者多以性养物，则不知轻重也。不知轻重，则重者为轻，轻者为重矣。若此，则每动无不败。以此为君，悖；以此为臣；乱，以此为子，狂。三者国有一焉，无幸必亡。今有声于此，耳听之必慊已，听之则使人聋，必弗听。有色于此，目视之必慊已，视之则使人盲，必弗视。有味于此，口食之必慊已，食之则使人瘖，必弗食。是故圣人之于声色滋味也，利于性则取之，害于性则舍之，此全性之道也。世之贵富者，其于声色滋味也，多惑者。日夜求，幸而得之则遁焉。遁焉，性恶得不伤？

万人操弓，共射一招，招无不中。万物章章，以害一生，生无不伤；以便一生，生无不长。故圣人之制万物也，以全其天也。天全，则神和矣，目明矣，耳聪矣，鼻臭矣，口敏矣，三百六十节皆通利矣。若此人者，不言而信，不谋而当，不虑而得；精通乎天地，神覆乎宇宙；其于物无不受也，无不裹也，若天地然；上为天子而不骄，下为匹夫而不惛。此之谓全德之人。

贵富而不知道，适足以为患，不如贫贱。贫贱之致物也难，虽欲过之，奚由？出则以车，入则以辇，务以自佚，命之曰“招蹷之机”。肥肉厚酒，务以自强，命之曰“烂肠之食”。靡曼皓齿，郑卫之音，务以自乐，命之曰“伐性之斧”。三患者，贵富之所致也。故古之人有不肯贵富者矣，由重生故也；非夸以名也，为其实也。则此论之不可不察也。

诵读这段文字中说理的部分，有循循善诱，也有耳提面命。

第十三节 《墨子》

《墨子》一书是墨家弟子在墨子死后，根据其生平事迹的史料，收集其语录而编成的，为墨子的弟子及其再传弟子对墨子言行的记录。《墨子》内容广博，包括政治、军事、哲学、伦理、逻辑、科技等方面，是研究墨子及其后学的重要史料。此书分两大部分：一部分是记载墨子言行，阐述墨子思想，主要反映前期墨家的思想；另一部分共6篇，一般称作墨辩或墨经，着重阐述墨家的认识论和逻辑思想。

公输

公输盘为楚造云梯之械，成，将以攻宋。子墨子闻之，起于，齐行十日十夜而至于郢，见公输盘。

公输盘曰："夫子何命焉为？"子墨子曰："北方有侮臣，愿藉子杀之！"公输盘不说（悦）。子墨子曰："请献十金。"公输盘曰："吾义固不杀人。"子墨子起，再拜曰："请说之。吾从北方闻子为梯，将以攻宋。宋何罪之有？荆国有余于地，而不足于民，杀所不足，而争所有余，不可谓智；宋无罪而攻之，不可谓仁；知而不争，不可谓忠；争而不得，不可谓强；义不杀少而杀众，不可谓知类。"公输盘服。子墨子曰："然胡不已乎？"

公输盘曰："不可，吾既已言之王矣。"子墨子曰："胡不见我于王？"公输盘曰："诺。"

子墨子见王，曰："今有人于此，舍其文轩，邻有敝舆，而欲窃之；舍其锦绣，邻有短褐，而欲窃之；舍其粱肉，邻有糠糟而欲窃之。此为何若人？”王曰：“必为有窃疾矣。”子墨子曰：“荆之地方五千里，宋之地方五百里，此犹文轩之与敝舆也；荆有云梦，犀兕麋鹿满之，江汉之鱼鳖鼋鼍为天下富，宋所为无雉兔狐狸者也，此犹粱肉之与糠糟也；荆有长松、文梓、楩楠豫章，宋无长木犹锦绣之与短褐也。臣以三事之攻宋也，为与此同类。”

王曰：“善哉！虽然，公输盘为我为云梯，必取宋。”

于是见公输盘。子墨子解带为城，以牒为械，公输盘九设攻城之机变，子墨子九距之。公输盘之攻械尽，子墨子之守围有余。公输盘诎，而曰：“吾知所以距子矣，吾不言。”子墨子亦曰：“吾知子之所以距我，吾不言。”楚王问其故，子墨子曰：“公输子之意，不过欲杀臣。杀臣，宋莫能守，可攻也。然臣之弟子禽滑釐等三百人，已持臣守围之器，在宋城上而待楚寇矣。虽杀臣，不能绝也。”楚王曰：“善哉！吾请无攻宋矣。”

子墨子归，过宋。天雨，庇其闾中，守闾者不内也。故曰：治于神者，众人不知其功，争于明者，众人知之。

第十四节　《淮南子》

《淮南子》为西汉淮南王刘安及其门客所著，本名《淮南鸿烈》。梁启超言：“《淮南子》匠心经营，极有伦脊。”《淮南子》著录共分为内二十一篇、中八篇、外三十三篇，内篇论道，中篇养生，外篇杂说。其以道家思想为主，糅合了儒、法、阴阳等家，一般列《淮南子》为杂家。实际上，该书是以道家思想为指导，吸收诸子百家学说并融会贯通而成，是战国至汉初黄老之学理论体系的代表作。

原道训（节选）

夫道者，覆天载地，廓四方，柝八极；高不可际，深不可测。包裹天地，禀授无形；原流泉浡，冲而徐盈；混混汩汩，浊而徐清。故植之而塞于天地，横之而弥于四海；施之无穷，而无所朝夕；舒之幎于六合，卷之不盈于一握。约而能张，幽而能明；弱而能强，柔而能刚；横四维而含阴阳，纮宇宙而章三光。甚淖而滒，甚纤而微；山以之高，渊以之深；兽以之走，鸟以之飞。日月以之明，星历以之行；麟以之游，凤以之翔。

泰古二皇，得道之柄，立于中央；神与化游，以抚四方。是故能天运地滞，轮转而无废；水流而不止，与万物终始。风兴云蒸，事无不应；雷声雨降，并应无穷。鬼出电入，龙兴鸾集；钧旋毂转，周而复匝。已雕已琢，还反于朴。无为为之，而合于道；无为言之，而通乎德；恬愉无矜，而得于和；有万不同，而便于性。神托于秋豪之末，而大与宇宙之总。其德优天地而和阴阳，节四时而调五行；呴谕覆育，万物群生。润于草木，浸于金石；禽兽硕大，豪毛润泽；羽翼奋也，角觡生也。兽胎不贕，鸟卵不毈，父无丧子之忧，兄无哭弟之哀。童子不孤，妇人不孀；虹霓不出，贼星不行，含德之所致。

夫太上之道，生万物而不有，成化像而弗宰。跂行喙息，蠉飞蠕动，待而后生，莫之知德；待之后死，莫之能怨。得以利者不能誉，用而败者不能非；收聚蓄积而不加富，布施禀授而不益贫；旋县而不可究，纤微而不可勤；累之而不高，堕之而不下；益之而不众，损之而不寡；斫之而不薄，杀之而不残；凿之而不深，填之而不浅。忽兮怳兮，不可为象兮；怳兮忽兮，用不屈兮；幽兮冥兮，应无形兮；遂兮洞兮，不虚动兮；与刚柔卷舒兮，与阴阳俯仰兮。

兵略训（节选）

古之用兵，非利土壤之广，而贪金玉之略，将以存亡继绝，平天下之乱，而除万民之害也。凡有血气之虫，含牙带角，前爪后距；有角者触，有齿者噬，有毒者螫，有蹄者趹。喜而相戏，怒而相害，天之性也。人有衣食之情，而物弗能足也。故群居杂处，分不均，求不澹，则争；争则强胁弱，而勇侵怯。人无筋骨之强，爪牙之利，故割革而为甲，铄铁而为刃。贪昧饕餮之人，残贼天下，万人搔动，莫宁其所有。圣人勃然而起，乃讨强暴，平乱世，夷险除秽，以浊为清，以危为宁，故不得不中绝。兵之所由来者远矣。黄帝尝与炎帝战矣，颛顼尝与共工争矣。故黄帝战于涿鹿之野，尧战于丹水之浦，舜伐有苗，启攻有扈。自五帝而弗能偃也，又况衰世乎！

夫兵者，所以禁暴讨乱也。炎帝为火灾，故黄帝擒之；共工为水害，故颛顼诛之。教之以道，导之以德而不听，则临之以威武；临之威武而不从，则制之以兵革。故圣人之用兵也，若栉发耨苗，所去者少，而所利者多。杀无罪之民，而养无义之君，害莫大焉；殚天下之财，而赡一人之欲，祸莫深焉。使夏桀、殷纣，有害于民而立被其患，不至于为炮烙；晋厉、宋康，行一不义而身死国亡，不至于侵夺为暴。此四君者，皆有小过而莫之讨也，故至于攘天下，害百姓，肆一人之邪，而长海内之祸，此大论之所不取也。所为立君者，以禁暴讨乱也。今乘万民之力，而反为残贼，是为虎傅翼，曷为弗除？夫畜池鱼者必去猵獭，养禽兽者也必去豺狼，又况治人乎？

故霸王之兵，以论虑之，以策图之，以义扶之，非以亡存也，将以存亡也。故闻敌国之君，有加虐于民者，则举兵而临其境，责之以不义，刺之以过行。兵至其郊，乃令军师曰："无伐树木，毋抉坟墓，毋爇五谷，毋焚积聚，毋捕民虏，毋收六畜。"乃发号施令："其国之君，傲天侮鬼，决狱不辜，杀戮无罪，此天之所以诛也，民之所以仇也。兵之来也，以废不义而复有德也。有逆天之道、帅民之贼者，身死族灭。以家听者禄以家，以里听者赏以里，以乡听者封以乡，以县听者侯以县。"克国不及其民，废其君而易其政，尊其秀士，而显其贤良；振其孤寡，恤其贫穷；出其囹圄，赏其有功。百姓开门而待之，淅米而储之，唯恐其不来也。此汤、武之所以致王，而齐桓、晋文之所以成霸也。故君为无道，民之思兵也，若旱而望雨，渴而求饮，夫有谁与交兵接刃乎？故义兵之至也，至于不战而止。

晚世之兵，君虽无道，莫不设渠傅堞而守，攻者非以禁暴除害也，欲以侵地广壤也。是故至于伏尸流血，相支以日。而霸王之功不世出者，自为之故也。

第十五节　《近思录》

《近思录》是依据朱熹、吕祖谦二人的理学思想体系编排的一部著作，从宇宙生成的世界本体到孔颜乐处的圣人气象，循着格物穷理，存养而意诚，正心而迁善，修身而复礼，齐家而正伦理，以至治国平天下及古圣王的礼法制度，然后批异端而明圣贤道统。《近思录》全面阐述了理学思想的主要内容，故此书实可谓囊括了北宋五子及朱吕一派学术的主体，因而在理学史上具有重要地位，为确立儒家道统、传播理学思想起到过重要作用。

卷三·致知（节选）

朱熹　吕祖谦

伊川先生《答朱长文书》曰：心通乎道，然后能辨是非，如持权衡以较轻重，孟子所谓知言是也。心不通乎道，而较古人之是非，犹不持权衡而酌轻重，竭其目力，劳其心智，虽使时中，亦古人所谓“亿则屡中”，君子不贵也。

伊川先生答门人曰：孔孟之门，岂皆贤哲？固多众人，以众人观圣贤，弗识者多矣，惟其不敢信己而信其师，是故求而后得。今诸君于颐言，才不合则置不复思，所以终异也。不可便放下，更且思之，致知之方也。

伊川先生答横渠先生曰：所论大概，有苦心极力之象，而无宽裕温厚之气。非明睿所照，而考索至此，故意屡偏而言多窒，小出入时有之。更愿完养思虑，涵泳义理，他日自当条畅。

欲知得与不得，于心气上验之。思虑有得，中心悦豫，沛然有裕者，实得也。思虑有得，心气劳耗者，实未得也，强揣度耳。尝有人言：“比因学道，思虑心虚。”曰：“人之血气固有虚实。疾病之来，圣贤所不免。然未闻自古圣贤因学而致心疾者。”

所谓“日月至焉”，与久而不息者，所见规模虽略相似，其意味气象迥别，须潜心默识，玩索久之，庶几自得。学者不学圣人则已，欲学之须熟玩味圣人之气象，不可只于名上理会，如此只是讲论文字。

问：忠信进德之事，固可勉强。然致知甚难。伊川先生曰：“学者固当勉强，然须是知了方行得。若不知，只是觑却尧，学他行事。然无尧许多聪明睿智，怎生得如他动容周旋中礼？如子所言，是笃信而固守之，非固有之也。未致知，便欲诚意，是躐等也。勉强行者，安能持久？除非烛理明，自然乐循理。性本善，循理而行，是顺理事，本亦不难，但为人不知，旋安排着，便道难也。知有多少般数，煞有深浅。学者须是真知，才知得是，便泰然行将去也。某年二十时，解释经义，与今无异，然思今日，觉得意味与少时自别。”

凡一物上有一理，须是穷致其理。穷理亦多端：或读书，讲明义理；或论古今人物，别其是非；或应接事物，而处其当，皆穷理也。或问：“格物须物物格之，还只格一物而万理皆知？”曰：怎得便会贯通？若只格一物便通众理，虽颜子亦不敢如此道。须是今日格一件，明日又格一件，积习既多，然后脱然自有贯通处。

"思曰睿"，思虑久后，睿自然生。若于一事上思未得，且别换一事思之，不可专守着这一事。盖人之知识，于这里蔽着，虽强思亦不通也。

问："观物察己，还因见物反求诸身否？"曰："不必如此说。物我一理，才明彼，即晓此，此合内外之道也。"又问："致知先求之四端如何？"曰："求之情性，固是切于身。然一草一木皆有理，须是察。"

横渠先生答范巽之曰：所访物怪神奸，此非难语，顾语未必信耳。孟子所论知性知天，学至于知天，则物所从出，当源源自见。知所从出，则物之当有当无，莫不心谕，亦不待语而后知。诸公所论，但守之不失，不为异端所劫，进进不已，则物怪不须辨，异端不必攻，不逾期年，吾道胜矣。若欲委之无穷，付之以不可知，则学为疑挠，智为物昏，交来无闲，卒无以自存而溺于怪妄必矣。

义理有疑，则濯去旧见，以来新意。心中有所开，即便札记，不思则还塞之矣。更须得朋友之助，一日间朋友论着，则一日间意思差别。须日日如此讲论，久则自觉进也。

凡解文字，但易其心，自见理。理只是人理，甚分明，如一条平坦底道路。《诗》曰："周道如砥，其直如矢。"此之谓也。或曰："圣人之言，恐不可浅近看他。"曰："圣人之言，自有近处，自有深远处。如近处怎生强要凿教深远得？扬子曰：'圣人之言远如天，贤人之言近如地。'颐与改之曰：'圣人之言，其远如天，其近如地。'"

学者不泥文义者，又全背却远去；理会文义者，又滞泥不通。如子濯孺子为将之事，孟子只取其不背师之意，人须就上面理会事君之道如何也。又如万章问舜完廪浚井事，孟子只答他大意，人须要理会浚井如何出得来，完廪又怎生下得来。若此之学，徒费心力。

问：莹中尝爱文中子：或问学《易》，子曰："终日乾乾可也。"此语最尽。文王所以为圣，亦只是个不已。先生曰："凡说经义，如只管节节推上去，可知是尽。夫终日乾乾，未尽得《易》。据此一句，只做得九三使。若谓乾乾是不已，不已又是道。渐渐推去，自然是尽。只是理不如此。"

"'子在川上曰：逝者如斯夫！'言道之体如此，这里须是自见得。"张绎曰："此便是无穷。"先生曰："固是道无穷，然怎生一个'无穷'便道了得他。"

今人不会读书。如"诵《诗》三百，授之以政，不达；使于四方，不能专对，虽多，亦奚以为"，须是未读《诗》时，不达于政，不能专对，既读《诗》后，便达于政，能专对四方，始是读《诗》。"人而不为《周南》《召南》，其犹正墙面"，须是未读《诗》时如面墙，到读了后便不面墙，方是有验。大抵读书只此便是法。如读《论语》，旧时未读是这个人，及读了后来，又只是这个人，便是不曾读也。

第十六节 《传习录》

《传习录》是哲学著作，由王阳明的门人弟子对其语录和信件进行整理编撰而成。王阳明是中国明代哲学家、宋明理学中"心学"一派的代表人。此书记载了他的语言和论学书信。

爱问："'知止而后有定'，朱子以为'事事物物皆有定理'，似与先生之说相戾。"

先生曰："于事事物物上求至善，却是义外也。至善是心之本体，只是'明明德'到'至精至一'处便是。然亦未尝离却事物，本注所谓'尽夫天理之极，而无一毫人欲之私'者得之。"

——《传习录·二》

又曰："知是心之本体，心自然会知：见父自然知孝，见兄自然知弟，见孺子入井自然知恻隐，此便是良知，不假外求。若良知之发，更无私意障碍，即所谓'充其恻隐之心，而仁不可胜用矣'。然在常人，不能无私意障碍，所以须用致知格物之功，胜私复理。即心之良知更无障碍，得以充塞流行，便是致其知。知致则意诚。"

——《传习录·八》

先生曰："无知无不知，本体原是如此。譬如日未尝有心照物，而自无物不照。无照无不照，原是日的本体。良知本无知，今却要有知；本无不知，今却疑有不知，只是信不及耳！"

——《传习录·二六一》

诵读时要心中有信念，循盾善诱，像在和朋友谈心。

第十九章　科技文献

第一节　工书

工书是指工艺、工匠类书籍。《考工记》是我国第一部手工技术汇编，是闻名中外的科技名著。

《考工记》是中国所见年代最早关于手工业技术的文献，在中国科技史、工艺美术史和文化史上都占有重要地位；是春秋战国时期记述官营手工业各工种规范和制造工艺的文献。这部著作记述了齐国关于手工业各个工种的设计规范和制造工艺，保留有先秦大量的手工业生产技术、工艺美术资料，记载了一系列的生产管理和营建制度，一定程度上反映了当时的思想观念。

考工记·匠人

匠人营国。方九里，旁三门。国中九经九纬，经涂九轨。左祖右社，面朝后市，市朝一夫。夏后氏世室，堂修二七，广四修一，五室，三四步，四三尺。九阶。四旁、两夹，窗，白盛。门堂三之二，室三之一。殷人重屋，堂修七寻，堂崇三尺，四阿重屋。周人明堂，度九尺之筵，东西九筵，南北七筵，堂崇一筵。五室，凡室二筵。室中度以几，堂上度以筵，宫中度以寻，野度以步，涂度以轨。庙门容大扃七个，闱门容小扃叁个，路门不容乘车之五个，应门二彻叁个。内有九室，九嫔居之；外有九室，九卿朝焉。九分其国，以为九分，九卿治之。王宫门阿之制五雉，宫隅之制七雉，城隅之制九雉。经涂九轨，环涂七轨，野涂五轨。门阿之制，以为都城之制；宫隅之制，以为诸侯之城制。环涂以为诸侯经涂，野涂以为都经涂。 匠人为沟洫，耜广五寸，二耜为耦。一耦之伐，广尺、深尺，谓之畎。田首倍之，广二尺，深二尺，谓之遂。九夫为井，井间广四尺，深四尺，谓之沟。方十里为成，成间广八尺，深八尺，谓之洫。方百里为同，同间广二寻，深二仞，谓之浍。专达于川，各载其名。凡天下之地埶，两山之间，必有川焉；大川之上，必有涂焉。凡沟逆地防，谓之不行。水属不理孙，谓之不行。梢沟三十里而广倍。

第二节　医书

医书是指关于医学疗法和药理知识的专著。著名的医书有《黄帝内经》《伤寒杂病论》《神农本草经》《难经》《本草纲目》等。

诵读医书要用讲读的方法，重在表意，要有逻辑性、层次感。

黄帝内经·素问·上古天真论

昔在黄帝，生而神灵，弱而能言，幼而徇齐，长而敦敏，成而登天。乃问于天师曰：余闻上古之人，春秋皆度百岁，而动作不衰；今时之人，年半百而动作皆衰者。时世异耶？人将失之耶？

岐伯对曰：上古之人，其知道者，法于阴阳，和于术数，食饮有节，起居有常，不妄作劳，故能形与神俱，而尽终其天年，度百岁乃去。

今时之人不然也，以酒为浆，以妄为常，醉以入房，以欲竭其精，以耗散其真。不知持满，不时御神，务快其心，逆于生乐，起居无节，故半百而衰也。

夫上古圣人之教下也，皆谓之。虚邪贼风，避之有时，恬惔虚无，真气从之，精神内守，病安从来？

是以志闲而少欲，心安而不惧，形劳而不倦。气从以顺，各从其欲，皆得所愿。故美其食，任其服，乐其俗，高下不相慕，其民故曰朴。

是以嗜欲不能劳其目，淫邪不能惑其心。愚智贤不肖，不惧于物，故合于道。所以能年皆度百岁而动作不衰者，以其德全不危也。

帝曰：人年老而无子者，材力尽邪？将天数然也？

岐伯曰：女子七岁，肾气实，齿更发长。二七而天癸至，任脉通，太冲脉盛，月事以时下，故有子。三七，肾气平均，故真牙生而长极。四七，筋骨坚，发长极，身体盛壮。五七，阳明脉衰，面始焦，发始堕。六七，三阳脉衰于上，面皆焦，发始白。七七，任脉虚，太冲脉衰少，天癸竭，地道不通，故形坏而无子也。

丈夫八岁，肾气实，发长齿更。二八，肾气盛，天癸至，精气溢，阴阳和，故能有子。三八，肾气平均，筋骨劲强，故真牙生而长极。四八，筋骨隆盛，肌肉满壮。五八，肾气衰，发堕齿槁。六八，阳气衰竭于上，面焦，发鬓颁白。七八，肝气衰，筋不能动。八八，天癸竭，精少，肾脏衰，则齿发去，形体皆极。肾者主水，受五脏六腑之精而藏之，故脏腑盛，乃能泻。今五脏皆衰，筋骨解堕，天癸尽矣，故发鬓白，身体重，行步不正，而无子耳。

帝曰：有其年已老而有子者，何也?

岐伯曰：此其天寿过度，气脉常通，而肾气有余也。此虽有子，男不过尽八八，女不过尽七七，而天地之精气皆竭矣。

帝曰：夫道者，年皆百数，能有子乎?

岐伯曰：夫道者，能却老而全形，身年虽寿，能生子也。

黄帝曰：余闻上古有真人者，提挈天地，把握阴阳。呼吸精气，独立守神，肌肉若一。故能寿敝天地，无有终时，此其道生。

中古之时，有至人者，淳德全道，和于阴阳。调于四时，去世离俗。积精全神，游行天地之间，视听八达之外。此盖益其寿命而强者也，亦归于真人。

其次有圣人者，处天地之和，从八风之理，适嗜欲于世俗之间，无恚嗔之心。行不欲离于世，举不欲观于俗，外不劳形于事，内无思想之患，以恬愉为务，以自得为功。形体不敝，精神不散，亦可以百数。

其次有贤人者，法则天地，象似日月，辨列星辰，逆从阴阳。分别四时，将从上古。合同于道，亦可使益寿而有极时。

《黄帝内经》分《灵枢》《素问》两部分，是中国最早的医学典籍。《黄帝内经》是一本综合性的医书，在黄老道家理论上建立了中医学上的“阴阳五行学说”“脉象学说”“藏象学说”“经络学说”“病因学说”“病机学说”“病症”“诊法”“论治”及“养生学”“运气学”等学说，从整体观上论述医学，呈现了集自然、生物、心理、社会等于一体的“整体医学模式”。

难经·腧穴

六十二难曰：脏井荥有五，腑独有六者，何谓也？

然。腑者阳也。三焦行于诸阳，故置一俞名曰原。腑有六者，亦与三焦共一气也。

六十三难曰：《十变》言，五脏六腑荥合，皆以井为始者，何也？

然。井者东方春也，万物之始生，诸蚑行喘息，蜎飞蠕动，当生之物，莫不以春而生。故岁数始于春，日数始于甲，故以井为始也。

六十四难曰：《十变》又言，阴井木，阳井金；阴荥火，阳荥水；阴俞土，阳俞木；阴经金，阳经火；阴合水，阳合土。阴阳皆不同，其意何也？

然。是刚柔之事也。阴井乙木，阳井庚金。阳井庚，庚者乙之刚也；阴井乙，乙者庚之柔也。乙为木，故言阴井木也；庚为金，故言阳井金也。余皆仿此。

六十五难曰：经言所出为井，所入为合，其法奈何？

然所出为井，井者东方春也，万物之始生，故言所出为井也。所入为合，合者北方冬也，阳气入脏，故言所入为合也。

六十六难曰：经言肺之原出于太渊，心之原出于大陵，肝之原出于太冲，脾之原出于太白，肾之原出于太溪，少阴之原出于兑骨，胆之原出于丘墟，胃之原出于冲阳，三焦之原出于阳池，膀胱之原出于京骨，大肠之原出于合谷，小肠之原出于腕骨。十二经皆以俞为原者，何也?

然。五脏俞者，三焦之所行，气之所留止也。

三焦所行之俞为原者，何也?

然。脐下肾间动气者，人之生命也，十二经之根本也，故名曰原。三焦者，原气之别使也，主通行三气，经历于五脏六腑。原者，三焦之尊号也，故所止辄为原。五脏六腑之有病者，皆取其原也。

六十七难曰：五脏募皆在阴，而俞皆在阳者，何谓也?

然。阴病行阳，阳病行阴，故令募在阴，俞在阳。

六十八难曰：五脏六腑各有井、荥、俞、经、合，皆何所主?

然。经言所出为井，所流为荥，所注为俞，所行为经，所入为合。井主心下满，荥主身热，俞主体重节痛，经主喘咳寒热，合主逆气而泄。此五脏六腑井、荥、俞、经、合所主病也。

《难经》原名《黄帝八十一难经》，又称《八十一难》，是中医现存较早的经典著作。《难经》之“难”字，有“问难”或“疑难”之义。全书共八十一难，采用问答方式，探讨和论述了中医的一些理论问题，内容包括脉诊、经络、脏腑、阴阳、病因、病机、营卫、腧穴、针刺、病证等。

第三节 兵书

兵书是中国古代对论述兵法的著作的称谓。古代十大兵书包括《孙子兵法》《孙膑兵法》《吴子》《六韬》《尉缭子》《司马法》《太白阴经》《虎钤经》《纪效新书》《练兵实纪》。

《孙子兵法》是中国现存最早的兵书，又称《孙武兵法》《吴孙子兵法》《孙子兵书》《孙武兵书》等，是中国古典军事文化遗产中的璀璨瑰宝，是中国优秀文化传统的重要组成部分。其内容博大精深，思想精邃（suì）富赡，逻辑缜密严谨。作者为春秋末年的齐国人孙武（字长卿）。今存13篇。

孙子兵法·谋攻篇

孙武

孙子曰：夫用兵之法，全国为上，破国次之；全军为上，破军次之；全旅为上，破旅次之；全卒为上，破卒次之；全伍为上，破伍次之。是故百战百胜，非善之善者也；不战而屈人之兵，善之善者也。

故上兵伐谋，其次伐交，其次伐兵，其下攻城。攻城之法为不得已。修橹轒辒，具器械，三月而后成；距闉，又三月而后已。将不胜其忿而蚁附之，杀士三分之一而城不拔者，此攻之灾也。

故善用兵者，屈人之兵而非战也，拔人之城而非攻也，毁人之国而非久也，必以全争于天下，故兵不顿而利可全，此谋攻之法也。

故用兵之法，十则围之，五则攻之，倍则分之，敌则能战之，少则能逃之，不若则能避之。故小敌之坚，大敌之擒也。

夫将者，国之辅也。辅周则国必强；辅隙则国必弱。

故君之所以患于军者三：不知军之不可以进而谓之进，不知军之不可以退而谓之退，是谓縻军；不知三军之事而同三军之政者，则军士惑矣；不知三军之权而同三军之任，则军士疑矣。三军既惑且疑，则诸侯之难至矣，是谓乱军引胜。

故知胜有五：知可以战与不可以战者胜，识众寡之用者胜，上下同欲者胜，以虞待不虞者胜，将能而君不御者胜。此五者，知胜之道也。

故曰：知彼知己者，百战不殆；不知彼而知己，一胜一负；不知彼，不知己，每战必殆。

孙子讲兵法，不追求硬碰硬的对决，而是提倡“上兵伐谋”，通过智慧谋略战胜对手，减少双方的人员伤亡和财产损失。

三十六计

总说

六六三十六，数中有术，术中有数。阴阳燮理，机在其中。机不可设，设则不中。

第一套　胜战计

第01计　瞒天过海

备周则意怠，常见则不疑。阴在阳之内，不在阳之对。太阳，太阴。

第02计　围魏救赵

共敌不如分敌，敌阳不如敌阴。

第03计　借刀杀人

敌已明，友未定，引友杀敌，不自出力，以《损》推演。

第04计　以逸待劳

困敌之势，不以战。损刚益柔。

第05计　趁火打劫

敌之害大，就势取利，刚决柔也。

第06计　声东击西

敌志乱萃，不虞，坤下兑上之象，利其不自主而取之。

第二套　敌战计

第07计　无中生有

诳也，非诳也，实其所诳也。少阴、太阴、太阳。

第08计　暗度陈仓

示之以动，利其静而有主，益动而巽。

第09计　隔岸观火

阳乖序乱，阴以待逆。暴戾恣睢，其势自毙。顺以动豫，豫顺以动。

第10计　笑里藏刀

信而安之，阴以图之；备而后动，勿使有变。刚中柔外也。

第11计　李代桃僵

势必有损，损阴以益阳。

第12计　顺手牵羊

微隙在所必乘，微利在所必得。少阴，少阳。

第三套　攻战计

第13计　打草惊蛇

疑以叩实，察而后动。复者，阴之媒也。

第14计　借尸还魂

有用者，不可借；不能用者，求借。借不能用者而用之，匪我求童蒙，童蒙求我。

第15计　调虎离山

待天以困之，用人以诱之，往蹇来返。

第16计　欲擒故纵

逼则反兵，走则减势。紧随勿迫，累其气力，消其斗志，散而后擒，兵不血刃。需，有孚，光。

第17计　抛砖引玉

类以诱之，击蒙也。

第18计　擒贼擒王

摧其坚，夺其魁，以解其体。龙战于野，其道穷也。

第四套　混战计

第19计　釜底抽薪

不敌其力，而消其势，兑下乾上之象。

第20计　浑水摸鱼

乘其阴乱，利其弱而无主。随，以向晦入宴息。

第21计　金蝉脱壳

存其形，完其势，友不疑，敌不动。巽而止蛊。

第22计　关门捉贼

小敌困之。剥，不利有攸往。

第23计　远交近攻

形禁势格，利从近取，害以远隔。上火下泽。

第24计　假道伐虢

两大之间，敌胁以从，我假以势。困，有言不信。

第五套 并战计

第25计　偷梁换柱

频更其阵，抽其劲旅，待其自败，而后乘之。曳其轮也。

第26计　指桑骂槐

大凌小者，警以诱之。刚中而应，行险而顺。

第27计　假痴不癫

宁伪作不知不为，不伪作假知妄为。静不露机，云雷屯也。

第28计　上屋抽梯

假之以便，唆之使前，断其援应，陷之死地。遇毒，位不当也。

第29计　树上开花

借局布势，力小势大。鸿渐于陆，其羽可用为仪也。

第30计 反客为主

乘隙插足，扼其主机，渐之进也。

第六套 败战计

第31计 美人计

兵强者，攻其将；将智者，伐其情。将弱兵颓，其势自萎。利用御寇，顺相保也。

第32计 空城计

虚者虚之，疑中生疑。刚柔之际，奇而复奇。

第33计 反间计

疑中之疑。比之自内，不自失也。

第34计 苦肉计

人不自害，受害必真；假真真假，间以得行。童蒙之吉，顺以巽也。

第35计 连环计

将多兵众，不可以敌，使其自累，以杀其势。在师中吉，承天宠也。

第36计 走为上计

全师避敌。左次无咎，未失常也。

《三十六计》或称三十六策，是指中国古代36个兵法策略，语源于南北朝，成书于明清。它是根据中国古代军事思想和丰富的斗争经验总结而成的兵书，是中华民族悠久的非物质文化遗产之一。

第四节 农书

农书就是总结传统农业生产技术和经营管理经验的论著，内容涉及农耕、园艺、蚕桑、畜牧、兽医、林木、渔业以及农产品加工等众多门类。

齐民要术·序

贾思勰

盖神农为耒耜，以利天下。尧命四子，敬授民时。舜命后稷："食为政首。"禹制土田，万国作乂。殷周之盛，《诗》《书》所述，要在安民，富而教之。

《管子》曰："一农不耕，民有饥者；一女不织，民有寒者。""仓廪实，知礼节；衣食足，知荣辱。"丈人曰："四体不勤，五谷不分，孰为夫子？"《传》曰："人生在勤，勤则不匮。"语曰："力能胜贫，谨能胜祸。"盖言勤力可以不贫，谨身可以避祸。故李悝为魏文侯作尽地力之教，国以富强；秦孝公用商君，急耕战之赏，倾夺邻国，而雄诸侯。

《淮南子》曰："圣人不耻身之贱也，愧道之不行也；不忧命之长短，而忧百姓之穷。是故禹为治水，以身解于阳盱之河；汤由苦旱，以身祷于桑林之祭。""神农憔悴，尧瘦癯，舜黎黑，禹胼胝。由此观之，则圣人之忧劳百姓，亦甚矣。故自天子以下至于庶人，四肢不勤，思虑不用，而事治求赡者，未之闻也。""故田者不强，囷仓不盈；将相不强，功烈不成。”仲长子曰：“天为之时，而我不农，谷亦不可得而取之。青春至焉，时雨降焉，始之耕田，终之簠簋。惰者釜之，勤者钟之；矧夫不为，而尚乎食也哉？”《谯子》曰：“朝发而夕异宿，勤则菜盈倾筐。且苟有羽毛，不织不衣；不能茹草饭水，不耕不食。安可以不自力哉？”

晁错曰：“圣王在上，而民不冻不饥者，非能耕而食之，织而衣之；为开其资财之道也。”“夫寒之于衣，不待轻暖；饥之于食，不待甘旨。饥寒至身，不顾廉耻！一日不再食，则饥；终岁不制衣，则寒。夫腹饥不得食，体寒不得衣，慈母不能保其子，君亦安能以有民？”“夫珠、玉、金、银，饥不可食，寒不可衣……粟、米、布、帛……一日不得而饥寒至。是故明君贵五谷而贱金玉。”刘陶曰：“民可百年无货，不可一朝有饥，故食为至急。”陈思王曰：“寒者不贪尺玉，而思短褐；饥者不愿千金，而美一食。千金尺玉至贵，而不若一食短褐之恶者，物时有所急也。”诚哉言乎！

神农、仓颉，圣人者也；其于事也，有所不能矣。故赵过始为牛耕，实胜耒耜之利；蔡伦立意造纸，岂方缣牍之烦？且耿寿昌之常平仓，桑弘羊之均输法，益国利民，不朽之术也。谚曰：“智如禹汤，不如尝更。”是以樊迟请学稼，孔子答曰：“吾不如老农。”然则圣贤之智，犹有所未达；而况于凡庸者乎？

猗顿，鲁穷士，闻陶朱公富，问术焉。告之曰：“欲速富，畜五牸。”乃畜牛羊，子息万计。九真、庐江不知牛耕，每致困乏；任延、王景，乃令铸作田器，教之垦辟，岁岁开广，百姓充给。炖煌不晓作耧、犁，及种，人牛功力既费，而收谷更少。皇甫隆乃教作耧、犁，所省庸力过半，得谷加五。又炖煌俗，妇女作裙，挛缩如羊肠；用布一匹。隆又禁改之，所省复不赀。茨充为桂阳令，俗不种桑，无蚕、织、丝、麻之利，类皆以麻枲头贮衣。民惰窳羊主切，少粗履，足多剖裂血出，盛冬，皆然火燎炙。充教民益种桑、柘，养蚕，织履，复令种纻麻。数年之间，大赖其利，衣履温暖。今江南知桑蚕织履，皆充之教也。五原土宜麻枲，而俗不知织、绩，民，冬月无衣，积细草卧其中；见吏则衣草而出。崔寔为作纺、绩、织、纴之具以教，民得以免寒苦。安在不教乎？黄霸为颍川，使邮亭乡官，皆畜鸡、豚，以赡鳏、寡、贫、穷者；及务耕桑，节用，殖财，种树。鳏、寡、孤、独，有死无以葬者，乡部书言，霸具为区处：某所大木，可以为棺；某亭豚子，可以祭。吏往，皆如言。龚遂为渤海，劝民务农桑。令口种一树榆，百本薤，五十本葱，一畦韭；家二母彘，五母鸡。民有带持刀剑者，使卖剑买牛，卖刀买犊。曰："何为带牛佩犊？"春夏不得不趣田亩，秋冬课收敛，益蓄果实、菱、芡。吏民皆富实。召信臣为南阳，好为民兴利，务在富之。躬劝耕农，出入阡陌，止舍，离乡亭，稀有安居。时行视郡中水泉，开通沟渎，起水门提阏凡数十处，以广溉灌，民得其利，蓄积有余。禁止嫁、娶、送终奢靡，务出于俭约。郡中莫不耕稼力田。吏民亲爱信臣，号曰"召父"。僮种为不其令，率民养一猪，雌鸡四头，以供祭祀，死买棺木。颜裴为京兆，乃令整阡、陌，树桑、果。又课以闲月取材，使得转相教匠作车。又课民无牛者，令畜猪；投贵时卖，以买牛。始者，民以为烦；一二年间，家有丁车大牛，整顿丰足。王丹家累千金，好施与，周人之急。每岁时农收后，察其强力收多者，辄历载酒肴，从而劳之，便于田头树下，饮食劝勉之，因留其余肴而去。其惰嬾者，独不见劳，各自耻不能致丹；其后无不力田者。聚落以至殷富。杜畿为河东，课民畜牸牛草马；下逮鸡豚，皆有章程，家家丰实。

此等，岂好为烦扰而轻费损哉？盖以庸人之性，率之则自力，纵之则惰窳耳。故仲长子曰："丛林之下，为仓庾之坻；鱼鳖之堀，为耕稼之场者，此君长所用心也。是以太公封，而斥卤播嘉谷；郑白成，而关中无饥年。盖食鱼鳖，而薮泽之形可见；观草木，而肥硗之势可知。"又曰："稼穑不修，桑、果不茂，畜产不肥，鞭之可也；杝落不完，垣、墙不牢，扫除不净，笞之可也。"此督课之方也。且天子亲耕，皇后亲蚕，况夫田父，而怀窳惰乎？

李衡于武陵龙阳汎洲上作宅，种甘橘千树。临死，敕儿曰："吾州里有千头木奴，不责汝衣食；岁上一匹绢，亦可足用矣。"吴末，甘橘成，岁得绢数千匹；恒称太史公，所谓"江陵千树橘……与千户侯等"者也。樊重欲作器物，先种梓漆；时人嗤之。然积以岁月，皆得其用。向之笑者，咸求假焉。此种植之不可已已也。谚曰："一年之计，莫如树谷；十年之计，莫如树木。"此之谓也。

《书》曰："稼穑之艰难。"《孝经》曰："用天之道，因地之利，谨身节用，以养父母。"《论语》曰："百姓不足，君孰与足？"汉文帝曰："朕为天下守财矣，安敢妄用哉？"孔子曰："居家理，治可移于官。"然则家犹国，国犹家；是以家贫则思良妻，国乱则思良相，其义一也。夫财货之生，既艰难矣，用之又无节；凡人之性，好懒惰矣，率之又不笃；加以政令失所，水旱为灾，一谷不登，胔腐相继。古今同患，所不能止也，嗟乎！且饥者有过甚之愿，渴者有兼量之情。既饱而后轻食，既暖而后轻衣。或由年谷丰穰，而忽于蓄积；或由布帛优赡，而轻于施与；穷窘之来，所由有渐。故《管之》曰："桀有天下而用不足，汤有七十二里而用有余。天非独为汤雨菽粟也。"盖言用之以节。仲长子曰："鲍鱼之肆，不自以气为臭；四夷之人，不自以食为异；生习使之然也。居积习之中，见生然之事，夫孰自知非者也？"斯何异蓼中之虫，而不知蓝之甘乎？

今采捃经传，爰及歌谣，询之老成，验之行事。起自耕农，终于醯醢，资生之业，靡不毕书。号曰《齐民要术》。凡九十二篇，分为十卷。卷首皆有目录：于文虽烦，寻览差易。其有五谷果蓏，非中国所殖者，存其名目而已；种莳之法，盖无闻焉。舍本逐末，贤哲所非；日富岁贫，饥寒之渐。故商贾之事，阙而不录。花草之流，可以悦目；徒有春花，而无秋实，匹诸浮伪，盖不足存。鄙意晓示家童，未敢闻之有识；故丁宁周至，言提其耳，每事指斥，不尚浮辞。览者无或嗤焉。

《齐民要术》是我国现存最早最完整的古代农学名著。本书共10卷，详细记述了古代农副业生产方面的技术和经验，几乎囊括古代农家经营活动的全部内容，堪称中国古代农业技术的百科全书。

茶经·一之源（节选）

陆羽

茶者，南方之嘉木也。一尺、二尺乃至数十尺。其巴山峡川，有两人合抱者，伐而掇之。其树如瓜芦，叶如栀子，花如白蔷薇，实如栟榈，蒂如丁香，根如胡桃。

其字，或从草，或从木，或草木并。其名，一曰茶，二曰槚，三曰蔎（shè），四曰茗，五曰荈（chuǎn）。

其地，上者生烂石，中者生砾壤，下者生黄土。艺而不实，植而罕茂。法如种瓜，三岁可采。野者上，园者次。阳崖阴林，紫者上，绿者次；笋者上，芽者次；叶卷上，叶舒次。阴山坡谷者，不堪采掇，性凝滞，结瘕（jiǎ）疾。

茶之为用，味至寒，为饮，最宜精行俭德之人，若热渴、凝闷、脑疼、目涩、四支烦、百节不舒，聊四五啜（chuò），与醍醐、甘露抗衡也。采不时，造不精，杂以卉莽，饮之成疾。茶为累也，亦犹人参。上者生上党，中者生百济、新罗，下者生高丽。有生泽州、易州、幽州、檀州者，为药无效，况非此者！设服荠苨（jì nǐ），使六疾不瘳（chōu）。知人参为累，则茶累尽矣。

茶经·六之饮

陆羽

翼而飞，毛而走，呿而言，此三者俱生于天地间，饮啄以活，饮之时义远矣哉！至若救渴，饮之以浆；蠲忧忿，饮之以酒；荡昏寐，饮之以茶。茶之为饮，发乎神农氏，闻于鲁周公。齐有晏婴，汉有扬雄、司马相如，吴有韦曜，晋有刘琨、张载、远祖纳、谢安、左思之徒，皆饮焉。滂时浸俗，盛于国朝，两都并荆俞间，以为比屋之饮。饮有粗茶、散茶、末茶、饼茶者。乃斫，乃熬，乃炀，乃舂，贮于瓶缶之中，以汤沃焉，谓之痷茶。或用葱、姜、枣、橘皮、茱萸、薄荷之等，煮之百沸，或扬令滑，或煮去沫，斯沟渠间弃水耳，而习俗不已。

於戏！天育万物，皆有至妙，人之所工，但猎浅易。所庇者屋，屋精极；所著者衣，衣精极；所饱者饮食，食与酒皆精极之。茶有九难：一曰造，二曰别，三曰器，四曰火，五曰水，六曰炙，七曰末，八曰煮，九曰饮。阴采夜焙，非造也；嚼味嗅香，非别也；膻鼎腥瓯，非器也；膏薪庖炭，非火也；飞湍壅潦，非水也；外熟内生，非炙也；碧粉缥尘，非末也；操艰搅遽，非煮也；夏兴冬废，非饮也。夫珍鲜馥烈者，其碗数三。次之者，碗数五。若座客数至五，行三碗；至七，行五碗；若六人已下，不约碗数，但阙一人而已，其隽永补所阙人。

《茶经》为唐代陆羽所著，大概成书于唐上元初年，陆羽隐居湖州苕溪之时。《茶经》既反映了唐代茶业的兴盛，又是中国茶学的拓荒之作，也是后世茶书的楷模。

诵读这样的作品，讲读即可，把内容表达清楚，无须像文学作品那样抒情。

第五节 科技书

科技书是古代关于科学技术发展的书籍。

天工开物·丹青

宋应星

宋子曰：斯文千古之不坠也，注玄尚白，其功孰与京哉！离火红而至黑孕其中，水银白而至红呈其变。造化炉锤，思议何所容也！五章遥降，朱临墨而大号彰;万卷横披，墨得朱而天章焕。文房异宝，珠玉何为？至画工肖像万物，或取本姿，或从配合，而色色咸备焉。夫亦依坎附离，而共呈五行变态，非至神孰能与于斯哉？

朱

凡朱砂、水银、银朱，原同一物，所以异名者，由精粗老嫩而分也。上好朱砂，出辰、锦与西川者，中即孕汞，然不以升炼。盖光明、箭镞、镜面等砂，其价重于水银三倍，故择出为朱砂货鬻。若以升水，反降贱值。唯粗次朱砂，方以升炼水银，而水银又升银朱也。

凡朱砂上品者，穴土十余丈乃得之。始见其苗，磊然白石，谓之朱砂床。近床之砂，有如鸡子大者。其次砂不入药，只为研供画用与升炼水银者。其苗不必白石，其深数丈即得。外床或杂青黄石，或间沙土，土中孕满，则其外沙石多自折裂。此种砂贵州思、印、铜仁等地最繁，而商州、秦州出亦广也。

凡次砂取来，其通坑色带白嫩者，则不以研朱，尽以升汞。若砂质即嫩而烁视欲丹者，则取来时，入巨铁碾槽中，轧碎如微尘，然后入缸，注清水澄浸。过三日夜，跌取其上浮者，倾入别缸，名曰二朱；其下沉结者，晒干，即名头朱也。

凡升水银，或用嫩白次砂，或用缸中跌出浮面二朱，水和搓成大盘条，每三十斤入一釜内升汞，其下炭质亦用三十斤。凡升汞，上盖一釜，釜当中留一小孔，釜傍盐泥紧固。釜上用铁打成一曲弓溜管，其管用麻绳密缠通梢，仍用盐泥涂固。煅火之时，曲溜一头插入釜中通气（插处一丝固密），一头以中罐注水两瓶，插曲溜尾于内，釜中之气达于罐中之水而止。共煅五个时辰，其中砂末尽化成汞，布于满釜。冷定一日，取出扫下。此最妙玄，化全部天机也。

凡将水银再升朱用，故名曰银朱。其法或用磬口泥罐，或用上下釜。每水银一斤，入石亭脂（即硫黄制造者）二斤，同研不见星，炒作青砂头，装于罐内。上用铁盏盖定，盏上压一铁尺。铁线兜底捆缚，盐泥固济口缝，下用三钉插地鼎足盛罐。打火三炷香久，频以废笔蘸水擦盏，则银自成粉，贴于罐上。其贴口者朱更鲜华。冷定揭出，刮扫即用。其石亭脂沉下罐底，可取再用也。每升水银一斤，得朱十四两、次朱三两五钱，出数藉硫质而生。

凡升朱与研朱，功用亦相仿。若皇家贵家画彩，则即同辰锦丹砂研成者，不用此朱也。凡朱，文房胶成条块，石砚则显，若磨于锡砚之上，则立成皂汁。即漆工以鲜物彩，唯入桐油调则显，入漆亦晦也。凡水银与朱，更无他出，其汞海、草汞之说，无端狂妄，耳食者信之。若水银已升朱，则不可复还为汞，所谓造化之巧已尽也。

墨

凡墨，烧烟凝质而为之。取桐油、清油、猪油烟为者，居十之一，取松烟为者，居十之九。凡造贵重墨者，国朝推重徽郡人，或以载油之艰，遣人僦居荆、襄、辰沅，就其贱值桐油点烟而归。其墨他日登于纸上，日影横射，有红光者，则以紫草汁浸染灯心而燃炷者也。

凡爇油取烟，每油一斤，得上烟一两余。手力捷疾者，一人供事灯盏二百付。若刮取怠缓则烟老，火燃、质料并丧也。其余寻常用墨，则先将松树流去胶香，然后伐木。凡松香有一毛未净尽，其烟造墨，终有滓结不解之病。凡松树流去香，木根凿一小孔，炷灯缓炙，则通身膏液，就暖倾流而出也。

凡烧松烟，伐松，斩成尺寸，鞠篾为圆屋，如舟中雨篷式，接连十余丈。内外与接口皆以纸及席糊固完成。隔位数节，小孔出烟，其下掩土砌砖先为通烟道路。燃薪数日，歇冷入中扫刮。凡烧松烟，放火通烟，自头彻尾。靠尾一二节者为清烟，取入佳墨为料。中节者为混烟，取为时墨料。若近头一二节，只刮取为烟子，货卖刷印书文家，仍取研细用之。其余则供漆工垩工之涂玄者。

凡松烟造墨，入水久浸，以浮沉分精悫。其和胶之后，以捶敲多寡分脆坚。其增入珍料与漱金、衔麝，则松烟、油烟增减听人。其余《墨经》《墨谱》，博物者自详，此不过粗纪质料原因而已。

附

胡粉（至白色，详《五金》卷。）

黄丹（红黄色，详《五金》卷。）

淀花（至蓝色，详《彰施》卷。）

紫粉（缥红色，贵重者用胡粉、银朱对和，粗者用染家红花滓汁为之。）

大青（至青色，详《珠玉》卷。）

铜绿（至绿色，黄铜打成板片，醋涂其上，裹藏糠内，微借暖火气，逐日刮取。）

石绿（详《珠玉》卷。）

代赭石（殷红色，处处山中有之，以代郡者为最佳。）

石黄（中黄色，外紫色，石皮内黄，一名石中黄子。）

《天工开物》初刊于1637年（明崇祯十年），共3卷18篇，全书收录了农业、手工业，诸如机械、砖瓦、陶瓷、硫磺、烛、纸、兵器、火药、纺织、染色、制盐、采煤、榨油等生产技术。全书按“贵五谷而贱金玉之义”（《序》）分为《乃粒》（谷物）、《乃服》（纺织）、《彰施》（染色）、《粹精》（谷物加工）、《作咸》（制盐）、《甘嗜》（食糖）、《膏液》（食油）、《陶埏》（陶瓷）、《冶铸》、《舟车》、《锤煅》、《燔石》（煤石烧制）、《杀青》（造纸）、《五金》、《佳兵》（兵器）、《丹青》（矿物颜料）、《曲蘖》（酒曲）和《珠玉》。

墨子·所染

子墨子见染丝者而叹曰：染于苍则苍，染于黄则黄，所入者变，其色亦变，五入必，而已则为五色矣！故染不可不慎也！

非独染丝然也，国亦有染。舜染于许由、伯阳，禹染于皋陶、伯益，汤染于伊尹、仲虺，武王染于太公、周公。此四王者所染当，故王天下，立为天子，功名蔽天地。举天下之仁义显人，必称此四王者。

夏桀染于干辛、推哆，殷纣染于崇侯、恶来，厉王染于厉公长父、荣夷终，幽王染于傅公夷、蔡公穀。此四王者，所染不当，故国残身死，为天下僇。举天下不义辱人，必称此四王者。

齐桓染于管仲、鲍叔，晋文染于舅犯、高偃，楚庄染于孙叔、沈尹，吴阖闾染于伍员、文义，越勾践染于范蠡、大夫种。此五君者所染当，故霸诸侯，功名传于后世。

范吉射染于长柳朔、王胜，中行寅染于籍秦、高强，吴夫差染于王孙雒、太宰嚭，知伯摇染于智国、张武，中山尚染于魏义、偃长，宋康染于唐鞅、佃不礼。此六君者所染不当，故国家残亡，身为刑戮，宗庙破灭，绝无后类，君臣离散，民人流亡。举天下之贪暴苛扰者，必称此六君也。

凡君之所以安者，何也？以其行理也，行理生于染当。故善为君者，劳于论人，而佚于治官。不能为君者，伤形费神，愁心劳意，然国逾危，身逾辱。此六君者，非不重其国爱其身也，以不知要故也。不知要者，所染不当也。

非独国有染也，士亦有染。其友皆好仁义，淳谨畏令，则家日益、身日安、名日荣，处官得其理矣，则段干木、禽子、傅说之徒是也。其友皆好矜奋，创作比周，则家日损、身日危、名日辱，处官失其理矣，则子西、易牙、竖刁之徒是也。《诗》曰“必择所堪，必谨所堪”者，此之谓也。

《墨经》是战国后期墨家的著作，包含了关于力学、光学、几何学、工程技术知识和现代物理学、数学的基本要素，内容丰富。

梦溪笔谈·乐律一（节选）

沈括

《周礼》："凡乐，圜钟为宫，黄钟为角，太蔟为徵，姑洗为羽，若乐六变则天神皆降，可得而礼矣。函钟为宫，太蔟为角，姑洗为徵，南吕为羽。若乐八变，即地祇皆出，可得而礼矣。黄钟为宫，大吕为角，太蔟为徵，应钟为羽，若乐九变，则人鬼可得而礼矣。"凡声之高下列为五等，以宫、商、角、徵、羽名之。为之主者曰宫，次二曰商，次三曰角，次四曰徵，次五曰羽。此谓之序，名可易，序不可易。圜钟为宫，则黄钟乃第五羽声也，今则谓之角，虽谓之角，名则易矣，其实第五之声安能变哉，强谓之角而已。先王为乐之意，盖不如是也。世之乐异乎郊庙之乐者，如圜钟为宫，则林钟角声也。乐有用林钟者，则变而用黄钟，此祀天神之音云耳，非谓能易羽以为角也。函钟为宫，则太蔟徵声也。乐有用太蔟者，则变而用姑洗，此求地祇之音云耳，非谓能易羽以为徵也。黄钟为宫，则南吕羽声也，乐有用南吕者，则变而用应钟，此求人鬼之音云耳，非谓能变均外间声以为羽也。（应钟，黄钟宫之变徵，文、武之世不用二变声，所以在均外。）鬼神之情，当以类求之。朱弦越席，太羹明酒，所以交于冥莫者，异乎养道，此所以变其律也。

声之不用商，先儒以谓恶杀声也。黄钟之太蔟、函钟之南吕，皆商也，是杀声未尝不用也。所以不用商者，商，中声也。（宫生徵，徵生商，商生羽，羽生角，故商为中声。）降兴上下之神，虚其中声，人声也。遗乎人声，所以致一于鬼神也。

宗庙之乐，宫为之先，其次角，又次徵，又次羽。宫、角、徵、羽相次者，人乐之叙也，故以之求人鬼。（世乐之叙宫、商、角、徵、羽，此但无商耳，其余悉用，此人乐之叙也。）

《梦溪笔谈》由北宋沈括所著，是一部多学科的综合著作。其中的自然科学部分总结了我国古代，特别是北宋时期的科学成就，被誉为“中国科学史上的坐标”。

诵读这样的作品，应以表意为主，切忌用浓墨重彩的声音；语句要完整，层次要分明。

参考文献

[1] 翦凝刚. 新概念朗诵学[M]. 广州：广东经济出版社，2023.

[2] 黄仲苏. 朗诵法[M]. 北京：开明书店，1936.

[3] 洪深. 戏的念词与诗的朗诵[M]. 北京：中国戏剧出版社，1962.

[4] 胡先锋. 中国当代朗诵史[M]. 北京：中国传媒大学出版社，2013.

[5] 王力. 王力古汉语字典[M]. 北京：中华书局，2000.

[6] 汉语大词典编纂处. 康熙字典（标点整理本）[M]. 上海：上海辞书出版社，2007.

[7] 郑远汉. 艺术语言辞典[M]. 武汉：湖北人民出版社，2001.

[8] 谢谦. 国学词典[M]. 成都：四川辞书出版社，2018.

[9] 曹先擢，李青梅.《广韵》反切今读手册[M]. 北京：语文出版社，2005.

[10] 杨迎祺. 归韵词语手册[M]. 北京：商务印书馆国际有限公司，2016.

[11] 常法宽. 诗词曲赋知识手册[M]. 2版. 北京：商务印书

馆国际有限公司，2012.

［12］高名凯，石安石．语言学概论［M］．北京：中华书局，1963.

［13］王力．古代汉语（一至四册）［M］．北京：中华书局，2018.

［14］杨伯峻．文言语法［M］．北京：中华书局，2016.

［15］周秉钧．古汉语纲要［M］．长沙：湖南教育出版社，1981.

［16］夏中易．入声献疑［M］．成都：巴蜀书社，2009.

［17］康瑞琮．古代汉语语法［M］．上海：上海古籍出版社，2008.

［18］楚永安．文言复式虚词［M］．北京：中国人民大学出版社，1986.

［19］杨树达．古书句读释例［M］．北京：中华书局，2003.

［20］季永兴．古汉语句读［M］．北京：商务印书馆，2001.

［21］齐佩瑢．训诂学概论［M］．北京：中华书局，2004.

［22］周大璞．训诂学初稿（修订版）［M］．武汉：武汉大学出版社，2002.

［23］郭在贻．训诂学（修订本）［M］．北京：中华书局，2005.

［24］陈垣．校勘学释例［M］．北京：中华书局，2004.

［25］王力．汉语音韵学［M］．北京：中华书局，1963.

［26］王力．汉语诗律学（上下）［M］．北京：中华书局，2015.

［27］张惠英．音韵史话［M］．北京：社会科学文献出版社，2011.

［28］王力．古体诗律学［M］．北京：中国人民大学出版社，2012.

［29］王力．曲律学［M］．北京：中国人民大学出版社，2012.

［30］刘忠元．古文今译讲座［M］．沈阳：辽海出版社，2015.

［31］郭绍虞．中国历代文论选（4卷本）［M］．上海：上海古

籍出版社，2001.

［32］刘勰．文心雕龙［M］．北京：北京燕山出版社，2001.

［33］张中行．文言津逮［M］．北京：中华书局，2007.

［34］傅庚生．中国文学欣赏举隅［M］．北京：北京出版社，2003.

［35］褚斌杰．中国古代文体概论［M］．北京：北京大学出版社，1990.

［36］刘衍．中国古代散文史［M］．北京：高等教育出版社，2004.

［37］刘上生．中国古代小说艺术史［M］．长沙：湖南师范大学出版社，1993.

［38］张必锟．文言教学法［M］．北京：商务印书馆，2021.

［39］方光夏．诗词与修辞［M］．南京：东南大学出版社，2019.

［40］孙中原．诸子百家的逻辑智慧［M］．北京：机械工业出版社，2004.

［41］彭漪涟．古诗词中的逻辑［M］．北京：北京大学出版社，2020.

［42］张涵．古文诵读［M］．2版．北京：中国传媒大学出版社，2018.

［43］张涵．古诗词诵读［M］．2版．北京：中国传媒大学出版社，2018.

［44］钟嵘，等．诗品（上下）［M］．张连北，校译．哈尔滨：北方文艺出版社，2005.

［45］王灼，等．词品（上下）［M］．陈颖杰，校释．哈尔滨：北

方文艺出版社，2005.

［46］吕天成. 曲品［M］. 王卓，校释. 哈尔滨：北方文艺出版社，2005.

［47］金圣叹. 金圣叹评点经典古文［M］. 叶玉泉，杨春梅，校注. 长沙：岳麓书社，2012.

［48］易经［M］. 杨权，邓启铜，注释. 2版. 南京：东南大学出版社，2013.

［49］伏羲，周文王. 周易［M］. 李择非，整理. 沈阳：万卷出版公司，2009.

［50］尚书［M］. 邓启铜，注释. 陈红映，审读. 2版. 南京：东南大学出版社，2015.

［51］诗经［M］. 郭竹平，译注. 北京：中国社会科学出版社，2003.

［52］楚辞［M］. 郭竹平，注释. 北京：中国社会科学出版社，2002.

［53］宗九奇. 屈原诗歌新译［M］. 南昌：江西人民出版社，1980.

［54］庄子今注今译上下册［M］. 陈鼓应，注译. 北京：商务印书馆，2007.

［55］东方桥. 读庄子的方法学［M］. 上海：上海书店出版社，2007.

［56］论语译注［M］. 杨伯峻，译注. 北京：中华书局，2006.

［57］孟子译注［M］. 杨伯峻. ，译注. 北京：中华书局，2008.

［58］大学中庸译注［M］. 王文锦，译注. 北京：中华书局，2008.

［59］礼记［M］．邓启铜，王川，刘波，注释．2版．南京：东南大学出版社，2015.

［60］东方桥．读论语的方法学［M］．上海：上海书店出版社，2007.

［61］东方桥．读老子的方法学［M］．上海：上海书店出版社，2007.

［62］墨子［M］．方勇，译注．北京：中华书局，2011.

［63］吕氏春秋［M］．臧宪柱，译．北京：北京联合出版公司，2015.

［64］张觉．荀子译注［M］．上海：上海古籍出版社，2012.

［65］孙武．孙子兵法［M］．北京：中国文联出版社，2016.

［66］刘安．淮南子［M］．哈尔滨：北方文艺出版社，2016.

［67］周振甫．文心雕龙今译：附词语简释［M］．北京：中华书局，2013.

［68］文心雕龙［M］．王志彬，译注．北京：中华书局，2012.

［69］曹道衡．汉魏六朝辞赋与骈文精品［M］．长春：时代文艺出版社，1995.

［70］吴云．汉魏六朝小赋译注评［M］．天津：天津古籍出版社，2006.

［71］李史峰．史记［M］．上海：上海辞书出版社，2006.

［72］杨照．史记的读法：司马迁的历史世界［M］．南宁：广西师范大学出版社，2019.

［73］王国维．人间词话［M］．陈水云，校注．西安：三秦出版社，2020.

［74］俞陛云．诗境浅说［M］．南京：江苏人民出版社，2018.

［75］张柏青．穿透时空：唐诗绝句声韵之美［M］．北京：商务印书馆国际有限公司，2019．

［76］舒梦兰．白香词谱［M］．丁如明，评订．上海：上海古籍出版社，2001．

［77］龙榆生．唐宋词格律［M］．上海：上海古籍出版社，1978．

［78］李啸石．诗词入门［M］．乌鲁木齐：新疆人民出版社，2000．

［79］胡怀琛．言文对照古文笔法百篇［M］．北京：商务印书馆，2018．

［80］弓保安．古代词粹注译［M］．西安：陕西人民教育出版社，2000．

［81］顾易生，邬国平．古典诗词今译与评析［M］．上海：上海教育出版社，2003．

［82］萧涤非，程千帆，马茂元，等．唐诗鉴赏辞典［M］．上海：上海辞书出版社，1983．

［83］李金凤．三十六计［M］．延吉：延边人民出版社，2006．

［84］臧维熙．中国游记鉴赏辞典［M］．青岛：青岛出版社，1991．

［85］成志伟．中国古代传记文学精华［M］．江兴佑，孙敏强，选注．重庆：重庆出版社，1997．

［86］沈括．梦溪笔谈［M］．侯真平，校点．长沙：岳麓书社，1998．

［87］朱熹，吕祖谦．近思录［M］．查洪德，注译．郑州：中州古籍出版社，2008．

［88］隋树森，等．元曲三百首鉴赏辞典［M］．上海：上海辞书

出版社，2006.

［89］王守仁．传习录译注［M］．王晓昕，译注．北京：中华书局，2018.

［90］蔡义江．红楼梦诗词曲赋鉴赏（修订重排本）［M］．北京：中华书局，2004.

［91］吴楚材，吴调侯．古文观止［M］．阙勋吾，许凌云，张孝美，等译注．陈蒲清，校订．长沙：湖南人民出版社，1982.

［92］宋应星．天工开物［M］．长春：吉林出版集团有限责任公司，2011.

［93］张登本，孙理军．全注全译黄帝内经（上下）［M］．北京：新世界出版社，2008.

［94］李时珍．本草纲目（全五卷）［M］．赵尚华，赵怀舟，点校．北京：中华书局，2021.

［95］蔡仲逊．中医经典中医歌赋合集［M］．北京：中国中医药出版社，2012.

［96］文若愚．彩色图解茶经［M］．北京：北京联合出版公司，2017.

［97］秦德祥．“绝学”探微：吟诵文集［M］．上海：上海三联书店，2010.

［98］徐建顺．高等院校普通话吟诵教程［M］．南宁：广西师范大学出版社，2020.

［99］徐建顺．普通话吟诵教程（上下）［M］．南宁：广西师范大学出版社，2018.

［100］徐建顺．吟诵概论：中华传统读书法（上下）［M］．南宁：广西师范大学出版社，2019.

［101］孙汝建．语气和口气研究［M］．北京：中国文联出版社，1999．

［102］王聪，王珏，阿错，等．声调、语调与句末语气词研究［M］．北京：北京语言大学出版社，2018．

［103］刘辰诞，赵秀凤．什么是篇章语言学［M］．上海：上海外语教育出版社，2011．

［104］胡爱民．台词：表演中台词阐释的艺术［M］．北京：中国电影出版社，2010．

［105］胡爱民．独白：表演中独白阐释的艺术［M］．北京：中国电影出版社，2014．